赵大恒 解淑萍 编著

杏坛拓新录

北京八中超常教育
30年文集之教育篇

学苑出版社

图书在版编目（CIP）数据

杏坛拓新录：北京八中超常教育30年文集之教育篇 / 赵大恒，解淑萍编著. —北京：学苑出版社，2015.9
 ISBN 978-7-5077-4860-4

Ⅰ. ①杏… Ⅱ. ①赵… ②解… Ⅲ. ①超常儿童-儿童教育-文集 Ⅳ. ①G763-53

中国版本图书馆CIP数据核字(2015)第213128号

责任编辑：杨　雷
编　　辑：李点点
封面设计：徐道会
出版发行：学苑出版社
社　　址：北京市丰台区南方庄2号院1号楼
邮政编码：100079
网　　址：www.book001.com
电子信箱：xueyuanpress@163.com
联系电话：010-67601101（销售部）　67603091（总编室）
经　　销：新华书店
印 刷 厂：三河市灵山红旗印刷厂
开本尺寸：787×1092　1/16
印　　张：16
版　　次：2015年10月第1版
印　　次：2015年10月第1次印刷
定　　价：55.00元

《北京八中超常教育30年文集》编委会

顾　　问：龚正行
总 主 编：王俊成
副 总 编：唐　挈　　张燕清
执行主编：何　静
编 委 会：(按姓氏笔画)

　　　　　王竹颖　　王俊成　　王素英　　何　静
　　　　　赵大恒　　张燕清　　徐东良　　唐　挈
　　　　　龚正行　　程念祖　　解淑萍

总序一

为北京八中科学的创新并坚守喝彩

1985年在北京市和西城区教育局的支持下，北京八中创办了中学超常教育实验班（简称少儿班），到现在已经30年了。我欣喜地看到他已踏入而立之年，焕发着成熟稳健的风采。

教育的公平首先在于有教无类，同时在于因材施教，最后为人尽其才奠定基础。智力超常的儿童少年和低智商的人群一样都需要创造适合他们身心发展的教育，所以国际上超常教育的实践就成为教育研究的重要课题之一，而北京八中正是以其研究的成果进入了世界这项研究的前沿行列。

国内进行超常教育实践的学校并不多，北京八中这项实践坚持进行了30年，首先在于北京市和西城区领导的远见卓识，始终如一的指导与支持，当然更在于八中历届领导和老师们的坚守。

北京八中超常教育30年这套丛书，能够给我们很好的启迪，充分体现了三种宝贵的精神：科学精神、创新精神和执着精神。

首先是有科学精神。因为有科学精神，才会用科学的方法，追求教育的真理。北京八中少儿班就是立足于科研而创建的，既为了将已有科学理论应用于教育实践，又为了发展教育科学。因此，从创建之初，就将科学研究放在重要地位，从教育教学实践中发现问题、研究问题、解决问题。30年来少儿班一直坚持与中国科学院心理所、北京市教育科学研究所等单位密切合作，潜心研究超常儿童鉴别和培养的科学规律，其阶段性成果曾先后三次获得国家教育部和北京市的省部级特等奖、一等奖和二等奖。这种科学精神，使北京八中少儿班多年来根据学生身心发展的需要，根据社会发展的需求，为每个孩子提供更加适合他们身心发展的教育环境，特别是首创自然体育课和丰富的社会实践，最大限度减少应试教育的成分，帮助他们成长为社会需要的、具有健全人格的优秀人才。

同时具有创新精神。因为具有创新精神，才会不断进步，不断发展，走向卓越。北京八中超常教育敢为天下先，而且在 30 年的教育实践中不断有新的创造，就是因为有这种创新精神。其创新之源，来自于对现有教育的用心思考，来自于对学生的爱和责任，来自于服务现实和人民的宗旨，来自于追求优质与卓越的目标。只有科学精神和创新精神的结合，才能孕育好的教育模式。好的教育模式，不仅为更多的智力超常儿童的常态性发展提供了可能，也为基础教育的整体发展提供了宝贵的借鉴，超越了传统教育，衍生出新的生命力。

更为可贵的是彰显了执着精神。超常教育在其发展过程中，有过这样或者那样的质疑，有过一些人的习惯性抵制，特别是仍有一部分人对特殊人群需要进行适合他们的特殊教育的认识还不足，因此，坚持实践是有难度的。"千磨万击还坚劲，任尔东西南北风"。30 年的岁月，环境在变迁，校长和教师在更迭，北京八中始终坚守阵地，不改初衷，这需要何等的定力！正是这种坚守，凝聚了有志者的心血和力量。原北京八中龚正行校长是这样，现北京八中王俊成校长也是这样，带领一批优秀的教师们，执着践行着教育的真谛。

坚持科学精神，才能使教育不受功利化的影响；坚持创新精神，才能使教育促进社会的发展、促进人类的美好；坚持执着精神，才能使方向更明确，步伐更坚定，走得更远，走得更好！才能为国家培养更多富有社会责任感、勇于追求真理、充满创新精神、坚忍执着、不断探索的高素质人才。

这三种宝贵的精神，为北京八中的超常教育奠定了坚实的基础。我相信，北京八中在下一个 10 年、20 年、30 年……一定会一如既往地坚守这三种精神，从而使北京八中的超常教育越办越好！

国家教育咨询委员会委员
联合国教科文组织协会世界联合会荣誉主席
2015 年 9 月 17 日

总序二

超常教育创新　三十而立追未来

创立于1921年的北京市第八中学，在90多年的发展中，有着突出的办学传统和成就：改革创新的传统，素质教育的先行，超常教育的典范等等；培养了一大批优秀学生，成就了一批优秀教师，积累了丰富的办学经验。

北京八中超常教育创新实践从1985年创办中学超常教育实验班（简称少儿班）启程，已走过了数十年历程；"三十行走踏新路，而立攀升筑风景"；少儿班创办30年来，已经招生22个班，708名学生，毕业18个班，向社会输送了554名优秀少年大学生，其中许多人已经成为各行各业的佼佼者。

八中超常教育取得这样的成绩，首先是北京市、西城区的领导站在为国家和民族培育未来英才的高度，遵循规律、追求教育创新的运筹决断并指导帮助的结果；是社会各界大力支持和共同努力的成果。我们想借对超常教育30年的总结研究，在集成和优化优秀成果的基础上，升华和创新未来的教育实践。这一套由学苑出版社出版的北京八中超常教育30年文集，倾注了我们的教师、家长、学生，还有超常教育研究和实践的同仁们的精力和心血，具有特别的价值和意义。

这套文集，包含北京八中超常教育30年历程的真切纪实；包含30年来教师们在教育教学实践中形成的大量科研成果；包含少儿班毕业生家长对八中超常教育的体会和家校教育的宝贵心得；包含少儿班毕业生对超常教育的切身体验和深刻感悟；包含国内超常教育专家的研究精粹以及超常教育同行们的实践精华。她用丰富翔实的事实，科学研究的成果，诚挚热烈的心声，说明了北京八中的超常教育，是为超常儿童提供了适合的教育，是因材施教和教育公平的科学体现。她用时间和历史，证明了超常教育对培养国家高端人才和对普通教育改革和创新的重要意义。

北京八中超常教育能坚守30年，重要原因是在对教育规律和人才成长规律认识及把握的基础上有创新的教育理念，并且有创新的教育模式和一批具有创新精神的教师。有创新的教育理念和追求，才会产生创新的行为及教育模式，才可能比较规范和持续的发展；才可能集聚一批具有创新精神的教师，进行创新的课程设置和创新的教育教学并生成创新的教育教学成就。例如，在社会各界的支持下，原北京八中校长龚正行提出创建少儿班这种创新教育模式，并组建优秀团队进行创新实践；例如，原八中少儿班体育教师杜家良创造的自然体育课及其教育教学方式，让孩子们终身受益；例如，现在八中超常教育的总结和研究，让我们更加真切地感受和发现其丰富内涵及其显著的创新价值。这些平凡而伟大的创新，都源于对学生的浓浓爱意和殷殷期盼，更源于深切的家国情怀和对教育的神圣使命感及高尚的奉献精神！

总结过去是为了更好地把握现在和创造未来。总结和研究，让我们看到了成绩，也让我们意识到不足。例如，在家长和毕业生的反馈中，我们看到今后努力的空间；在教师的科研论文中，我们发现还有很多可以研究和提升的地方；在专家们的研究中，我们意识到中国超常教育急需探索和突破的课题；在同行的实践中，我们看到今后前进的方向；在我们共同的追求中我们特别期待在战略上和政策上的明确及支持等等。因此，未来的路还很长，任重而道远。

行者无疆才能风光无限。搞好传承并不断创新是我们的使命和价值，我们有更深更广的创新空间，我们有更大的作为和成就，我们需要更加明确把握超常教育的培养目标，以创新课程建设为核心，优化教育教学方式，与信息化技术等紧密结合，等等，不断完善并创新国际上通常的"加速式"和"充实式"超常儿童培养模式，以务实的素质教育、优质的"因材施教"、丰富的办学内涵及其鲜明的办学特色为首都高水平的教育公平和优质的教育创新增光添彩。

路漫漫其修远兮，吾将上下而求索！仅以此序献给这些执着践行教育真谛的人们，并向他们致以最崇高的敬意！

王俊成

2015 年 9 月 17 日

编著者的话

我在教育界服务了一辈子，如果算上退休后仍在学校工作的时间，到现在已有45年。其间在农村中学、在市区基础薄弱校、在市重点中学普通班和超常教育实验班教过书，退休后还在打工子弟学校工作过。在各种学校环境中教过各类学生，其中使我对教育真谛的理解和教师工作意义体会最深的是在八中少儿班的从教经历。

多年教育工作的经历让我感触最深的是教师工作是一项创造性的劳动，无论在哪类学校，可爱的学生们真是多姿多彩、千差万别，兴趣、爱好、脾气秉性、思维习惯，每个人都各不相同，要使学生们都得到良好发展，就必须以学生为中心，不断地了解学生、研究学生，尊重每个学生的特点和差异，因材施教，有针对性地进行教育教学，满足学生的求知欲和发展愿望，才能激发学生主动学习的热情，充分发挥其潜能，取得教育的最佳效果。

让我体会最深的是教育工作的根本任务是育人，育人的基础性工作是使学生身体和心理都能发展良好，成为身心健康的一代新人；育人的核心工作是使学生树立正确的人生观、价值观，养成良好的行为习惯，成为有强烈求知欲，做人做事有自信心和责任感的新一代公民；育人的重点工作是使学生在学习和掌握文化知识的过程中，学习科学思维和研究方法，能独立思考，敢于质疑，主动追求卓越，将来能成为有创新精神和能力的国家建设者。

教育的目标确定后，最重要的是教育过程。学生接受基础教育阶段正处于他们生命历程中重要的身体发育高峰期、人格的形成期和智能发展关键期，这一时期他们受教育的过程很大程度上会影响其将来的事业发展和人生走向。因此，研究学生特点，把握正确的教育过程，创造适合学生健康发展的教育环境是学校和所有教师的重要职责。

八中的中学超常教育实验班（少儿班）贯彻以人为本、因材施教的教育思想，在科研为先导，体育为基础，德育为核心，培养创新精神为重点的教育理念指导下，努力营造适合超常儿童发展的教育环境，经多年的研究和实践，培养出一大批优秀学生，积累了丰富的教育经验。

本书所呈现的是教育过程中发生的真实故事，反映了学生们在少儿班的教育环境

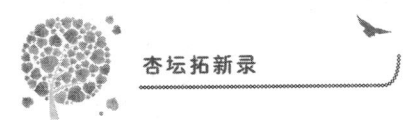

中成长的各式各样的经历和八中领导及老师们的执着和努力。其中的故事有可能对教师和家长们有所启发和帮助。

目前在社会上对超常教育还有争议，书中呈现的教育实例可能会引起一些不同看法，因此书中涉及的学生基本都隐去了真名，以减少对学生的影响。

成书之际要特别感谢提供事例的老师、学生和家长，正是由于和他们的共同努力，我们才能在较短时间内把此书呈现给读者。

赵大恒

目　　录

引　子 / 1

第一章　少儿班的诞生和拓新 / 9

第二章　有趣的自然体育课 / 38

第三章　育人可以如此不同 / 76

第四章　超越因材施教 / 158

第五章　把校园和世界连接起来 / 202

引 子

1985年9月1日,一个阳光明媚,充满希望的好日子,在北京市第八中学的开学典礼上,站在前面的一个小方阵格外引人注目,说这个方阵小,不仅是因为只有三十几个学生,更突出的是他们的年龄小,完全是小学生的模样——小小的个子,稚嫩的脸庞,胸前的红领巾显得格外耀眼。他们和周围的初高中的大哥哥大姐姐们一样静静聆听着校长对上届优秀毕业生的表彰和对学生们新学年的寄语,好奇的眼神中流露出对即将开始的中学生活的向往。当当、当当……新学年第一次上课的钟声敲响了,各个班级在班长带领下走向教室开始了新学年的第一节课。

"他们怎么这么小就上中学了?"开学典礼结束后家长中有人忍不住小声问道。"你不知道啊!这是八中办的中学超常教育实验班,这可是全国第一个这样的实验班。""这么小的孩子就上中学,行吗?"几个家长议论道。"这是八中跟中科院心理所和北京教科院合作的教育改革项目,他们可是经过科学鉴定后筛选出来的,都是特聪明的孩子","你们知道吗?这些孩子都只有10岁,才4年级,他们在八中学4年就高中毕业考大学了",两个略知一二的家长介绍道。"什么!学4年就考大学!唉哟!那他们的负担得有多重啊!吃得消吗?考得上吗?","八中真够大胆的!"众人议论纷纷。

家长们的担心不无道理,成立这样的班级在当时的全国中学中是首创,既无成功的经验可借鉴,又无失败的教训可汲取,一切都要靠教师们去研究探索。家长们的担心又显得过早，从后来少儿班学生的学业、能力、身心健康、品行等综合素质的全面发展上看，少儿班的教学理念和方法是正确的。

八中的中学超常教育实验班又简称为少儿班，执行4年为基础的弹性学制，学生是经科学严格的筛选录取的智力超常儿童，他们在八中经四年学习要完成普通学制下小学5、6年级及初高中各三年共八年的学业，并要达到北京市优秀高中毕业生的水平。这在一般人看来，几乎是不可能完成的任务。因此，从创办开始外界就质疑不断：这么短的学制，知识基础能扎实吗？这么重的学业负担，孩子能承受吗？这么小就上大学，能适应吗？会不会变成只知道啃书本的书呆子啊？其实，这些质疑在创办者心中早已自我考问千百次了，早已做了充分的，各方面的调查和研究。他们深知，其他的各种实验都可允许失败，失败了可以总结经验教训推倒重来，唯独教育不能允许失败，生命不可逆行，人生不能重复，少儿班教育教学的设计必须慎之又慎，必须适应超常儿童的心智发育水平和行为特点，预先做好方案。他们也深知，教育的目的不仅是文化和科技的传承，更重要的是教育进程中学生健康人格和优秀品格的形成，而这一切都跟教育的过程密切相关。什么样的教育过程，造就什么样的人，少儿班的教育过程必须具有科学、人文的特质，必须要符合超常儿童身心发展的规律。他们更深知，少儿班教育的目的不仅是为国家培养合格的人才，同样重要的是使这些寄托了家庭希望的学生潜能得到充分发挥，将来在社会上，直至在国际范围内能充分发展，取得高成就，成为拔尖创新的高端人才。

在中国科学院心理研究所和北京市教科院的帮助下，八中的领导和教师们经缜密的教育设计，科学的教学管理，用符合超常儿童心智特点的教育教学方法，创造了一个适合智力超常儿童发展的教育环境，使这些孩子们健康快乐地成长。四年中，他们的潜能得以发挥，学习主动，学业优秀，身体健康，心情愉快，社会化进展顺利。毕业时，高考成绩优秀，绝大多数进入重点大学学习，大学毕业后绝大多数继续深造。走上社会后，又在科研机构、高等院校、IT行业、金融机构等领域从事高层或较高层次的工作。他们的创新精神、卓越的工作能力、坚忍不拔的工作态度、开朗乐群的风貌，使他们工作和处事游刃有余，有些已成为所从事工作领域内的领军人物。

事实胜于雄辩！八中这项超常儿童教育实验的成就由以下事实就足以说明。

少儿班毕业生体质体能的检测成绩高于北京市的同龄学生。

从经常性的反馈及1999年春季开始坚持至今的对毕业生的系统跟踪调查结果看，少儿班毕业生无论是在大学学习或在工作中都表现出良好的心理品质，很强的社会适应能力，及出色的学习潜能和杰出的工作能力，从未发现有不适应社会环境或出现品德和行为问题。

一项由八中教师和中科院心理所研究人员合作的，对毕业生在八中少儿班所受教育感受的调查，显示学生们对学制、课程设置、各科教学、教育管理对他们身心成长、社会适应能力培养方面均有很高的满意度。

毕业生的高考平均成绩高于八中高三学生，高于北京市重点大学录取分数线120分以上，最高可超出160多分。前四届学生96.8%升入重点大学，以后各届100%升入重点大学。

毕业生们凭着扎实的学业功底和优秀的素质，14岁就很快适应大学生活并取得优异成绩，2015年3月统计，前8届毕业生博士占48%，硕士34%，两项合计共为88%（8届以后的正在本科或研究生学习）。已参加工作的都表现出较强的工作能力、科研能力和组织管理能力，有的已在工作或科研岗位上崭露头角，取得较高成就，其中一些已成为从事领域的创新型的领军人物，以下仅举几例。

陈曦（少1班，38岁）

现任美国哥伦比亚大学地球和环境工程系终身教授。国际公认的力学界新一代领军人物之一。

10岁进入北京八中少儿班，18岁在西安交通大学少年班获得工程力学学士学位。20岁清华大学固体力学系获得硕士学位。24岁于哈佛大学工程与应用科学学院获固体力学专业博士学位。26岁完成哈佛大学博士后研究工作，同时执教于美国哥伦比亚大学。

其出色的研究工作使他在短短的8年内获得令人羡慕的荣誉：美国国家科学基金会NSF颁发的事业奖（CAREER），美国青年科学家总统奖（PECASE），美国工程科学协会SES的青年学者奖章，ASME的Thomas J. R. Hughes青年学者奖，是国际上囊括ASME和SES这两个权威协会的所有三项青年力学科学家大奖的第一人；日本学术振兴会Fellowship奖和澳大利亚Distinguished Fellowship奖；韩国教育科学与技术部颁发的世界级大学海外学者讲座教授。

以上大部分奖项中，陈曦都是有史以来最年轻的获奖者。他应用多尺度理论方法，试验方法及数值方法，研究包括应对能源与环境挑战的新型材料，纳米结构和生物材料等前沿问题。2014年当选ASME Fellow（会士）。

他在国际学术界有很高声望，拥有数十项国内外专利，已发表240多篇期刊论文，被引用5000多次，其H指数（高引用次数指数）大于43，均为同学科领域青年学者的最高指标。现任力学研究通讯（Mechanics Research Communications）和纳米微米力学杂志（Journal of Nanomechanics and Micromechanics）副主编，以及美国机械工程师协会（ASME）下多功能材料和纳米能源材料两个专业委员会主席，并任材料学部 Materials Division 执行委员（将于2016年出任材料学部主席）。是 Science，Nature，PNAS，PRL，JACS 等100多个学术期刊审稿。

由于其出色的工作成就和对国内科研教育的贡献，深受中国政府的重视。获中国国家自然科学基金会颁发的海外杰出青年科学基金，并受聘中国教育部长江学者讲座教授，入选中组部"千人计划"。

陈曦非常关心国内的科研和教育，他跟很多大学、科研机构和企业开展了广泛的实质性的产学研一体化合作，在国内建立了自己的实验室和研究所，亲自指导硕士生、博士生和博士后团队，为中国培养顶尖的跨学科青年人才。领导和负责国内多个国家级和企业的重大和特大科研项目。2011年起担任国际应用力学中心常务副主任，同年开始筹建哥伦比亚大学工学院中国研究院。2014年在陕西省发改委和科技厅的倡导下创建陕西省国际创新研究院（暨西安交通大学科技创新港示范项目），在中美之间架设起开创性和实质性的科技合作桥梁。2015年获得真格基金和洪泰基金联合天使投资，是继新东方之后三位中国合伙人第一次联手推进陈曦的若干纳米新材料技术的产业化。

尹希（少5班，31岁）

现任哈佛大学物理系教授。

9岁进入少儿班，12岁考入中国科技大学少年班，17岁进入哈佛物理系攻读博士学位，22岁取得博士学位。

2006年应邀在国际弦理论大会（北京）上做学术报告，是大会请的最年轻学者，之后进入哈佛精英学会（Society of Fellows）成为青年会员（Junior Fellow）。

24岁打破哈佛大学不留任本校博士生的惯例，破格受聘为哈佛物理系助理教授，期间在美国普林斯顿高等研究院做访问学者，并受聘印度孟买塔塔基础研究所副教授。

获美国国家科学基金会 NSF 颁发的事业奖（CAREER），获西蒙研究奖和斯隆研究奖。

研究工作包括：量子引力中的黑洞熵、弦论中的超对称束缚态、与物质场耦合的 Chern-Simons 理论及其在 M 膜中的应用、高自旋场论及其在引力/规范场对应中的应用等。这些工作对于近年来弦论的发展起到了重要的促进作用，是被国际物理学界寄予厚望的青年物理学家之一。

刘蕾（少5班，32岁）

现任中国科学院动物研究所副研究员。

19岁获中国农业大学学士，24岁获中国农业大学博士学位。

发表SCI论文15篇，以第一或共同第一作者发表论文3篇（第一作者影响因子共计21.776）。作为课题负责人主持"973计划"一项、"863计划"一项、国家自然科学基金一项、中国科学院战略性先导科技专项一项；作为子课题负责人主持"973计划"一项。2013年获中国科学院杰出科技成就奖。

在体细胞重编程方面进行了一系列研究工作，主要着眼于体细胞经过重编程后获得的具有与胚胎干细胞相似的自我更新和分化能力的多能性干细胞，对其细胞干性、发育潜能及应用安全性进行评估，并对其调控自我更新和分化的分子机制进行探索。

郑维哲（少6班，30岁）

现任中国科学院数学与系统科学研究院数学研究所研究员

2003于清华大学基础科学班获学士学位，2005年于法国南巴黎大学（Universite Paris-Sud）数学系获硕士学位，2008年于法国南巴黎大学（Universite Paris-Sud）数学系获博士学位。2008年美国哥伦比亚大学数学系任助理教授（Ritt Assistant Professor）2011年入选中国国家青年千人计划（是其中最年轻学者）。

崔强（少1班，40岁）

现任美国威斯康星麦迪逊大学化学系终身教授。

中国科学技术大学近代化学系获学士学位。22岁获美国埃默里大学获得理论和计算化学博士学位，在哈佛大学完成博士后研究。

现在美国威斯康星大学建立有崔强研究团队，研究方向：理论和计算生物物理、化学。基于量子和统计力学，发展有效的理论和计算方法解决复杂体系（尤其生物和液相体系）的机理问题。获美国自然科学职业奖（Career Award），Alfred P. Sloan奖，研究创新奖（Research Innovation Award），中美化学及化学生物杰出教授奖。发表过论文190篇，被他人引用约6000次。

还有吗？当然！看以下：

刘维（少4班，34岁）联想控股早期投资部执行董事，"联想之星"合伙人。

先后担任信息产业部赛迪投资副总经理、信业投资总经理、法国Bouygues集团策略投资总监。曾是中国最大的在线采购平台ECantata的共同创始人，并创立过一家

系统集成公司。

2014年被创业邦评选为20位中国40岁以下的明星天使投资人。

张华烨（少3班，36岁）美国新泽西州立大学（罗格斯大学）助理教授。

中国科技大学生物系学士，美国弗吉尼亚大学细胞生物系博士，获弗吉尼亚老年病中心阿尔兹海默症研究奖，2Art Linkletter奖，美国NARSAD青年科学家奖（NARSAD Young Investigator Award），美国国立卫生院独立成就奖（NIH Pathway to Independence Award）。

马嘉阳（少2班，38岁）汇金集团执行董事，是汇金金融集团、汇金（证券）有限公司、汇金（资本）有限公司、汇金黄金有限公司及深圳金银信投资发展有限公司的主要创建人之一，香港注册财务策划协会中国发展委员会副主席。

中国金融学院国际金融系毕业，香港城市大学经济学硕士，香港城市大学工商管理在读博士生。

搜狐财经的专栏作者、《汇金视点》的主编。经历四次金融海啸，始终保持敏锐、严谨和透彻的观察力，并在金融实务中取得非凡的成绩。是新一代国际金融才俊的佼佼者。

王元（少6班，30岁）美国诺华（Novartis）生物医学研究中心研究员，瑞士罗氏（Roche）制药公司高级科学家。

浙江大学计算机系学士，并获竺可桢学院荣誉毕业证书，德国波恩大学生物信息硕士，德国波恩大学理学博士。

2011年罗氏公司洛桑理工学院科学代表，2012年罗氏公司瑞士卢塞恩了创新论坛代表和罗氏公司德国法兰克福大学科学代表。从事药物研发，数据分析及分子筛选策略算法优化方向研究。入选2015年福布斯Forbes杂志评选的全球30位30岁以下杰出人才。

张潇晗（少7班，28岁）美国加州州立大学洛杉矶分校助理教授。

复旦大学经济系学士，加州大学戴维斯分校经济博士。19岁即赴宁夏支教并募捐建造了一所新校舍，20岁被评为"感动宁夏十大人物"。研究健康经济学和劳动经济学问题，侧重于婴幼儿营养及教育对成年时期收入的影响。在加州大学戴维斯分校期间积极研究贫困问题，受聘于美国五大贫困研究中心之一，并与中国扶贫办赴美考察团探讨美国扶贫政策在中国的应用。

马平（少1班，39岁）现任中国电影集团首席电影调色指导，中国电影集团后期制作公司特效总监。

西安交通大学少年班毕业，后一直从事数字图像工作，是中国数字电影调色师第一人。中国电影家协会会员，中国电影家协会高科技委员会理事。

北京电影学院摄影学院客座讲师、教材编委，中国传媒大学摄影学院/动画学院客座讲师。作品有《狼图腾》（导演Jean Jacques Annaud），《南京！南京！》（导演陆川）《杜拉拉升职记》（导演徐静蕾），《满城尽带黄金甲》（导演张艺谋），《建党伟业》（导演韩三平、黄建新）等数十部著名影片。

李刚（少1班，40岁）阿拉巴马大学亨恩维尔分校空间科学系副教授。

清华大学近代应用物理系学士，美国印第安纳州大学物理系获博士，获美国自然科学基金委颁发的青年科学家奖（NSF Career Award），国际纯粹及应用物理联合会颁发的青年科学家奖（IUPAP Young Scientist Award），美国橡树岭大学协会（Ralph E. Powe Junior Faculty Enhancement Award）的拉尔夫鲍威青年教师奖。2010年8月获得中国杰出海外青年称号。

伊鸣（少5班，32岁）北京大学医学部医学专业学士，英国伦敦大学学院（University College London，UCL）解剖与发育生物学系神经科学专业博士，北京大学神经科学研究所研究员。2012年2月入选北京大学青年百人计划。

王梦迪（少8班，25岁）普林斯顿大学运筹与金融工程系Assistant Professor助理教授及博士生导师。

清华大学信息科学与控制论专业学士，在麻省理工学院电气工程与计算机科学专业取得博士学位，未做博士后研究直接被聘为普林斯顿大学助理教授。

学习期间，曾任美国麻省理工学院中国留学生学生会主席。在美国ATT实验室研究实习期间参与设计美国3G网络的基站部署，在美国芝加哥Citadel LLC国际金融投资机构从事高频交易算法的研究开发。

多次获邀在国际运筹管理学年会、国际运筹学会计算研究会、美国应用数学优化研究会、美国应用数学科学计算会议等多个国际学术研讨会做学术报告。

还有吗？还有！只是这里限于篇幅不能再一一罗列。可以相信，少儿班的学生们

在走向社会后凭借其扎实的学业功底、从小养成的优秀素质和敢于开拓进取、勇于创新的精神,必将会在所从事的工作领域取得更多的辉煌成就。

钱学森先生曾在信中称赞:"北京八中的确办了一件好事,证明教育改革18岁成为硕士生完全是可能的,不是空想。"

八中的这项教育改革实验,因其科学性、创新性和取得的实实在在的教育成果,得到社会的赞同和有关研究机构及政府部门的肯定。

1992年"超常儿童的鉴别与培养"课题的阶段成果获北京市"七五"教育教学研究成果一等奖。

1999年此课题的成果获北京市首届基础教育教学成果特等奖。

1999年获教育部全国第二届教育教学优秀成果二等奖。

在多次研讨和成果鉴定会上,专家们评论道,八中少儿班的研究不仅是对超常教育领域的杰出贡献,而且对普通教育也具有较大的借鉴意义。

这些都证明八中的超常儿童教育是成功的。

这就是八中少儿班对外界质疑的回答,也是对不断自我考问的回答。

任何一项研究和对新事物的探索,目标确定之后最重要的是过程的把控。学生的学识、能力、人格、价值观、社会性都是在生活和教育过程中逐渐形成的。

八中少儿班究竟走的是怎样的教育改革之路呢?学生们又经历了怎样的教育过程呢?

第一章　少儿班的诞生和拓新

　　培养教育人和种花木一样，首先要认识花木的特点，区别不同情况给以施肥、浇水和培养教育，这叫"因材施教"。

——陶行知

　　杨振宁曾经在比较中美教育中说："中国按部就班把知识给孩子，平均起来是好的，可是中国的教育制度，从中小学起，有一个不好的地方，就是对特别好的，占总数5%的最聪明的学生比较不利。这不利的一面，在美国却做得非常好，孩子可以充分发挥他们的特长。美国成功的一个很重要原因，是对这些跟别人不一样的、有特别才能、特别天赋的人，能够给予极大的空间，他们可以发展。这是美国今天在学术上、在经济发展上成功的一个重要的原因"。

一、少儿班诞生

　　20世纪80年代，经历十年"文革"浩劫后，中国的各行各业已从恢复期进入到发展期。经济、科技、文化、教育、工业、农业等各界各业在"改革开放"的大潮中迎来了大发展，但都同样遇到了瓶颈—人才！

　　由于十年内乱对教育的打击造成了人才断层，"快出人才，多出人才，出好人才"成了全国各界对教育界的殷切期望。

1977年，中国恢复了高等学校招生考试制度，全国高等院校逐渐步入正常办学。

1978年，中国科学技术大学打破常规办起了中国首个"少年班"，招收15岁以下品学兼优的少年大学生。来自全国的21名智力超常少年以教学班的形式开始了大学的生活，中国的大学超常教育实验开始。

1984年8月16日，邓小平在会见美籍学者丁肇中教授时谈道："少年班很见效，也是破格提拔，其他几个大学都应办少年班，不知办了没有。至少北大、清华、交大、复旦应办一点少年班。"

一份关于大学少年班的报告摆在龚正行的案头，报告的内容使他陷入了深思。科大第一届少年班入学年龄最小的11岁，最大的16岁，说明了在中小学生中存在着学习能力过人的聪明孩子，这在心理学中被称为"智力超常儿童"。国际心理学界已做过广泛的调查研究得出了共识，智力超常儿童是客观存在的，约占同龄人的3%，这些儿童是人才的富矿，如果能受到合适的教育，他们之中的大多数会成为杰出的人才。但从已有的资料看，这些孩子有的是小学或初中跳级上来的；有的是家庭个别培养出来的；有的是得到名师指点，自学上来的，基本没经过正规的中学教育。这在一个多年从事基础教育的教师看来，这些少年大学生难免会有缺欠，他们所掌握的基础知识既不全面也不系统；同时，家庭或老师对他们个别培养过程中不大可能有较好的实验条件，所以在观察和动手能力方面比较弱；再有，脱离集体的个别学习可能会使他们在人际交往、行为习惯和集体意识方面会存在问题。这些先天不足都会对他们进入大学后的学习生活带来困难，影响他们的持续发展。如果这些少年大学生在进入大学前能够受到系统完整的中学教育就好了！

想到此，龚正行不禁眼前一亮，对啊！如果能在中小学阶段及时发现这些有天赋的孩子，让他们受到中学阶段的系统教育不就能避免这些缺欠了吗！他们的发展不就会更好更顺利吗！

他不由得激动起来。但随之脑海中又冒出两个问题：一是目前国家的教育制度是小学六年，初中三年，高中三年，接受完12年的基础教育才能上大学，那么针对智力超常儿童的教育从什么年龄开始才合适呢？目前的少年大学生都是由于对某些学科感兴趣自己超前学习，或老师和家长发现他们具有超出一般学生的能力给予特别关注培养出来的。在中小学阶段又怎么能发现他们呢？在中学阶段办专门针对智力超常学生的教育实在是困难重重，更别说国家规定的中小学学制能否突破还存在问题了。

想到此，他不禁皱起了双眉，但又一想：每个年龄段中都有1%~3%的超常儿童少年，这看起来比例很小，但全国儿童基数庞大，超常儿童人数肯定不少。

工作经验和很多教育案例说明了在常态教育下这些超常的儿童少年有三种发展可能性：一小部分遇到了好的家长或老师、好的学校教育环境，发展了起来，成为杰出的人才，为社会做出了贡献；其中相当一部分由于没有得到适合他们发展的机会，沦于普通，好苗子被埋没浪费了；另一小部分由于种种原因走上了歧路，成为社会上不好对付的高智商的破坏力量。人才资源中最年轻、最有活力的"富矿"就这样被浪费，实在是太可惜了！如果真能把客观存在的智力超常的儿童少年鉴别出来，给予适合他们特点的教育，发挥他们的潜能，肯定是培养年轻英才的一条重要途径，是一项利国利民的事业，也是教育分内的任务。

随着社会的发展，科学技术日新月异的进步和新知识新技术的爆发式增长，人在一生中的"学习继承期"有不断延长的趋势，对有限的生命来讲，这意味着一个人的"工作创造期"的缩短。

目前中国的学制，小学6年，初高中各3年，大学本科4年，高端人才还要继续硕士和博士培养3到5年，这样一个博士生参加工作时已28岁。工作之前在校学习长达22年，按女性55岁男性60岁退休计算，这些掌握了高端知识，可在高端或关键岗位工作的时间，女性有27年，男性也只有32年。无论从家庭层面还是国家层面看，如果能把有潜质智力超常儿童筛选出来，进行适合他们的教育，提供充分发展的机会，不仅对学生个体发展有利，还可以缩短人才培养周期，无疑具有重大意义。

想到此他又一次兴奋起来，思绪已超越了自己工作的学校，开始站在国家教育的角度来思考这个问题了。越想越觉得这个问题的重要，越想越觉得有必要深入仔细加以研究。

思想高度决定了视野的广度，广阔的视野又决定了思维的深度。

在研究了中国的大中小学学制后发现，当时北京市有很多小学实行的是5年制，但5年制小学学生进入中学后的能力和水平与6年制学生并没有显著差异；一些6年制小学在最后一年基本不上新课，而是用来复习备考；相当多中学的安排也是前两年就学完了三年的教材，第3年用来复习备考。这说明了一般学生小学5年，初中2年可以完成小学和初中阶段的学习任务。对于思维敏捷，学习能力更强的智力超常儿童当然可以学得更好。自己的从教经历中就有学生跳级学习，各地的报道中也不乏中小学生跳级的现象，跳级后这些学生依然能学得很好，甚至有连续跳级的案例。这说明聪明的孩子完全可以缩短基础教育阶段的学习年限。

站在国家教育整体设想的角度，头脑中浮现出这样一幅图景逐渐变得清晰起来。

儿童少年和青年学生都是国家的未来和希望，都应受到良好的教育。但不可否认的是，由于种种原因他们学习科学文化知识的能力和水平各不相同，学校教育不应只看重表面的"平等",真正的平等应该是让不同能力和水平的学生都受到适合自己,并能获得最佳发展机会的教育。

国际和国内的心理学研究表明,同龄人群的认知能力和智力发展水平呈正态分布,前端的高智力水平的约占总数的1%—3%,绝大多数的处于正常状态,低于正常状态的也是极少数。可以把处于不同智力发展水平的学生分为超常学生、常态学生和低常学生三类,按照因材施教的原则,应当有相应的三个教育系统来对这三部分学生实施因材施教。

超常教育系统——专门培养超常学生,即小学、中学和大学阶段培养尖子学生的各种类型超常班级和教育机构;

常态教育系统——培养占绝大多数的常态学生,即普通小学、中学和大学;

低常教育系统——专门培养低常学生,即针对各种弱智学生的班级和学校。

从教育的系统工程角度考虑,超常教育系统应当包括大学、中学和小学三个子系统。有些大学已经设了少年班,大学超常教育已经存在。但还缺中学超常教育这样一个子系统。应该把这个系统连续起来,真正构建一个比较完整的超常教育系统。

如果有了中学的超常教育,不仅可以为超常儿童少年提供充分发展的机会,还可以从根本上解决少年大学生生源紧缺的问题,从而填补上我国超常教育系统工程中的一项空白。

机遇总是青睐有准备的人,机遇的出现也总和当时的社会环境密切相关!

1984年,教育改革的大潮风起云涌。北京八中被上级确定为北京市第一所"全面教育改革试点校"。陶祖伟被任命为教育系统试行"校长负责制"的第一位校长。

陶祖伟校长上任后动员全体教职工对八中教育改革建言献策。

龚正行副校长在原来研究的基础上通过查阅资料,学习相关理论和政策,经过深思熟虑,在年底向陶校长提出了八中创办"智力超常儿童实验班"的建议。

建议的构想是:

第一,先把年龄在十岁左右,文化水平不低于小学四年级的超常儿童鉴别出来;

第二,用四年左右的时间,使他们完成小学和中学一共八年的全部教育任务;

第三,到毕业时,要使这些超常儿童少年成为有理想、有道德、有良好个性特征的人;在智力的发展上要达到或优于普通高三学生的水平,在学业上要达到八中(市重点校)毕业生的平均水平,在体育上要不低于同龄人水平;高中毕业后,他们能凭自己的本事,根据自己的志愿去报考大学。

围绕上述构想,还要开展一系列中学超常教育的调研。着重要做好两件事:

第一,是选择好适合进行超常教育的学生。要在鉴别超常儿童上下功夫,要选好

"材"。要采用科学的办法把在智力上真正超常的儿童鉴别出来，即把智力发展处于较高水平的具有巨大发展潜力（可持续发展）的学生挑选出来；

第二，是选择好适合超常儿童发展的教育方式。要在教育改革上下功夫，要育好"材"。把智力超常的儿童鉴别出来后，摆在老师面前的艰巨任务就是要通过教育改革，来认真选择好适合超常儿童发展的教育方式。真正把学生发展的可能性转化为现实性，使四年完成八年学业成为现实。

建议得到了陶祖伟校长和学校领导层的支持，并把它作为八中全面教育改革实验中的重点项目。

为了使这项教育改革设计得更合理、更科学、更具有可操性，学校请来了中国科学院心理研究所和北京市教科所一起合作来搞这项实验的规划。详细地研究参考了儿童身心与智能发展规律的资料和我国基础教育十二年学制的教学目标后，结合学校的教育实践经验，确定了从10岁左右的小学四年级学生中筛选超常儿童，学制确定为四年。

经过紧张的准备工作，1984年12月21日北京八中正式向教育行政部门提出了创办中学超常教育实验班的申请报告及实验方案。经西城区教育局领导研究审查及科研部门的论证，确定了"超常儿童的鉴别和教育"这一教育科研课题。北京市教育局于1985年2月25日正式批准北京八中创办中学超常教育实验班，并明确可在全市范围内招生。

八中创办超常儿童教育实验班只给几所小学发了函，派人去做了说明，请他们推荐一些聪明的学生来参加实验班的入学测试，但消息不胫而走，没有做任何广告，全市有七百多学生前来报名。然而，由八年缩短到四年的学制及孩子14岁就要参加高考的前景又使家长们犹豫、纠结，各种各样的疑问萦绕家长的心间，毕竟这是前所未有的创举，毕竟还未见到过成功的先例！有一些家长和学生退却了，但更多的是给予了八中信任和鼓励。5月19日，537名学生参加了初试，6月5日又进行了复试。

超常儿童的鉴别采用中科院心理研究所查子秀教授的"多指标、多途径、综合评价"的方针，设计了有效的鉴别方式和方法。初复试的试题由八中和科研部门经充分论证共同制定。

在取得了各项数据后，经过严格的综合评定，录取了35名学生，组成了第一个平均年龄10岁，文化程度为小学4年级的中学超常教育实验班，因学生入学年龄在10岁左右，正值儿童少年期又简称少儿班。

如何实施超常教育？学校调集了精兵强将。

1985年9月1日，随着开学典礼后第一次铃声响过，北京八中首届少儿班的学生开始了他们人生的中学时代。

二、理清脉络　奠定基础

这么小的的学生，4年要完成普通学生8年的课程，老师们怎么教？孩子们怎么学？能不能达到预定的培养目标？学校的其他老师们在拭目以待，家长们在拭目以待，社会各界也在拭目以待！压力无疑是巨大的！

根据国家人才的需要，少儿班的培养目标是：为培养在世界范围内具有竞争能力的一流人才打基础。使他们成为基础扎实，素质全面的优秀高中毕业生。

能不能达到培养目标？主要要破解三个方面的难题！

第一是学业。

实验班学生10岁入学，四年中要完成八年的学业，学业不可谓不重。怎样创建一个优质、高效、轻负担的教学体系，能充分发挥他们的潜能，保持旺盛的求知欲，使他们积极主动地学习，既打好知识和能力基础，顺利考上理想的大学，又能脱离读死书、死读书的臼穴，成为能独立思考、有创新思维的一代新人？

第二是学生的健康。

在家长们的期望空前高涨，高考竞争日益加剧的背景下，能不能创建一个适合超常儿童的健康发展的环境，使学生们既能相对轻松地完成学业，又能得到充裕的体育活动和其他课外活动的时间，以保证身体健康成长，有一个美好幸福的童年？

第三是学生品行。

怎样才能营造一个人性化的、符合超常儿童特点的，良好的教育氛围，能使这些10岁左右的孩子逐步树立起正确的人生观和价值观？用什么教育方式把他们培养成品行优秀，道德观念清晰并具有良好的行为和学习习惯的优秀中学生？

三个难题怎样同时破解？怎样做到彼此呼应互为支撑？没有先例可循！

1985年1月北京八中出台的学校整体教育改革方案明确提出的"着眼于未来，着力于素质"为指导方针；培养"志向高远，素质全面，基础扎实，特长明显"的一代新人为目标；以"勤奋、进取、和谐、致美"为校训的办学理念使少儿班的老师们更加明确了少儿班的决不能走传统常规教学的老路，也不能简单地减少课时，用"压缩饼干"式的"教改"来解决问题。必须要在深入了解超常儿童身心发育和认知规律的基础上，结合基础教育的根本性任务，来整体通盘设计才能破解这三个难题。

显然，突破传统的教育教学模式，大胆改革创新是唯一的道路！

少儿班的学生正处于人的智力发展和人格形成的关键时期，即童年中晚期（10-14岁），采用集中的班级教育的教学方式的目的是充分发挥他们的优势，加速他们的学习，促使其智能优异发展，并在四年的教育过程中促进健康人格的形成和社会化进程。摆在教师面前的不仅是要在四年内完成普通班级需八年完成的教学任务，更为重要的是使教学过程成为学生主动追求"人的个性充分而和谐的发展"，构筑美好人生起飞平台的生命历程。

这就要求少儿班必须建立起"优质、高效"的教育教学体系。学生在四年的教育过程中的德、智、体、美、劳诸方面要协调发展，绝不能顾此失彼。要追求教育教学整体效益的最大化。

如何使学生诸方面协调发展？这要从教育的根本目的出发来思考！经过学校领导和少儿班教师们已经开始的探索和以后的努力，基本形成了共识。

体育在学生全面发展中具有基础性地位。

人类的永续，国家的兴旺，民族的强盛，人民的健康是根基；家庭的幸福，个人的发展，成员的健康是基础。学校教育，育人为本，人之本在身体，德、智、才、能皆载于身。健康是青少年成长成才和幸福生活的根基，关系国家民族未来和亿万家庭福祉。

学生正处于身体发育成长的旺盛期，好动是他们的天性，身体的运动是心智成长不可或缺的基础，必须根据他们的特点加强体育教学。体育除国家规定的每周两课时外，另拿出一个半天加开3节"自然体育"课。让学生走出校园到阳光下，到大自然中进行锻炼。通过丰富多彩的远足、越野、划船、登山、冰上游戏等项目，激发他们参加体育锻炼的热情，达到增强体质、增长见识、陶冶情操、磨炼意志的目的。

德育是少儿班教育的核心。

道德是社会和谐的重要基础，也是社会前进动力的基本要素。国家的文明与发展取决于国民的道德水准和精神追求。育人为本，心育为重，"立德树人"是教育的根本目的，是素质教育的灵魂和核心。

人生观、价值观、道德标准、公民意识和行为习惯是人从事各项活动时起指导作用的核心，也是社会稳定和谐与文明进步的基础。社会的现实告诉我们，越是高智商，越是掌握了现代高科技的人，对他们的思想水准、道德水准要求就越高，否则社会不但不会受益反而会因此受害。少儿班学生正处在由自然人向社会人发展的重要时期，正处于树立道德观念，学习掌握社会规范的阶段，必须把学生的德育放到教育的核心地位。德育包括了思想意识和行为习惯两方面，并且智育和德育是密不可分的整体。学生由日常学习获得的大量知识信息（包括学科知识和其中蕴含的道德意义）中逐渐形成自己的道德认知，但要将道德认知转化为道德信念和行为习惯还需要有个体的经历过程。这就要求教师充分重视每一个学生，时时处处发掘校园生活中的德育因素，抓住教育时机，把德育和教学有机地结合起来，把德育和学生的生活经历结合起来。课堂教学，班级活动，学生间发生的大量的个别事件的处理，组织的社会实践活动等等，都是进行思想品德教育的素材和时机，要使德育渗透在生活的每一个环节中。

单纯校园内的教育难免片面，封闭的教育很难培育完善的人格。学校虽然在学生的教育上起主导作用，但家庭和社会对学生的影响是巨大的，是无法忽视和回避的。要使德育落到实处，必须调动和应用社会和家庭的积极因素，形成一个开放的和社会能对接的教育系统。

培养学生的创新精神是教学的重点。

创造是人类进步的源泉，没有创造，人类就不会进步。在竞争激烈的国际社会，国民素质和国民的创新能力与活力，是决定一个国家、一个民族在国际竞争和世界格局中地位的关键因素。创新能力不仅与人的知识结构和认知能力有关，还跟人的思维能力密切相关。心理学的研究表明，青少年时期是人的思维能力发展的高峰期，这个时期形成的思维品质和思维习惯会与人终生相随。因此，学校应把单纯注重知识的继承和记忆的教学模式，转变为以知识为载体提高学生的思维品质和能力，培养创新精神为重点的教学模式。

少儿班把为培养在世界范围内具有竞争能力的一流人才打基础作为办学目标。因此打好知识基础，培养他们的创新精神是教学的重点。各科教学的原则是：以教会学生自主学习，培养创新精神为基本目标。创立充分发表自己的见解、鼓励批判性思维，研究型学习的氛围，打好知识基础和能力基础，培养学生严格要求自己的高动机水平的学习责任感。

教学上要改革现有的各学科的教材教学体系，决不能完全沿袭已有的教学方式搞压缩饼干式的教学。各学科要结合学科体系和学生的认知特点对小学5、6年级和初高中的教学内容进行整合。突出核心知识和基本原理的教学；突出科学思维方法和研究方法的训练，注意各学科间相互渗透与沟通，构建学生合理的知识结构和认知结构。教学方法上要注意激发学生学习兴趣，保持学生旺盛的求知欲；负担上各学科教师要及时沟通，相互协调，严格控制作业总量；教学要在满足学生求知欲的同时，给学生留有独立思考的空间和自主学习的时间，发挥教育促使思维、能力和情感发展的功能。

对这些共识的认可是必然的，但第一届少儿班实施起来要落到实处的确很难。原先面对普通中学生进行轻车熟路常规教学的老师们，现在突然要面对十岁的小学生，学科教学的课时数几乎减少一半，并要要在教育教学两方面都进行改革创新，探索出一条优质、高效、轻负担的教育之路，其难度可想而知！教材应怎样整合？高知识密度的课堂教学分寸怎样把握？怎样才能引起学生的兴趣并启迪他们深入的思考和想象？正确的教育理念在教学中如何体现？特别是遇到具体情况如何处理？老师们都很优秀，都有丰富的经验，都有独到的见解，讨论、辩论甚至争吵是必然的经常性的。但大家心中的目标是一致的，就是要探索出一条教改之路，就是要对每一个学生负责，不但对他们在校期间负责，也要对他们今后的发展负责！

三、减压松绑　夺取胜利

共同的目的和理念把各有己见的人们凝聚在一起，暑去冬来，日夜如梭，其间虽然学校从全校师资力量合理配备的全局考虑，有调走的，也有调来的，但探讨、辩论一直在继续。教师们在不断地实践中、不断地学习中、不断地总结中逐步了解了超常儿童成长的规律，有了切实的体会，形成了少儿班独特的教育教学风格和规则。

每月一次家长会，每周一次班主任牵头全体任课老师参加的班级工作会，期末少儿班教师的总结研讨会，每天下午40分钟课后锻炼，每周雷打不动的半天自然体育课，每学期至少一次的外出社会实践活动，形式多样的主题班会，毕业前师生和家长共同策划举办的庆祝十四岁生日的活动，不单纯以考试成绩而是看基础、看发挥、看谐调发展来评价学生……一系列常规班级有的或没有的惯例和规则逐步形成和不断地完善。

老师们的认真负责和朝气蓬勃的创新精神，学校领导看在眼里喜在心里。特殊问题需要特殊对待，应该给政策，创造条件发挥老师们的主观能动性，闯出一条新路。

"这是一项前所未有的教育改革，你们只要加强学习，大胆创新，不断研究总结就一定能成功。"

"采用什么教材，增删哪些内容，教学进度怎么安排，都由你们自己根据学生情况和教学目标决定，学校不做硬性统一的安排。"

"成绩没有特别要求，能跟八中同阶段的年级差不多就行，学生身心健康就是成功。"

"高考成绩即使比高三低一些也没关系，好好总结经验教训，不断改进和完善就好。"

超常教育实验班的倡议者和项目负责人——龚正行副校长，虽然也承受着巨大的压力，却不断地给老师们鼓劲、松绑和减压。

为了检验教学效果，老师们用普通初中班同知识阶段的试卷对学生进行了考试，结果相比之下班级成绩优势不大，语文成绩还要差些。初三年级要中考了，虽说少儿班没有升高中的问题，但参加考试也是一次检验。考试结果是英语和数学的平均分已超过了平均分最高的市重点校；语文、物理、化学三科的平均分虽高于西城区某些重点校，但低于八中初三的成绩。从这五科的成绩看，实验班的学生仅用两年时间，已完成了小学五、六年级和初中三年的学业任务，平均成绩已接近、达到或超过比他们大三岁的八中初三毕业班的水平。

但从个人的总分看，学生中真正能达到八中高中录取线的学生只有两名，达到区重点校录取线的只有九人，这不免令人担心。

1987年开学后发生的一件事让老师们感到振奋。原来，在6月22日少儿班学生参加了由北京师范学院教育科学研究所主持，有关科研、教学人员对北京市部分重点中学及数学奥林匹克学校推荐的229名不满13岁半的少年进行了SAT-M测验。其中35名学生在9月18日收到了美国霍普金斯大学心理学家，美国数学天才少年研究会会长斯坦利教授的贺信，祝贺这35名学生达到了美国数学天才研究会的"数学天才少年"标准。这35名"数学天才少年"中，北京八中少儿班的学生（年龄只有11—12岁）占了16名（11名男生、5名女生），并且前三名均为少儿班学生，成绩达到了780—770分的高水平。这16名学生的平均成绩达到了736.25分，超过"数学天才少年"700分标准线36.25分。（首届实验班大部分学生参加了测试，当时年龄较小的三个学生在1988年也达到了数学天才少年的标准，这使首届少儿班达到"数学天才少年"标准的人数增为19人，占全班人数一半以上。）

这些数学天才少年得到了美国霍普金斯大学、数学天才少年研究会会长、心理学教授斯坦利博士的贺信："在美国正在准备进入大学的高中最后一年的男生中，仅有6%在SAT-M测验中达到或超过700分。同样情况下的女生，仅有2%达到或超过690分。在12周岁的少年中，10000人中约有1人达到或超过700分。""像你们这样的年龄获得700—800分的人，数学推理能力特别强，位居同龄人中万分之一的顶端。你们具有在数学及一些相关学科，如物理、计算机、化学、工程学和自然科学中取得较大成就的巨大潜力。作为早慧少年研究会的我们极力主张你们从一切所知道的特殊的增补的教育机会中去获益。"

SAT-M测验是为美国16—18岁的高中毕业生设计编制的，主要测验学生的数学推理能力。凡是SAT-M测验成绩大于或等于700分（满分为800分），且年龄小于13周岁的儿童少年，被认定达到了"数学天才少年"的标准。

1985年美国霍普金斯大学在美国24000个13岁以下的数学优秀少年中进行了数学推理能力的测试，达到700分以上数学天才少年标准的也就只有50人。

1985年，上海师范大学教育科学研究所用美国同年同类的SAT-M测验题，对来自上海19所重点校的279名13岁以下的数学优秀生进行测试，有21人获得了700分以上成绩。

这个消息给了老师们很大的鼓舞，因为起码证实了学生是有天赋的，鉴别的方法是有效的；少儿班这两年教育并没有扼杀学生的天赋，教育路子是对的。但中考成绩全班只有两人达到八中高中的入学标准的事实，引起了其他人的议论。

客气点的人说：

"中考成绩这么差，高中只有二年，高考时能行吗？"

"这么小的孩子学习更加复杂难度更大的高中课程行吗？两年的高中课程学习毕业时能达到八中高三的水平吗？"

不太客气的人说：

"初中学了两年还考成这样，他们连进八中高中都不够格，高中也只学两年，弄不好别砸了八中的牌子！"

"别看这么多人是数学天才少年，高考可不管这些，那是要看各科总分的！下面应该纳入到高中学三年才有希望，否则高考肯定考不好。"

还有人说："少儿班的这种教育模式到底行不行不好说，八中应不应办少儿班还要好好研究。"

少儿班的老师们心里很清楚，这些议论反映了学校其他人对少儿班的关心，也反映了外界对少儿班这项改革的关注和期待。

压力是巨大的，龚校长和老师们也有担心，但更多的是冷静。他们没有用中考学生个人总分只有少数达到八中高一录取线来论成败，反而认为实验班学生用两年完成了五年学业，以平均十二岁的年龄取得这样的成绩，反映了超常儿童的潜力，也证明了超常教育是可行的。学校教育不能急功近利，他们相信，少儿班的教育理念和方法是正确的，正确的理念和方法必定会培育出优秀的学生。他们相信，教育的关键在过程，学生在过程中有起伏是自然的，正确的教育过程必然会带来良好的结果。

怎么才能让学生提高成绩？课时不够怎么办？既不能增加课时又不能减少体育和社会实践的时间，更不能走入增加负担，大量留作业和重复练习的错误道路上去。别无他法，只能坚持少儿班教育改革的初衷。老师们深入研究各自学科高中阶段的知识结构和能力要求，进一步研究学生的认知规律，对传统的高中教学模式进行改革；对课程结构进行调整；精心备课，科学设计，反复推敲每一节课、每一道例题和每一次作业；加强学习方法指导，向课堂要效率。少儿班老师们在不断地总结，反思，讨论甚至是争吵中继续前行。

以后的事实证明，学校领导和老师们的坚持是对的。功夫不负有心人！

1989年的5月，第一届学生入学快满四年了，即将毕业，这时西城区就要进行第一次高考模拟考试了，少儿班参加不参加？参加吧，少儿班有些学科还没有讲完，大部分学科开始复习没多久，很有可能考不好，那就会招来外界的非议；如果不参加，这是一次全区统一的重要考试，不参加就是放弃了在全区高三毕业生范围内客观衡量学生水平的机会，也会使少儿班学生在填报志愿时失去了依据。

当然要参加！龚校长衡量利弊之后决定，少儿班参加高考模拟考试。

八中的领导、老师、学生和家长们关注着一模成绩，怀着希望，也揪着心！

成绩一出来，所有人心上的石头一下子落了地。

第一次模拟考试成绩，少儿班全班总平均分超过八中高三理科实验班27.4分，进入全校高三成绩前20名的有9人，而且前三名均为少儿班学生。这是少儿班学生们第一次在重大考试中展现出的成绩。

学校领导和老师们欢欣鼓舞，心里有底了，家长和学生们信心更足了！这是在有的新课还没有讲完，大部分学科复习刚开始的情况下取得的成绩，充分说明了少儿班的教学水平和学生的能力。一模后还有一个多月的复习时间，学生的学业水平肯定会再提高，高考成绩一定会比这更好。

不出所料，少儿班的高考取得了优异的成绩。

高考的总平均分比八中的高三毕业班高了35.9分，超出全区总平均分86.8分，全班所有学生的成绩都高于重点大学录取分数线，全部考入重点大学。

他们在4年时间内学完了普通学生需8年完成的任务，学习时间少了4年！他们在每周要进行半天的自然体育，每周学习时间又比普通班少了半天！他们此时只有14岁，就可以跟18岁的大哥哥和大姐姐们在大学的课堂中一起学习，一较高下！

这是中国首批以加速学习的方式，成班建制集体培养的成果！

学生们兴高采烈，家长们欣喜不已，老师们的激动和兴奋溢于言表。四年的艰苦努力，四年辛勤耕耘终于迎来了丰收。

但分数不是一切，高考成绩斐然，还不足以说明超常教育的成功。少儿班学生们的体质如何？是不是一个个都是弱不禁风的白面书生？他们的心理素质和精神面貌如何？是不是一个个都是不谙世事的书呆子？他们的思想意识和行为习惯如何？是不是一个个只知埋头读书，不顾公理道德，行为乖张的自私之人？这是社会对超常教育的最严重的考问！也是超常教育实验成败的关键！

学生们的体质、人品、社会适应性和持续发展能力究竟如何呢？

我们用龚正行校长在几年后根据记录和追踪调查写的总结来回答。

一九八九年，第一届实验班毕业了，我们终于交出了三份令社会满意的答卷，……

［第一份答卷］

四年完成了八年的学业，高考取得了突出的成绩。

……

艰苦奋斗四年后，我们用高考的成绩解除了社会上对少儿班高考的担忧，用事实给了社会一个满意的答案，首届实验班，拉开了少儿班高考成功的序幕。

要知道实验班学生高中毕业时只有14岁，要知道在中学的四年中学校一直坚持在"法定的时间内从事教学活动，"实验班完全是靠提高效率（一节课顶两节课用）走过来的，是在节假日从不加班加点的情况下取得的这一成绩的，是在节省了相当于普通班八年的43%课时的条件下取得的这一成绩的。

14岁的少儿班学生赢了18岁的多学了四年的大哥哥和大姐姐。而我校作为北京市的重点中学，高三毕业班的高考水平在北京地区也是名列前茅的。

通过教育实验，我们用事实说明，只要鉴别对，教育好，十岁的超常儿童用四年的时间完全可以达到高中优秀毕业生的水平。

［第二份答卷］

身体的八项机能指标全部高于同龄人的平均水平。

少儿班学生入学时身体的八项机能指标中有五项低于同龄人的平均水平，这些孩子可以说智力超常但身体素质并不超常，这是教育中重智轻体倾向的必然后果。

为了改变这种状况，保证学生的健康成长，针对少儿班的学生智力超常，体能低常的特点，大力加强体育工作，除了每周有两节体育课外，每周安排半天"自然体育"活动，这样，实验班在四年中，用在体育上的时间比普通班八年用在体育上的时间还多，多出约25%以上。

二年后，到了1987年，从实验班学生的形态发育、机能和素质等八项指标的考查看，只有两项低于同年龄的均值，六项均超过了北京市的平均值；到了1989年（四年后），实验班学生的八项指标全部优于北京市同龄人的平均值。

......

可以说，我们在教育指导思想中，始终把体育放在一个重要的位置上，体育的成功，不仅保证了学生的身心健康发展，也保证了超常教育实验工作的顺利进行。我们以"学生生长发育正常、体质好、适应性强"的事实，说明我们在搞超常教育实验时没有以牺牲学生的健康为代价，创办超常教育实验班时，对学生身体健康问题的担忧，在教育实验的实践中也得到了圆满的解决。

[第三份答卷]

思想道德品质好。

少儿班学生年龄小，个性强，智力超常，又多为独生子女，在教育的难度上是很大的。有的老师说，少儿班学生个个都是个别生。

在班主任和全体教师的直接努力下，通过各科教学、通过班队活动、社会实践、教师的大量个别思想工作，实验班学生在思想品德方面得到了健康的成长。

在实验班中出现了一批有理想、有抱负、求知欲旺盛、积极进取的学生。1987年我们在实验班进行过一次关于理想的调查：有具体理想的学生占43.75%；有多个理想，但不稳定的占18.75%；理想缺乏或模糊的占12.5%。可见，实验班学生中，有68.75%的学生具有明确的理想。经过教师的正确引导，使实验班学生对理想的认识水平不断地提高，正如一个学生所说的："理想是一个人做每一件事的精神支柱，它给予人的力量是任何物质利益难以达到的。"正是这明确的理想促使实验班学生不懈地求知，去克服各种学习中的困难，在学习的兴趣中，又加上了间接兴趣的成分。

......

通过四年的教育，实验班学生在自信心、独立性、意志品质，以及自我调节能力方面得到了较好的发展。

例如，有一个学生考试成绩很不理想，教师想做点工作，安慰开导一下，不料她的回答是："一次考试不能说明问题"。她不相信自己不行。

有一个学生因年龄小，家长和老师劝他晚一年再去考大学，他的回答是："不，我考。"家长问他，如果考不上怎么办？他的回答是："我考得上。"结果他因初试成绩好被大学免于复试进入了大学少年班，像这种例子还有很多。可以说，这种自信心是通过教育逐步建立起来的，是建立在正确的理想、较高的智能水平、顽强的意志和勤奋精神基础上的自信心。因此，这种自信心，给他们带来了一次一次的成功。

实验班学生的独立性也是很强的，在毕业前的一项调查表明，独立性强的学生占了被试学生的85%，这种独立性集中表现在学习中。

……考试作弊现象在普通班里并不少见，但在独立性、自信自尊极强的实验班里，则极为罕见，难怪实验班的教师说："无人监考在实验班里早就实现了"。在实验班里，作弊这种行为被看成是没有出息，很不光彩的事。这种建立在自信基础上的独立性，对于他们这么小的年纪就敢报考大学，对于他们迅速适应大学的独立生活，起到了良好的作用。

……

实验班学生十四岁离家上大学，大学毕业后，又有几十位年仅十八岁的学生，出国赴美欧日留学，表现都很出色，至今未发现有适应不良的学生。

……

通过四年的艰苦工作，我们终于培养出了一大批"对人生态度是积极的，对困难和挫折是坚强的，与人相处是和谐的"心理健康的学生，不管是小小年纪出国闯荡，还是留在国内发展，都表现出了很强的适应力，在学业和工作中都取得了很好的成绩。

……从初步整理的材料看，实验班学生在学习和工作中的表现是好的，到目前为止，还没有发现在思想道德品质上出现问题的学生，这都说明了实验班在教育上是成功的。在事实面前，社会上对实验班学生思想道德品质的担忧也解除了。

三份答卷圆满地回答了原先外界对超常教育的质疑，赢得了赞许。1990年6月，上级领导组织了八个单位（中国教育学会、北京市教育科学研究所、中国科学院心理研究所、北京大学心理系、北京师范大学、北京教育学院、北京市教育学会、北京师范学院）12名著名专家学者组成的鉴定组（朱丹、范小韵、张健、徐联仓、许政援、林崇德、梅克、张鸿顺、温寒江、陈金赞、杜兰玉、章永生）对"超常儿童的鉴别和教育"科研课题阶段成果进行鉴定。

鉴定意见如下：

一、"超常儿童的鉴别和教育"科研课题阶段成果，是教育事业发展中的一项较为重大的教育科研成果，填补了教育系统工程中的一项空白。

二、该课题的实验研究具有重大的理论意义和实践意义，是深层的、开拓性的教育科研课题，它为21世纪早出人才，快出人才开辟了一条重要的途径，为探索具有中国特色的超常教育理论和实践做出了贡献。

三、"超常儿童的鉴别和教育"实验，对常规教育体系有较大突破。课题从选题论证到第一阶段实验完成，历时四年，工作量大，研究对象可变性强，实验难度大，但实验的效果基本达到了原设计指标，可以说实验是比较成功的。

四、该实验的指导思想明确，实施方案具体，步骤有序，从鉴别到教育始终本着科学的态度，采取了多指标、多途径、多种方法的系列教育措施，初步研究出科学的、可行的鉴别超常儿童的方法，初步总结了培养教育超常儿童的经验，整个实验过程符合一般科研规律，实验是可信有效的。

五、该项科研成果，对超常儿童的鉴别和教育有使用推广价值，对常规教育中如何加强因材施教，有参考价值。

一锤定音！北京八中少儿班获得了专家组和社会的认可，使教育部的领导们放心了，使家长们放心了。但八中的领导和少儿班的老师们明白，八中的超常教育仍处于起步阶段，还需加强学习不断积累经验，不断去改革创新，更何况随着社会的发展和进步，学生的情况也在发生变化。有经验的老师都知道，一个班一个样，一年级一个样，应该根据变化了的情况持续不断地进行研究和探索，学校教育应该永远去研究学生，适应学生，提供与其德、智、才、能相匹配的教育。

四、持续研究　开拓创新

1987年第二届少儿班顺利招生。

1989年第三届少儿班学生入学。

1991年第四届新生入学

……

2003年，开始每年招生。

少儿班的老师们在不断地学习，不断地在教育实践中研究、总结，在外界不断的质疑声中艰难前行。八中少儿班的超常教育体系日臻完善。

在实践中杜老师的体育教育从初步的构想逐步形成了从理论到实施，从结构到内容的整套体系。

他认为，体育和智育、德育、美育有着天然的联系，通过体育不仅促进身心健康发展，而且体育是培养身心全面和谐发展的现代人的基础和重要途径。少儿班必须对原来单一结构、单一模式、封闭的体育课程体系，进行更新和改革。

体育教学中开展丰富多样的体育活动对开发人脑的潜能、促进左、右脑的协调发展，发展人的思维能力和创新能力对于培养创新能力的人才是至关重要的。

体育运动是锻炼人的性格的重要途径，强健的体格和坚忍不拔的性格对学生以后在社会上的成功是必不可少的。强健的体格和坚忍不拔的性格的养成必须经过身心的磨炼。这方面，体育课有其他学科无可替代的作用。

人类源于自然，离不开与大自然界的相互作用和交往，大自然的美和自然的无限多样性和复杂性即是人类智慧的源泉，也是健康的源泉。青少年的体育应回归自然，学校体育应有开放性。开放性的体育可扩大学生视野，使生活体育化，体育生活化，有利于学校体育与社会生活接轨，为实现终身体育创造了良好的条件。

教师必须把受教育者的身心和谐发展作为一个整体把握，不注意心理素质而孤立的发展体质，体力和身体技能的体育是片面的。

他突破传统课程的狭隘框架，在少儿班中开展了独创的两类体育课程，对传统的体育课程进行了颠覆性的大胆改革。

第一类：体育教学课（每周两节）

贯彻中小学体育教学大纲的精神，注意课时数比例，对已有教学大纲的教材内容进行适当调整和补充。选择对学生身心和谐发展、身体健康有长远发展效益和奠基作用的体育基础知识、基本技术和基本技能作为主要教学内容。

第二类：以自然体育为主的体育活动课（每周三节）

体育活动课不需要学校提供额外的场地和资金，充分利用自然和社会条件，利用不同的地形和环境，使用不同的形式和方法，进行多种多样的体育活动，更有效地培养学生运动能力，生活能力和适应能力，促进学生身心健康发展。

自然体育是以自然为障碍，把克服、征服、战胜、超越自然障碍的活动作为一种培养人、锻炼人、教育人的方法；作为促进身心健康，发展活动能力和培养优秀品质的手段，帮助学生提高心理素质，健全人格，增强承受挫折、适应环境的能力和树立公民意识。

课程安排上根据学生的生理、心理特点和年级特点，把教学大体分成体验运动的乐趣，发展各项活动基础能力；学习基本动作和技术，全面发展身心素质，落实运动的多样性和实效性；培养学生独立性，增强学生自我锻炼能力三个阶段。每个阶段按照培养情感态度、传授知识、提高能力和技术三个层次进行。

体育课效果的评价上，打破传统的评价标准，采用体育运动成绩和身体形态、体质体能变化综合评价的方法。

评价依据：用北京市学生百分位数评价表进行等级评价。用北京形态发育回归表

进行体型评定。用中国城市汉族学生体质评价表对实验班学生进行等级评价

用学生锻炼标准衡量学生入学与毕业时的等级变化。用北京、全国及日本学生的不同年龄组的生长、发育身体素质的平均值与实验班学生进行对照比较。

不难看出，杜老师在体育教育上做了深入研究和大量工作，在少儿班建立了一整套完善的体育教育体系，为北京八中超常教育的发展奠定了基础。

1996年4月5日北京市教育学会体育研究会、北高市中小学体育运动协会、北京市教研部、北京市西城区教育局在北京八中举办了"杜家良体育教学研讨会"。杜老师在体育教学上的探索与创新得到与会专家的一致肯定。他们认为杜老师的体育教学思想比较全面、系统，真正贯彻了"三个面向"的教育方针，反映了时代的脉搏，走出了一条培育现代社会强人的新路。

物理赵老师认为超常儿童思维敏捷，求知欲旺盛，抽象思维能力和对物理知识的理解能力已超越了一般初中生，传统的中学物理初高中两段制循环学习的课程体系中，初中教材内容对他们来说显得过于简单，不具有挑战性，难以激发学习的欲望和兴趣。物理知识体系中各分支的概念、规律有其固有内在的必然联系，学习过程中知识的碎片化不利于学生对物理知识的掌握，也不利于学生合理的知识结构和认知结构的建立。超常班物理教学内容要有一定的系统性，需要更新教学观念，打破常规，从促进少儿班学生潜能发挥和认知能力发展，达到优质高效的目的角度出发，把初高中物理教材内容看成一个整体，融会贯通进行整合。

这项开拓性的教学改革得到了当时少儿班负责人潘主任和龚校长的大力支持。实施的结果是不但使学生避免了重复性学习，提高了学习兴趣，还节约了教学时间，提高了教学效率。

少儿班老师素有相互借鉴的风气，于是各学科老师相继对本学科初高中内容进行合理的整合，使得少儿班教学加强了各学科相互间的联系与渗透，整体上更符合学生的认知规律，更加合理有效。

赵老师认为，10—14岁的少儿班学生，大脑的生理发育基本完成，正处于发展高质量思维和提高智能的关键时期。少儿班学生无论将来从事何种工作，中学阶段的物理学习过程都是他们进入大学或社会前必要的科学素养训练，是掌握现代科学思想和科学研究方法，构架合理的知识结构和认知结构，提高发现和解决问题的能力，培养创新精神的重要途径。教学不仅要能让学生在较短的时间内掌握较多的物理知识，更重要的是通过学习理解物理知识的过程，使学生的抽象思维能力、空间想象能力、综合分析能力、推理类比能力、发散思维能力、观察力和想象力等和智力有关的重要心理品质获得提升。

在进行教学设计时应有意识地利用知识内容进行上述重要心理能力的训练。只有在伴随知识积累的同时不断提高各种重要的心理能力的过程才是真正意义上的学习。同样，只有在传授知识的同时，不断有意识地提高学习者的各种心理品质和能力才是真正意义上的教学。

物理学在物质的宇观、宏观、微观三个层面上，研究时空中物质的形态及其运动变化规律，是具有完善知识结构、代表人类最高认知水平的基础科学之一，在培养学生创造力方面，物理教学有独特的优势。

任何一项创造活动中总存在着至关重要的猜测环节。猜测是建立在原有的知识和经验基础上超越一般严密推理过程的直觉判断。而直觉判断是人脑特有的最具创造力特征的宝贵功能，这在学生建立物理概念间关系和提出问题解决问题时的作用尤为突出。对学生来说，有意义的猜测活动是激发智慧和想象力的最好方式，也是引起兴趣和进行思维训练的最好时机。

人的创造兴趣的激活与维持，除个体自身的思维品质外，还受到环境和教育的强烈制约。任何学科的教学活动都具有开发和压制学生创新精神的双重作用，这取决于教师的教学设计和教学方法。

基于上述思想，赵老师在教学中努力营造宽松的教学环境，采取了优先构建知识体系框架，随所学知识的深入和拓展递次轮番进行各项能力的训练、鼓励大胆猜测和质疑、有意识地进行思维训练、设法引发讨论、学生独立设计实验、诱发学生在已学知识基础上自主向前深入探究学习等一系列教学策略，取得了良好效果。仅用三年就完成了需五年完成中学物理教学任务，使学生们不但掌握了中学物理的系统知识，拓宽加强了应用知识提出并解决实际问题的能力，还激发了探讨和研究未知领域的兴趣。由于注重了教学过程的合理性，优异的学习成绩的取得就成为自然而然发生之事。在历届高考中，少儿班的物理成绩始终处于市重点校的前列。

各学科老师也在教学中大胆创新，从教学思想到教学设计，从思维训练到能力培养都有自己独特的见解与开拓。

数学陶老师、潘老师、方老师、注重数学基本原理和方法的教学，重视数学规律的应用，激发兴趣，引导学生主动应用数学知识去解决实际问题；王老师、张老师在教学中除注重上述事项外，还引入针对实际问题进行数学建模的教学和训练，在教学实践中鼓励学生提出中学数学以外的问题，引领他们独立自主地去研究和解决问题。

语文徐老师、刘老师、王老师和翁老师等，提出和贯彻大语文观的教学思想，教学融合初高中教材、精选课文、增补名篇，注重学生口语表达能力、阅读理解和分析归纳能力、写作能力的训练；在教学设计中，课始 5 分钟说笑话、讲故事、论时事、评新闻、鼓励发表独立见解；课上组织情景教学，注重基础知识和基本能力的教学和训练；课下写周日记、扩大阅读范围、写读后感，使语文教学融入生活中，开阔了学生视野，培养了情趣志向，陶冶了情操。

其他化学、生物、政治、史地、音美等各科老师对教学都各有独到的见解和教学设计。根据少儿班学生认知特点和能力发展规律，结合学科目标体系，融会贯通初高中教材，以学生为中心，以培养创新精神为重点，鼓励大胆质疑、提出问题，提倡自主学习和在实践中自我提高应用和探究能力。使教学由灌输到引领、由"我要你学"变成学生积极主动追求丰富知识、提高能力、开阔视野、感受成功的愉悦过程。

教育的改革与创新，不能是盲目的，必须要在正确理论和科学研究的指导下进行。为此，学校在1994年成立了科研室，科研室主任程老师对超常儿童实验课题进行了深入研究，做了大量工作。

超常儿童的鉴别研究确定了八中少儿班招生科学的鉴别内容、方法和程序。

因人因才评价的方法研究，综合研究了学生个体的智力和非智力各方面因素和相互影响，得到的成果制成评价软件，可方便客观地对个体进行评价，使老师们摆脱了单纯以学习成绩衡量的片面性，在教育教学中能客观、综合性的了解学生，为有针对性、精细化地进行教育和指导提供了依据。

学情调查和亲子关系调查为教育提供了基础依据。

班集体有组织的人际关系和非组织的人际关系调查，使班主任工作更准确地了解班级情况，为班级的民主和谐管理提供了前提。

……

超常儿童的鉴别，弹性学制的建立，体育教学二类课程的设立，初高中教材融会贯通一体化的整合，以班主任为核心包括任课教师的班级工作研究组的创立，科研指导下的教育教学，是少儿班建立和发展过程中六项最具特色和奠基性的创新。

为了扩大老师的视野，提高理论水平，提高教育质量，学校组织少儿班的老师学习国内外的教育理论和经验，鼓励结合教育实践开展研究、撰写论文并组织老师们参加国内外有关超常儿童教育的学术会议，很多老师在各种层次的学术会议发表了研究论文，引起广泛的关注。

国际上有关超常儿童研究和教育的世界性组织是"世界超常儿童理事会（The World Council for Gifted and Talented Children）"，该会每两年（单数年）召开一次全球性的"世界天才（超常）儿童大会"；亚太地区的区域性组织是"亚太地区超常儿童理事会（The Asia-Pacific Federation of the World Council for Gifted and Talented Children）"，该会也是每两年（双数年）召开一次"亚太地区天才（超常）儿童大会"。这两个国际组织举办的学术会议既是各国从事超常儿童教育的研究者和实践者学术交流和相互学习、借鉴的机会，也是各国展示在超常儿童教育领域的研究水平和教育实践成果的平台。

1993年第十届世界天才（超常）儿童教育会议在加拿大多伦多召开。龚正行校长参加并在会上宣读论文《对10—14岁儿童少年实施中学超常教育的实验研究》，是中国在世界性会议上做学术研究报告的首位中学校长。会议中见到各国尤其是教育发达国家对天才（超常）儿童教育研究和实践的重视与深入，龚校长感慨颇多，感觉有必要让老师们参加会议，听取各国的研究成果和教育经验，以开阔视野，汲取新理论、新经验，从而提高少儿班老师的理论水平和教育效果。从此以后学校领导总是克服各种困难，组织老师参加世界超常儿童理事会和亚太地区超常儿童理事会定期举办的每一次大会，介绍八中的超常教育研究成果和实践经验；与各国学者交流，了解国际上超常教育的研究和发展；学习新理论借鉴新经验，使少儿班老师们提高理论水平，更新观念，创造性地开展教育教学。北京八中是中国唯一由1993年至今，连续参加世界级和国际区域级超常教育学术会议的学校，发表的学术论文受到国际同行的关注与赞誉，是亚太地区超常儿童理事会中国大陆的理事代表单位。

1998年8月，第五届亚太地区超常儿童大会在印度新德里召开。在推举下届大会举办地时，理事会成员一致认为在新世纪的第一年（2000年）召开的第六届大会具有特殊意义，应在社会、经济、教育等各方面发展势头良好的中国举行。理事会还认为，鉴于北京八中在这一领域内的贡献和影响，建议由北京八中在北京主办此次大会，并强调历届大会都由大学或研究机构主办，这是第一次把大会交给一个中学主办，说明对超常教育实践的重视，对推动亚太地区超常教育具有重要意义。与会的北京八中超常教育代表团领队赵大恒主任向国内的龚正行校长请示，龚校长回复按制度中学无权主办国际会议，此事需向上级请示，请理事会等代表团回国后给他们答复。

在北京举办"第六届亚太地区超常儿童大会"得到科技部的支持和批准。经各方协商与准备，2000年8月"第六届亚太地区天才（超常）儿童大会"在北京隆重召开。会议由科技部中国科学技术交流中心和中国科学院心理研究所主办，北京市第八中学和北京国际科技服务中心承办。

教育部基础教育司和北京市教委的领导出席会议，北京市人大常委会副主任、全国人大教科文卫委员会委员、联合国教科文组织协会世界联合会副主席陶西平在会上发表了讲话，世界超常儿童理事会主席和亚太地区超常儿童理事会主席在会上作了主报告，中国科学院心理研究所研究员施建农博士作了关于超常儿童研究的学术报告，北京八中龚正行校长做了关于北京八中超常教育研究和实践进展及成果的报告。各国专家学者和国内外超常教育领域的800多名与会代表在各分会场进行学术交流。这次大会的举办提升了中国超常教育界在国际上的地位,推动了国内超常教育的深化发展。这是首次由一个中学承办的国际学术大会,在国际上也属罕见。

23年来,北京八中共派出23个超常教育代表团,有171人次参加了12届"世界超常儿童教育大会"和11届"亚太地区超常儿童教育大会",在这些大会上共宣读了103篇论文。

1998年11月5日以"面向二十一世纪的教育"为题的第三届中埃高层次研讨会在北京召开。研讨会的议题中涉及超常教育,教育部特邀北京八中龚正行校长等三人参加了会议,这是当年仅有的来自学校的参会人员。第二年第四届中埃高层次研讨会在埃及召开,教育部再次邀请从事超常教育实验的北京八中参加,北京八中派出李蔚昌老师出席了会议。

2000年龚正行校长应韩国教育部的邀请出席了韩国英才教育学会的秋季学术大会,并在会上做了题为"中国大陆地区中学超常教育的现状和发展趋势"的报告,全文刊登在韩国英才学会的学术刊物上,这是韩国本次会议邀请的唯一外宾。

2006年2月八中超常教育办公室主任赵大恒应国际应用心理学大会的邀请,赴德国在会上做了题为"北京第八中学超常儿童的班级教育"的报告,介绍了北京八中的超常教育研究和实践情况。

由上述学术活动可以看出北京八中的超常教育在国际上的影响。

1991年9月北京八中龚正行副校长和北京市教育科学研究所基础教研室主任徐有标共同发起成立"中学超常教育协作组"。当年10月24日在北京市教育局招待所召开了中学超常教育协作组的首届年会,并在会上正式成立中学超常教育协作组,参加会议的有北京市第八中学(龚正行、潘波涛、王竹颖)、沈阳育才学校(于长征、于颖)、呼和浩特市第二中学(张艳芬、张宏英)、长春市实验中学(卢志诚)、湖南师大附中(邓日、张惠愚、黄月初)、天津市耀华中学(马为、宋阔均)、河南新乡市第一中学(肖振有)等七所中学和北京市教育科学研究所(徐有标)。会议决定年会由成员校轮流做执行主席,并由执行主席所在校承担年会的全部事宜。会议还确定了超常教育领域内的14个研究课题和协作组今后的任务。以后开年会时陆续有全国各地的学校加入,全国范围内的基础教育阶段的超常儿童教育研究的协作由此发端,各校的相互交流、学习和借鉴由此开始,推动了中国超常教育的研究和发展壮大。

没有八中领导和少儿班全体老师的殚精竭虑的教育改革与创新,就不会有适合超常儿童发展的教育环境,也不会有八中少儿班今天的成果。

北京八中是国内第一个用科学方法把超常儿童鉴别出来,以班级为单位实施教育的学校,是中国中学超常教育的开拓者。由1985年至今,30年的研究与实践,北京八中的超常教育初步形成了一整套完整的鉴别和培养智力超常儿童的理论和方法,并形成了适合超常儿童发展的工作体系,无论在理论还是在实践操作层面上都有自己的独到之处。

正如专家组鉴定所说,八中少儿班的研究和教育实践"具有重大的理论意义和实践意义,是深层的、开拓性的教育科研课题",是"教育事业发展中的一项较为重大的教育科研成果,填补了教育系统工程中的一项空白","对超常儿童的鉴别和教育有使用推广价值,对常规教育中如何加强因材施教,有参考价值",为21世纪早出人才,快出人才开辟了一条重要的途径。

五、论证辨析　释疑解误

北京八中超常教育实验班自创办以来,尽管培养出一届又一届的优秀毕业生,尽管他们进入大学和走上工作岗位后都有杰出的表现,但由于有些人对超常儿童教育不了解,有些人跟风随声,所以质疑声和反对声始终如影相随。

(一)经常见诸文章报端的是用王安石的《伤仲永》举证来反对超常教育,得出结论"小时了了,大未必佳"。这是对王安石意思断章取义的曲解,王安石的《伤仲永》其实是从反面来说明超常教育的必要性。

我国由汉代开始就有对当时称为"神童"(现在称超常儿童)的教育。历史上的一些杰出人物都是小时是"神童",受到正确的教育后成长起来的。古今中外超常儿童(神童)受到恰当的教育而成才,对国家、社会做出突出贡献的事例比比皆是。古代中国如诗人白居易,一岁开始识字,五岁能作诗,九岁通声韵。数学家王恂,三岁开始识字,过目能成诵,十三岁就能学《九数》,还有甘罗、李自、韩愈……近代有康有为、梁启超、胡适、茅以升、杨振宁、陈省身……外国有阿基米德、高斯(数学家)、安培(物理学家)、麦克斯韦(电磁场理论创始人)……

王安石对仲永现象的评议文章是"仲永之通悟,受之天也。其受之人也,贤于材人远矣;卒之为众人,则其受于人者不至也。彼其受之天也,如此其贤也,不受之人,且为众人矣"。这段话的意思是神童的智力虽然先天基础很好,但如果得不到后天恰当的教育和培养,神童好的先天因素不仅无法发展,反而会遭到泯灭。他强调的是应在神童优异的先天因素基础上,加强后天教育,不使其因"受于人者不至"而"卒之为众人"。

王安石的看法无疑是中国古代对超常教育必要性的精辟论述,对现今中国的教育

也有启发意义。

(二) 进行超常教育有悖教育平等和公平!

教育平等和公平应包括两方面:一是指真正实现义务教育,让所有孩子都有受教育的平等权利;二是指实现差异教育,因材施教,让每个孩子都能公平地受到符合自身发展特点的教育。表面上看,在一般学校里,学生获得了受教育和人生发展的权利,但实际上儿童间天赋的差异是客观存在的,如果教育工作者仅停留在"面对大多数",缺乏因材施教的思想,缺少因材施教的方法和措施,必然会使很多智力超常学生实际上却失去了受到与其潜力相匹配的教育和发展的权利,正像杰斐逊所说的那样,再没有比以相同的态度去对待不相同的人不平等的了。

我们在对特殊儿童教育的公平性上不应有二元标准,即对智障和残障儿童,对有特殊文艺、体育才能的儿童设立专门班级和学校是公平的,而满足智力超常儿童的教育需求就变成了不公平,无论从哪个角度看这种二元标准都是站不住脚的。正如亚历斯多德所说:"给同样的人以不同的待遇是不公平的,给不同的人以同等的待遇也是不公平的"。

我国由于人口众多、地域广扩、经济发展不均衡而一直至力于教育的普及和均衡发展,这无疑是正确的。现在我国的社会进步与经济的高速发展,跟多年教育的普及对劳动力素质的提升是分不开的。但我国的产业目前大多处于产业链的下端,拥有自主知识产权的很少,很大程度上依赖于国外的知识和技术,这必将制约经济和国力的进一步发展。在21世纪进入经济全球化、社会国际化、高科技化的大背景下的国际竞争中,要从根本上改变这种情况,就必须培养大批高层次、高科技创新人才,占领科技创新的高地。

很多国家都把培养高层次创新性人才作为教育的主攻方向,认识到智力超常儿童是国家宝贵人力资源的富矿,在大力研究和发展超常教育。一些国家对超常儿童的教育有法律保障,如美国约有60%的州、韩国、印度、印度尼西亚、以色列、新加坡、澳大利亚等国,以及中国的台湾、香港地区都有专门的立法并成立了相应的研究机构和学校或设立专门班级,制定对超常儿童的研究及教育计划,有专门的经费保障研究和教育的实施,对比之下我们在这方面的不足是明显的。

如果我们能在推进教育均衡发展的同时,注意到占学龄儿童3%左右的智力超常儿童的特殊教育需求,加强研究,制定适当的政策,采取恰当的教育措施,使这部分儿童的求知欲望得到满足,潜能得以发挥,那么在这人才富矿中必将源源不断涌现出大批新时代的杰出人才,为建设有中国特色的社会主义事业做出卓越的贡献。

（三）人生而平等，根本就不存在所谓天才（超常儿童）！

生而平等是指在人权上在法律地位上的平等，并不是指人的智力就完全一样。人脑的结构是智力的物质基础，跟人的身体结构、肌肉类型是运动能力的物质基础是同一个道理。体质好、运动能力强的就可以当运动员摘取桂冠，先天体质差的，身体类型不合适的，无论怎样训练也不能当一个好运动员去获得优异的运动成绩。超常还是不超常也是这个道理，这是先天遗传决定的，不存在平等的问题。

"超常儿童"，我国古代称"神童"，欧洲国家称"天才"，我国台湾称"资优"，韩国和新加坡称"英才"。"超常"这个概念的提出，是国际及国内心理学界作了长期研究和调查发现人的智力是有差异的，中国学者把人群中占绝大多数的智力状态称为"常态"或"正常"，意思是智力正常；以常态为标准，智力状态更好，超过这个标准的称为"超常"，意思是智力超过了常态；智力状态低于这个标准称为"低常"，意思是低于常态。同龄儿童中"常态儿童"占绝大多数，智力超过常态的即"超常儿童"我国学者认为约占3%左右，"低常儿童"也是极少数。这是学术上的名词，没有任何褒贬的意思。

所以"超常儿童"是客观存在的。根据心理学的研究，超常儿童的特点是思维敏捷，记忆力、理解力强，有独创性，敢于挑战权威提出自己的见解，有良好的观察力，对事物敏感等等。由于超常儿童的这些特点，如果不能受到良好的教育，或是所受的教育不能满足他们的求知欲望，他们的聪明才智就有可能被埋没，轻者在学校中感觉学习没意思，产生厌学情绪，重者有可能把聪明才智用到邪路上去，世界上聪明人胡作非为起来对社会的危害更大的例子不少。世界超常儿童理事会前主席吴武典教授认为，对超常儿童进行适合他们的教育，最起码的意义在于防止聪明的孩子将来干大坏事！

否认超常儿童的存在，是会产生恶果的！

（四）对一部分儿童进行常超常教育是教育不平等！

教育平等是指受人人教育的机会平等，并不是指受到相同的教育就平等了，也不是别人孩子受到什么教育就自己孩子也能受相同的教育就是平等。试想各项运动的世界冠军享受各种荣誉地位，会获得大量物质和金钱。如果某人想让自己的孩子也能摘取某项的世界冠军，而孩子恰好不具备这种天赋，把这个孩子送到冠军的运动训练队，由同一个教练用同样的方法训练，是平等了吧！结果是任何人都可想而知的，就是练得吐了血，也不可能拿到冠军。如果孩子不具备这种天赋，稍有点思考能力的人决不会让自己的孩子去接受这样的"平等"。

对教育平等正确的认知应该是社会提供各种各层次的教育机会给人民大众，每个人能根据自己的爱好和能力去选择适合自己的教育，使自己能获得满意的发展。现在的问题是国家能提供的各级各类的教育还满足不了民众的选择要求，这是社会发展的问题，不是"平等"的问题。

超常教育是针对超常儿童进行的一种特殊教育，仅其教学来讲，特点是教学进度快、课堂所学知识密度和难度大，要求学生悟性强，自学能力高，如果孩子不是超常儿童进行这样的学习，造成的结果是适应不了，跟不上进度，成绩差，会产生厌学自卑情绪，孩子不但得不到良好发展，反而会错过接受正常教育的机会，实在是得不偿失，弊大于利。这样的"平等"恐怕是没人想要的。

相反，如果让超常儿童接受一般的教育，就会存在三种可能，最好的是学习上吃不饱，满足不了求知欲，碰到了好老师占用额外时间给他开小灶，能使他得到符合他要求的教育，或是家长注意到这个问题，有能力的就自己辅导，没能力的去上社会上的提高班，孩子多花费时间，家长多花费金钱。第二种可能是孩子由于学得轻松，就不会把学习当回事，养成不良的学习习惯；或是在班里不愿和同学们有太大的距离，混在一起，有样学样，降低了对自己的要求，这样都会沦为平庸，浪费了人才。第三种最坏，很聪明，求知欲得不到满足，觉得学习太简单枯燥，没兴趣，旺盛的精力没处用，把精力和聪明用到不该用的地方，把兴趣转移到脱离社会规范的邪路上，产生的恶果会使家长欲哭无泪，孩子悔恨终身。以上三种可能对超常儿童都是很大的不平等！

孙中山先生指出，对具有不同智力的个体施以同等教育的民主实践——即对优秀者和蠢笨者有同样的期望和标准——会导致平庸，浪费才能，是对平等观念的误解。真正的平等是给予每个个体提供一种根据其智力而进行的教育，使其获得平等的机会去获得益处。

教育家陶行知先生，毕生推行平民教育，但他说："人生天地间，各自有禀赋"，他指出，对"特殊才干之幼苗，一发现即从小教起"，而且必须按学生特殊才能，给予某种特殊的教育。

可见，孩子能否接受超常教育不是平等问题，是合适不合适的问题！

（五）超常教育占用了优质教育资源，或是占用了太多的教育资源，不公平！

首先要知道什么是优质教育资源？

直接回答，合适的即是优质的。试想一个顶级的幼儿园应是优质教育资源了，如果让一个该上小学的孩子还在这个幼儿园里受教育,合适吗?一个弱智孩子到顶级的重点学校上课,或一个正常孩子到一个最好的针对弱智孩子的"培智学校"去学习,合适吗?所以优质不优质要看针对那类孩子来说。

在教育上"合适即优质,不合适即劣质"。

占用了太多的教育资源?未必如一些人想象的那样。以北京八中超常教育班为例。

超常班的硬件设施和全校普通班没有什么差别,理化生等实验室都是与其他班级共用并无区别。教师当初并不一定是学校中教育教学的佼佼者,很多是年轻老师,甚至有大学毕业不久没有教育经验的,某种程度上超常班更愿意补充有责任心的年轻一点的老师,原因是他们接受新事物更快一些。差别是经过学习,教师的教育教学理念和更具科学性、灵活性,更加人性化的管理制度。如采用四年的弹性学制;对学生对教师都不以一次考试成绩论英雄;看重对学生长远、可持续发展的教育效果;看重各学科相互配合的综合效果;看重发挥整体的教育优势和整体效果;鼓励师生双向成才等等。从建班到现在,学校在师资和设施方面的投入和普通班相比并没有特别突出的之处,但是实践中却成长起了一批优秀中青年教师。

在资金投入方面,政府教育经费的投入并没有增加,仍是按公立学校正常班级的经费投入。超常班的经济投入比普通班多出的部分仅是科研经费,包括教师参加各种国内外学术交流会议所需的经费,平均每年约10万元左右,和以下的数字相对比,这项投入是微乎其微的。

超常班学生接受基础教育年限减少4年,政府和家庭对他们的教育资金的投入和生活供养均减少4年。这些学生提前4年参加工作,无论是对家庭还是对社会多做4年贡献。

在北京市如果按年生均教育经费1万元计算,一个学生在基础教育阶段,政府可减少投入经费4万元。八中超常班已开办30年,每班35人,则30年中共节约教育经费4200万元,这些经费可投入到常规教育中去。

家庭在学生身上的花费按年衣食住行学乐玩方方面面全算,月均消费2000元计算,则减少4年供养共计减少支出96000元。学生早工作4年,按最低月平均工资5000元计算,则4年家庭多增收入240000元。减少支出增加收入,里外一算,在少儿班上学的每个学生家庭获得经济效益最少为336000元。

所以不能凭猜测笼统一说,真要分析起来,举办超常教育班整体算起来不但没有多占资源,反而为国家和家庭带来实实在在的经济效益,节约了教育资源。这些优秀学生参加工作以后创造的经济和社会价值更是无法估量。

（六）超常教育违反教育规律，是拔苗助长！

超常儿童是客观存在的，这是科学研究的公认结果，无论是心理学界还是教育界都是认同的。

关于"拔苗助长"其实含有两方面的问题。

其一是关于学业，超常儿童得不到适合他们的"超常教育"可能产生的后果，从反面辨析来说，上面"对一部分儿童进行常超常教育是教育不平等"中的第4自然段中已说明过了，此处不再赘述。

从正面来说，中国古代的儒家教育思想中有"有教无类"和"因材施教"两条。"有教无类"放在现在来说，就是教育的普及问题，是让每个人都享有平等的教育机会。"因材施教"是根据受教育者的智力和能力特点，给予符合其特点的适合的教育，使其优势得以显现，能力得以发挥，从而获得相对更佳的发展。

超常儿童的智力优异，思维敏捷，接受能力强，因而在学习中理解掌握知识所需时间比一般学生要短，花费精力要少。现行教育体制是班级教育，授课的知识密度、难度和教学进度又是针对占大多数的学生制定的，超常儿童往往在课堂上感觉无聊，课下作业对他们来说很简单，很快就做完。如果没有有趣又有益的事吸引的话，会感到生活无趣无味，无所事事。在我们的研究中，通过回访学生原来所在小学，就发现有的学生在原来的学校中被视为对学习没有兴趣的"问题学生"，但和学生本人探讨时得到的回答是"课程没有意思"或是"厌烦老师在课上对简单问题长时间的唠叨"。我们接受一些想进超常班学习的学生和家长的咨询时，他们反映，在现在的学校学习是件"很痛苦"的事，上课面对早已会了的知识，听着老师不厌其烦的讲解，无所事事，却又不能不老老实实坐在那里，课下面对毫无兴趣的作业，又不得不去完成。家长担心，总这样下去孩子会失去上学的兴趣，会养成很多坏的毛病。

而超常教育加速式、更具挑战性的学习，又重新激发了他们的学习兴趣，不但成绩优秀，还改掉了过去养成的一些不良习惯。有一个个性很强，在小学被教师视为"问题学生"的女孩葛×，在小学由于上课不听讲和不完成作业，经常受到老师批评，甚至被撵出教室，在进入超常班后表现出很强的学习能力和兴趣，她感觉在超常班学习有意思，并在教师的耐心引导和帮助下改正了一些不好的行为习惯。现在这个女孩已在美国麻省理工学院取得博士学位。

马克思在《资本论》中特别提到"政治经济学史上一个真正非凡的人物约翰贝勒斯"的一句话，说"他说得很好：'游手好闲的学习并不比学习游手好闲好。'"这句话说得很有道理。所以说对学习能力强、智力优异的学生，按照他们的特点适当增加知识难度，缩短学习时间，让学习具有挑战性，则会激发兴趣和斗志。节省下来的时间为他们进入大学后留有更大的回旋余地，发展会更好。学生前途光明，国家得到人才，何乐而不为？

其二是学习时间短了，在相同的时间内要学更多的东西，课业负担加重，压力太大，学生会受不了，从而影响情绪和心理。其实这是不了解超常儿童和超常教育而产生的误解。用科学方法鉴别出来的超常儿童，智力优异，理解力强，学知识很快，而且理解的透彻，真正的超常教育是专门针超常儿童设计的，在知识的量，深度和难度上都有恰如其分的把握，分寸掌握在让他们跳一跳就能够得着，努力一把就能学得好的尺度上。同时在教学方法上也设计得既能引起兴趣又有挑战性，使他们能自觉主动地学习。八中少儿班的做法是"上不封顶，下要托底"，即学得好学得快的同学，只要本人愿意，又不会影响身体和其他必要活动的情况下，不但会鼓励他去超前和深入地学，而且会帮助他去学，这就是不封顶；对学习暂时吃力的同学，老师会和他一起分析原因，给予具体的帮助，这就是托底。正因为如此，建班以来除前几届中有几个上了普通大学外，其余各届所有学生都考上重点大学。其中有一些更加优异的学生，只学了3年，就考上了北大清华等名校。例如今年（2015）10月，新闻报道引起轰动的31岁就晋升为哈佛大学教授的尹希，9岁半考入八中少儿班，只学习了3年，12岁半考进中国科技大学。当然，如果不是超常儿童，进八中少儿班学习肯定吃力不讨好。对那些鉴别不科学或不是真搞超常教育的学校则就另当别论了。

再有是学习负担重了，必然减少体育活动，时间长了会影响健康。这也是多虑，真正搞超常教育的学校必然会拿出足够的时间开展各种体育活动，以保证学生健康。例如，八中少儿班每周两节操场常规体育课外，再用半天（按3节计）开展"自然体育课"，到大自然中，到阳光下进行各种有趣的活动，如远足、爬山、游泳、滑冰等等。其实少儿班每周只有四天半在校园内上课，这在常规学校是不可想象的。

真的超常儿童接受真的超常教育，是正合适，两相宜，不会存在拔苗助长的问题。当然，这两者中只要有一个是假的，就不会产生好结果。

还是那句话，合适就是好，如穿鞋一般，脚大鞋小挤得疼，脚小鞋大走不快，合适才舒服。

所以要想既学得舒服又学得好，孩子上学合适的就是好学校。

孩子能力不够，非要让他跟着快跑，累死追不上，就叫"拔苗助长"。

孩子能力超强，能快跑却禁止快跑，死活压制他，就叫"压苗限长"。

这两种都会伤筋动骨，伤害身体，毁坏心智。

正确的是，只要尽心尽力去跑了，跑快跑慢都无碍，跑到终点就是好！

第二章　有趣的自然体育课

　　我盼望每个星期五，盼望每节自然体育课，盼望每节能够充分锻炼自己的自然体育课。

　　这天，我像平常一样迫不及待地想知道自然体育课要干什么，回复竟然是去玉渊潭环湖跑。我的心顿时凉了半截：长跑，我最不擅长的项目。

　　据说这次要跑2000多米呢，这听起来就让我直哆嗦。路上，我不住地想着我跑到一半累趴下时的情景，有一点胆怯，但又不想打退堂鼓，于是只好跟大家一起走进了玉渊潭公园。我一望东湖，心里又凉了半截：东湖比我想象的要大得多！

　　经过一段休息和调整，我们终于要开始这段漫长的斗争了。

　　刚开始，我跑得比较慢，任凭其他同学超过我。要知道，长跑不在于开始，而在最后的坚持。我们在零零散散的行人之间穿梭着。到了第一个拐弯口，我开始适当的加速，超过其他同学。其实我也很累了，真想停下来不跑了，但当我看到遥远的终点，看到身旁气喘吁吁的同伴，我又有了动力，决定还是坚持下去。

　　当我冲过第二个拐弯口时，我已经把能甩掉的人都甩掉了，我的步子渐渐稳定下来，周围的人渐渐少了起来，只有这"砰砰砰"的脚步声鼓励我继续前进。也许是匀速运动不费力吧，我竟然觉得不怎么累了。

微风拂面。飘舞的柳枝骄傲地向大自然炫耀着自己嫩绿的新芽。这本应是一道极好的风景,可我们谁也没有心思去欣赏它。

经过了很艰难、很漫长的一段路程,我终于到了第三个拐弯处。我似乎处于很不利的位置:前面的XYZ我怎么追也追不上,后面的FY我怎么甩也甩不掉。但XYZ似乎有些跑不动了,于是我决定超过她。我想加速,可我已是心有余力不足了。我的腿像灌了铅一般沉重,一点儿也不听使唤。这时XYZ自言自语道:"哎哟,我跑不动了。"这时我一下子来了信心与动力,在上桥的时候几步就把她超过了。这时我觉得嗓子干涩、有一种难以忍受的感觉。

前面就是终点!我仿佛看见了曙光,尽力向前冲去。身后频频的脚步声催促我再快点儿。近了,近了,终点就在眼前。

我一步跃过了终点。那一刻,我高兴极了,疲惫极了,也惊讶极了,我竟然坚持到了最后。

这仅仅是一个练习而已,真正的比赛还在后头。但我明白了,坚持,原来又困难又简单。而坚持的结果,是胜利,是喜悦。

从此以后,我越发喜欢每个星期五,喜欢每节自然体育课,喜欢每节能够充分锻炼自己的自然体育课。

上面这篇文章是少儿班学生在一次自然体育课后写的《玉渊潭环湖跑》。少儿班的学生喜欢自然体育课,自然体育课也让他们受益匪浅。

1994年10月的一天,阳光明媚,北京市郊区一条平时少有行人的公路忽然热闹起来,公路上一拨拨的青年,男的、女的、高的、矮的,都在疾步快走,有的还一路小跑,加油!加油!路边一拨拨、一团团的人群中不时爆发出欢呼声和鼓励声。"这几个人走这么快,肯定是运动员吧","嘿!这拨是地质大学的"。

由中华全国青年联合会和日本青少年交友协会主办的"北京21公里长走大会"正在举行,公路上疾步行走的是参加活动的北京市青年学生。

"瞧!这些小学生怎么也参加比赛了?""嘿!走得还真快啊!""喂!小孩!下来喝点水吧!"

人们把目光集中在几个孩子身上。这些孩子个子不高,一个个正在聚精会神地迈着轻快的步伐走着,红扑扑的娃娃脸上充满着自信。他们是哪所小学的?怎么参加大学生的比赛了?人们在议论着。

事情要从几周前说起,北京八中少儿班的杜老师从报纸上看到一条消息,"中日青年友好21公里长走"将在郊区昌平举行,杜老师马上拿着报纸找到少儿班的老师们商量,"我们去参加怎么样?""咱们的学生这么小行吗?""组委会让参加吗?"有老师提出疑问。"行!咱们的学生肯定能行!"这点杜老师有充分的信心,他的信心来源于八中少儿班的一门独特的课程——自然体育课。经全体老师们赞同和校领导批准,杜老师马上和组委会联系,组委会起初以年龄小婉言拒绝,经杜老师再三说明孩子们的锻炼基础后,他们才同意。这样,少儿班两个班的学生全体参加了此次活动。

来了!我们的人来了!终点线旁各参加单位的领导和接应人员都在翘首以待,只见陆续到达的大学生中夹杂着一些小学生模样的孩子,他们一个个飞快地迈着步子冲过了终点,稚嫩的脸上流淌的汗水掩盖不住胜利的喜悦。老师们迎了上去,"累吗?""不累,有点渴。这跟我们平常的徒步走没什么两样!"一个男生说。"比咱们的徒步走也没远多少。"一个女生说道。

"这帮孩子是哪个学校的?身体素质真好!"围观的人如此说。

少儿班学生全部走完21公里全程,这是对孩子们体质体能的检测,也是意志力的考验,更是对自然体育课效果的一次检验。

1993年,孙云晓发表了《中日学生夏令营的较量》,文章中说,1992年8月,77名日本孩子来到内蒙古,与30名中国孩子一起举行了一个草原探险夏令营。文章中的四个标题分别为:A中国孩子病了回大本营睡大觉,日本孩子病了硬挺着走到底。B日本家长乘车走了,只把鼓励留给发高烧的孙子。中国家长来了,在艰难路段把儿子拉上车。C日本孩子吼声在草原上震荡。D中国孩子的表现在我们心中压上沉甸甸的问号。

这篇文章在社会上尤其在教育界引起了很大反响。少儿班的学生看了以后群情激奋,说:"怎么会这样!参加夏令营的中国学生都是些什么人呐!""日本学生根本不行!又娇气又胆小,跟咱们比差远了!"

学生们这么说是有根据的。

那时北京八中跟国外的一些学校建立了友好关系,每年都有学生互访。有一年来访的日本学校领队提出两校学生一起去爬香山,学校把陪同日本学生的任务交给了少儿班,爬山时由杜老师带队。日本学生在前,少儿班学生在后。因为说明是爬山,所以杜老师没有走普通游客沿阶而上的登山路线,而是带学生走的小路,少儿班学生刚兴致勃勃走到半山腰,突然前面传下话来"向后转,原路返回"。

"为什么?""真扫兴!"学生们虽大感不解,但也只得听从命令原路返回。回到山下才知道,原来是走在前面的日本学生,有的因山路较陡,两腿发抖不敢爬了,有的累得双腿发软爬不动了，甚至有的女生哭了起来。前面日方老师给山下的日方领导打电话请求返回。经双方校领导商议后下达了返回命令。

　　课间对《中日学生夏令营的较量》的议论仍在继续，凭什么把中国学生说得这么惨！这不是事实！学生们愤愤不平。那时社会上正在宣传中日友好，和同学们一起去香山的赵老师只得向学生解释：哪国学生都有强的和弱的，也许文章中参加夏令营的中国学生恰好是弱的呢？跟我们爬香山的学生也许是日本学生中弱的呢？我们要看到人家的长处。

　　参加这次活动的是少儿班2、3年级的学生，年龄是12—13岁，比日本学生还小。学生的体质怎么会这么好？怎么会与《中日学生夏令营的较量》里的学生有着完全不一样的体质和毅力？这要从少儿班的自然体育课说起。

　　少儿班的学生正处于长身体、心智快速成长的阶段，因此使他们德智体全面协调发展是少儿班的根本任务。人的自身发展及人对社会是否能做出更大贡献，健康的身体是必备的条件。处于发育期的少年儿童，好动是他们的天性，身体的活动，不但有利于身体的发育，还是性格养成，心智发育的必要途径。少儿班办学者认为教育不仅是注意当下，还要关注世界、面向未来。教学目标远大，必然引起课程结构、内容、质量和数量的调整和改革。原有的体育课程，单一结构、单一模式、封闭的课程体系，无论从学时，教学内容上都难以完成育人的任务，学生们学起来也很乏味。为此，少儿班进行了两类课程的尝试，两类课程包括体育教学课和体育活动课。课程的概念已突破传统学科课程的狭隘框架，为适应未来的人才素质要求进行了课程结构的调整。

　　体育教学课主要贯彻中小学体育教学大纲的精神，注意时数比例，并进行了适当调整和补充。教育部规定，学校每周体育课不得少于两节，而少儿班每周就有五节体育课，下午四点多放学后还有半小时晚锻炼——跑步，最特别的是，学校在每周上课的五天时间里安排半天组织学生到大自然中，到阳光下去开展自然体育课。

　　少儿班开设了以自然体育为主的体育活动课，体育活动课的设置是为了要实现少年班的体育目标，培养新世纪的人才。它不需要学校提供更多的场地和资金，而是充分利用自然和社会条件，利用不同的地形和环境，使用不同的形式和方法，进行多种多样的体育活动，更有效地发展学生身心。

　　自然体育课根据不同的季节安排远足、爬山、滑冰、自行车旅行等各种运动活动。老师们带领学生们到阳光下，感受自然，了解自然，以体质体能的锻炼为锁链，串联起各种知识的学习，包括学会应对各种突发事件，培养顽强的意志品质和团结友爱的品质，亲近自然了解自然，使他们体会到人和自然的关系。接触社会，了解社会，使他们将来能更好地融入社会。自然体育课培养了学生运动能力，生活能力和适应能力。开放性的自然体育，扩大了学生视野，使生活体育化，体育生活化，有利于学校体育与社会生活接轨，为实现终身体育创造了良好的条件。少儿班的杜老师是自然体育课的开创者和灵魂式人物。他认为体育教育不是"运动"那么简单，自然体育不追求竞技项目的成绩，核心是学生体质体能的提高，建立终身体育观念；对学生吃苦耐劳、毅力、坚持、勇敢、果断精神的培养和体验；通过体育精神对学生的人格教育，培养学生合作精神、集体主义精神，使学生自信、自律，培养学生愉快的生活态度。

实际上八中少儿班的自然体育课已超出了一般锻炼身体的意义，成为把学生德智体三方面教育融为一体的综合性课程，是少儿班课程设置的一大特色。

一、培养运动精神　不断超越自己

生活多美好啊，体育锻炼乐趣无穷。

——普希金

（一）一封与D先生有关的匿名信

北京八中是体育传统校，体育活动开展得很普及，有广泛的基础，每班都有篮球队、足球队和各项的体育积极分子，全体同学的积极参与，使得八中在田径、乒乓球、排球、体操等项目的成绩，都位居市区前列。

1985年，八中创办少儿班，副校长龚正行找到杜老师，少儿班的体育课非他教不可。30年来，他带的学生出了不少成绩，体育教育工作积累了很多经验，初中高中各年龄段的孩子都教过，教少儿班肯定没问题！杜老师痛快地答应下来，他相信只要用心，只要对学生好，少儿班不可能教不好！

然而，杜老师低估了少儿班的体育工作难度。他虽然教过初中，但没教过十岁这么小的又非常聪明的孩子，他们因为聪明得到了更多的溺爱，他们顽皮、执着、脾气大、想干什么干什么……他们分明就是小野猴！最大的困难是：这35个小野猴里有7个是小胖墩，6个是小眼镜。由于是第一届，入学前没有进行体育加试，入学时对身体的检查仅仅是无慢性病，无色盲，视力在0.4以上，所以学生们的身体素质怎么样，老师一点都不清楚。

开学后，杜老师参照全国体质调研项目和要求进行了形态、机能、身体素质的统检统测，第一次测试就让杜老师大跌眼镜：70%的学生短跑成绩只相当于国家锻炼标准的 40~50 分。50m 乘以 8 折返跑更差，90% 以上的学生成绩低于北京市平均水平，男生的斜身引体、女生的立定跳远成绩都比较差。基本体操姿态差，柔韧性差，只有男生的立定跳远和女生的仰卧起坐让杜老师稍微舒展开眉头。当时帮助测试的体育老师说："你们怎么把体育最差的学生都招进来了！"

要想逆转这一现状，可不简单，大多数同学胆量较小，缺乏吃苦耐劳的精神，最要命的是对体育的重要性认识不足，逼着他们锻炼都喊累，更别说自觉地进行体育锻炼了。

开弓没有回头箭，既来之则安之，面对困难没有捷径，只有迎难而上。杜老师只能采取最笨拙的办法教他们，并且相信只要努力教课，只要不投机取巧，就能改变这些孩子的身体素质。

9 月一开学，杜老师就进入了忙碌的工作中，针对学生的体质情况，他制定了严格的训练计划，课上运动量很大，还设计了外出活动……其实他可以不用那么忙碌，一周几节课，教完了就完了，他根本不用陪着学生跑步，也不用想尽办法去调动学生参加锻炼的积极性。要是按常规体育课教，那真是太简单了。但他不是那样的人，他不但陪着学生跑，陪着学生跳，还主动提出每周六带学生出去活动，当时工资已经跟课时挂钩，工作时间内的工作按课时算，周末带学生外出活动不算课时，也没有加班费。可杜老师没想这些，他就是想带学生出去活动。有时候是半天，有时候到家都晚上六点多。他带学生们爬山、远足、游泳……

10 月份时，班主任龚老师在办公室说有学生针对少儿班的现状写了封匿名信，投诉的人当中就有杜老师。杜老师不相信，孩子们上他的体育课那么高兴，怎么可能投诉他。这莫不是哪个学生开玩笑吧。打开信，他一下子懵了。

信中影射的就是杜老师的课是"法西斯式的军事训练"。教书 30 年来，杜老师从没遇到过负面的投诉，这是头一遭。而且是如此之强烈抨击，这对杜老师是一个刺激，自己辛辛苦苦地教，没有功劳还有苦劳吧，没有苦劳还有疲劳呢！孩子们看上去很喜欢他的自然体育体育课呀！杜老师一直认为长久以来学校体育有一个很大的问题：第一，它与社会生活不接轨。比如说骑自行车，骑自行车是当时对中国人来讲非常重要的交通工具，在十亿多人口里，起码自行车有两三亿辆，光北京就有几百万辆自行车，自行车可以作为交通工具，为什么不可以把它当作运动工具呢？后来杜老师带学生参加自行车赛，带着学生骑着自行车探险。第二，学校体育课不与社会体育接轨，自行车怎么骑？学校没教过；划船怎么划？学校没教过；香山怎么登？学校没教过登山常识；游泳怎么游？学校没教过这种生存技能……可是这些为什么不能教给孩子们呢！老师教的是足球，可学了没地方踢，老师教了背跃式跳高，出去以后没有任何机会再进行这种锻炼。如果体育和生活能够接轨，就可以将学生的体育延伸到生活层面上去。为了这个目标，杜老师每次带学生参加活动都要从各个方面考虑，出了校门怎么组织活动，如何对学生进行教育，包括过马路时都要对学生进行交通安全教育，坐车时都要教学生如何文明乘车……这些教育都是根据当时的时间、地点、所发生的事情渗透给学生的。

万万没有想到的是，这么受学生欢迎的自然体育课却遭到了学生的投诉。卖了这么多力气，这么疲劳，却被扣上了法西斯式的军事训练的帽子！接到这封信后，杜老师沉思良久，反思良久，他认为自己没有错，自己在辛辛苦苦认真地教，但学生为什么不接受呢？是体育课太苦太累，学生没接受过这么大的运动强度？是自己过于严厉？还是没有在心理上好好地跟孩子们沟通？需要改变自己的一贯教法，换一种方式和学生沟通、上课？如何更好地适应这个年龄段的孩子？

当时，杜老师隐约感觉很有可能是小清和小菲写的匿名信，但他没有找学生谈话，也没有埋怨她们，反而打心底感谢她们，如果不是她们，他不会意识到教学方面的问题，不会有更大的改进。学生的抗议对老师来说是很好的机遇，只有了解你的教育对象并且有针对性的调整教学方式才能教学相长。

小清和小菲写了信后，心里也是惴惴不安，以为老师会大发雷霆，没想到一切都静悄悄。这让她们心里挺不是滋味。

再看杜老师，上课时虽然很严肃，但态度改变了许多，即使训练的时候也能展现严师慈父的一面，平时能够经常和学生谈话聊天，有时候还问他们生活和学习上的事。

1986年少儿班二年级时小清和小菲给杜老师写了一个贺年卡。"老师我们通过这一年多，我们理解您对我们的关心跟爱护了，所以我们一定好好加强锻炼。"

功夫不负有心人，学生态度终于有了转变，他们都能认认真真地对待自然体育课了。高中毕业时，小清又给杜老师写了一封信，"您有一颗金子般的心，真诚对待我们每一个人。"1989年，小清考上了北京协和医科大，要到石家庄陆军高级学校军训，这一军训就是一年。军训期间，小清从石家庄专门给杜老师写了一封信，"杜老师你还记得我们说您对我们是法西斯式的军事训练吗？现在想起来才觉得我们当时多么可笑，我现在为您教过我们而自豪，感到我们的身体得到了一个非常大的锻炼。在军训的学生里头，我的身体素质非常好，我是真真正正体会到自然体育课的好处了。"

从那以后，杜老师再也没有负面投诉，正面的"投诉"倒是逐年增加。少3班的陈堤毕业后给杜老师写信时说，"我们正是接受了您的'法西斯式'的训练，才能有今天的好身体，我在大学游泳还得了很好的名次。"少2的冯家锐代表医学院在北京市参加比赛时获了两个奖章，他自己留了一个，把第二的奖章给杜老师送去，他说："老师，感谢您对我们的严格要求。"少2的王超考上了名校，他欣喜地说："杜老师，要不是您，我的跑步、游泳、滑冰，哪能在全校名列前茅呀！我和18岁同学比赛铅球，得了第二名。人家管我叫小全能。"

（二）高台跳水练胆量

少儿班的孩子大多是独生子女，家长们在自己小时候或多或少吃了些苦，到了孩子这一代，他们不希望孩子吃太多苦，尽量多地给孩子提供便利，希望他们能够一帆风顺的成长，稍有可能造成伤害的事都不让孩子做，总是包办代替。由此造成很多孩子不够勇敢，遇事就想后退。

在体育运动中，有些项目容易使人产生慌乱、胆怯、恐惧等消极情绪。如果能通过训练，克服接受训练者的消极情绪，必然会使学生的勇敢精神得到培养。针对现状，少儿班对孩子们进行了勇敢的培养与测试，跳水是其中一项，对学生的勇气和意志力起到了较好的促进作用。

教跳水之前，要先教会学生游泳。教游泳时，杜老师不只教学生游泳技巧，还教他们掌握有效的自救方法和逃生技巧，遇到水难时如何逃生最有效；游泳发生意外时是否有能力浮出水面呼救；穿着衣服掉进水里时怎么办；如何利用身边的漂浮物逃生……当学生学会了游泳，具备了相应的自我保护能力后，老师便开展跳台跳水训练。因跳台的高度可以相对稳定，因而所创设的困难和危险的情境也是相对稳定的。人从高处向下跳，不论年龄、性别、不论体质强弱，只要有勇气都可以跳下。学生不需要掌握特殊技术，因而排除了技术因素。

杜老师把孩子们带到了校外借用的场地，他们看到，跳板在一端固定着，另一端有弹性的跳板则伸到了离水面1米和3米，还有5米、7米、10米的跳台。

看别人练习，同学们心惊肉跳，一个胖胖的女生说："老师，我肚子疼。"

"行，你要真是肚子疼，就去坐着看别人跳吧。"杜老师准了假。女孩伸了伸舌头，走到了一边。

杜老师接着说："跳水是一项优美的水上运动，它是从高处用各种姿势跃入水中或是从跳水器械上起跳，在空中完成一定动作姿势，并以特定动作入水的运动。跳水动作根据运动员起跳前站立的方向和起跳后身体运动的方向，分为6级，分别是：面对池向前跳水、面对板台向后跳水、面对池反身跳水、面对板台向内跳水、转体跳水、臂立跳水。我们学习的是最简单的跳水动作，也就是俗称的'跳冰棍'，要点是

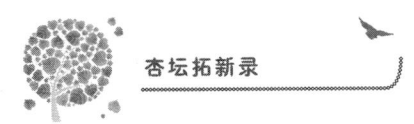

你们只要保持身体直立面对池子向前跨一大步就行了，我不要求你有什么花样，这不是比赛，只要你跳下去，你就成功了。"

杜老师平静地走上跳台，"大家看我，保持身体平衡，全身放松，伸展双臂"，"扑通"杜老师已经跳到了水里，溅起层层水花。

"这样跳下来，不会摔得脑袋疼吧？"

"脑袋不会疼，脸会被水花拍得疼。"

又有同学打退堂鼓了。

"你们看，我跳下去，不是没什么事吗！跳水没那么难，往前一迈，不就跳下去了！"杜老师轻松地说："看你们这么害怕，你们可都会游泳啊，淹不着你的，老师在这儿看着呢！老师保证你们跳下去不会有事。"

看同学们犹豫不定，杜老师大手一挥，走到跳板上去，"同学们一个一个来吧，谁都逃不了。"

3米跳板，对学生来说虽然有挑战，但硬着头皮也能跳下去。

"接下来，要从5米跳台往下跳。我们先来进行第一项测心率，测完心率就测第二项离开跳板的时间，我可以给你24秒的犹豫期，犹豫期过了，你就不能再跳了，就轮到下一个人测试。这是测你的果断性，你离开跳板的时间体现了你心里的犹豫和你对困难的态度。第三项是测形态，形态分三个等级，直的，弯曲的，严重弯曲的，你的形态反应你的心态。第四项从5米台跳过了就可以上7米台跳了，看有哪些同学还能跳。这一项测试的是心理素质，你的心理素质越强，你克服困难的能力和勇气越大。第五项测试的是你们在跳的过程中的时间知觉，时间知觉就是什么？人在运动过程中，对时间是有感知的，比如咱自然体育课远足，又累又热，你们觉得时间太长了，恨不得有一万年，但实际就是两三个小时。同学们要感知你现在跳的时间知觉，感觉是怎么样的，第二次第三次的时间知觉是怎么样的，我们跳水课全部结束后你的时间知觉是怎么样的。这六项测试指标能够体现你的训练成果。"

杜老师先让同学们休息几分钟，再测第一次心率。

"为什么还要休息啊？"有同学问。

杜老师回答："原因是先前的活动影响心率，不科学。"

测完第一次心率后，一个学生站在了跳台上。他刚刚测的第一次心率与平时状态差不多，但此时他往下一看，"哎哟，这么高呀！"他紧张得不行，心率也高达每分钟接近180次，"你情绪太紧张了，放松些，跳下去，就能完成任务，多简单啊。"杜老师拍拍他的肩膀说。

男孩咬了咬嘴唇，好像下了决心似的。

"好了，现在开始跳，计时开始。24秒、23秒、22秒……"

男孩犹豫着。同学们开始为他加油，"子明，加油，加油，加油。"

"扑通"一声，水花溅起来。

男孩成功了。

"哦"同学们欢呼起来。

男孩从水里探出头，朝同学们挤挤眼，满脸笑容。

"下一个"

……排着队的同学都成功跃入水中。因为肚子疼站在一边观战的胖女生沉不住气了，"杜老师，我也想跳。"

杜老师并没有拒绝她，鼓励她说："好啊，看你的。"

胖女孩也成功了。

全班没有一个掉队的。

"你们跳水的时候，什么感觉？"杜老师问。

"度日如年。"

"太紧张了。"

杜老师接着问："跳完之后什么感觉？"

"还是很紧张。"

"没有想象中那么吓人。"

学生费某、曹某的日记，生动地记录了他们最初对待跳水的感受：

> 听说周末下午要学跳水时，我们一下子呆住了。周围的空气好像凝固了，仿佛声音已从这个世界消失了，静悄悄的。不知是谁长叹了一口气，气氛立刻又热闹起来。各种议论声、抱怨声一下子从地底下冒出来。那些平时胆大的表面上说不怕，其实却在心里计算着怎样可以晚跳，怎样可以不跳，胆小的就更不用说了……

> 在尝试了几次3米板的跳水后，我看到有一些男生已经跳下了5米台，就也想去尝试一下站在5米台的滋味，但又没有足够的勇气上去。当老师'逼'着我上5米台时，刚才想试一试的念头已不知踪影，剩下的只有恐惧。我站在5米台上，腿一直在抖，心跳顿时加快了，似乎站在哪一个位置都有掉下去的危险。当我勉强走到跳台顶端，往下一看，浑身都软了……

通过上面的"自我分析"不难看出，跳水运动使学生直接参与身体活动，并在勇敢、果断性方面得到了较好的锻炼作用。跳水课一共上了5次，同学们从第一次跳水时的紧张到课程结束时的平静，从第一次跳水时心率每分钟180次到课程结束时每分钟100次，从第一次腿脚发抖地走上三米跳板到最后一次精神抖擞地登上7米跳台，从第一次跳水时度秒如年到课程结束时转瞬完成，同学们得到的不只是身体的锻炼，更是意志的历练和勇敢精神的培养。

自然体育课丰富多彩，行军、登山、自行车、独轮车、划船、滑冰（滚轴）、游泳、跳水等项目非常受学生欢迎。平常体育课上要求的引体向上、俯卧撑等项目学生们平时可以自己练习，杜老师定期检测。少儿班还在小院里安装了一个单杠，供学生们使用。杜老师根据学生的生理、心理特点和年级特点，把教学工作大体分成三个阶段，即：尝试各种运动的乐趣，发展各项活动的基础能力；学习基本动作和技术，全面发展身心素质，注意运动的多样性和实效性；培养学生独立性、增强学生自我锻炼能力。

在体育教学实践中，杜老师按照培养情感态度、能力技术，传授知识的层次进行。他认为学生对待知识和技能的情感态度和能力不仅直接影响到对基础知识的理解、掌握和运用，而且关系到学生学习的主体地位能否确立和学习的主动性创造性能否发挥。不仅影响到当前的学习，而且关系到学生今后乃至终生的学习与发展。

（三）只有坚持到底才能到达终点

2000年9月1号，徐老师接了杜老师的班。杜老师手把手地带着徐老师工作了一段时间，把自己多年的体育心得和教学安排毫无保留地传授给徐老师。

徐老师虚心向杜老师求教，随着对自然体育的逐渐深入，他发现要教好少儿班的体育非常不容易，自己要了解的实在是太多了。田径、体操、球类等运动对他来说都是小菜一碟，但要带着学生走进社会，走进大自然当中去，要远足、划船、游泳、骑自行车，这类课程在他上大学期间几乎是没有接触过，尤其是跳水、骑独轮车这些项目，他不会怎么办？而这可是自然体育课的重要内容。

让徐老师头疼的是他一接手就要教独轮车！他自己还不会骑呢！这些问题都很棘手，却是他必须要面对的，如果他自己都不会，还怎么教学生呢！为了尽快熟悉工作，他从第一个周末开始就在操场边上扶着铁网练习独轮车，一次一次跌倒，一次一次爬起来。在无数次摔倒后，他终于掌握了骑独轮车的技术。

第二个周末徐老师为"自然体育课"踩点，过段时间他要带学生远足，为了熟悉路况，他要先走一遍，设计远足的路线，所需时间，了解周边环境等，还要预测路上会遇到哪些事儿，包括在哪上厕所。这些东西体育教材里是没有的，只能自己备课。

9月份开学第一次"自然体育课",徐老师带领同学们坐地铁到苹果园,再从苹果园步行回学校,这段路途有17公里。

9月份,虽然已经是秋高气爽的天气,但都是相对而言,坐着不动当然不觉得热,要是在阳光下快走,还是很热的。就是这样的天气,学生们要步行,中途不能喝水也不能休息。

这些养尊处优的孩子当下就"哎哟"起来,"这么远?""还不让喝水!"……

当中有个孩子叫许家锐,家境比较好,年龄小个子矮,娇生惯养孩子的那些吃不了苦、衣来伸来饭来张口的缺点都能在他身上找到。一路上他就小声嘀咕,但没有大声嚷嚷,从玉泉路走到公主坟时他还比较轻松地走下来了,但过了公主坟他耐不住了,走几步就问:"老师,还有多远到学校呀?""老师,是不是快到了?"

许家锐的焦急询问让徐老师隐约感觉到他的内心开始动摇,徐老师鼓励他,"不远了,咱们都过了公主坟了,很快就到了。""再走走,你看过了这个大厦,再走一段,不远了。"

几次询问之后,得到的答案都是不确定的,让人看不到希望,许家锐急了,"您老是说不远了,很快就到了,可我怎么走了很长的路,还是没有到。"

他得到的回答还是,"很快了,很快就到了,坚持,一定要坚持。"

徐老师明明知道到学校还有几公里,但他故意把距离说得很模糊的,让学生觉得还有很远,似乎看不到希望。这恰恰就是徐老师延续的杜老师的风格。让学生在远足的挫折过程当中,充分体会到挫折很苦很累,只有坚持到底才能到达终点。

询问、回答、询问、回答……走到工会大楼的时候,许家锐说:"不想走了,我走不下去了。"这时,走在前面的同学也累了。一时间,喊累的喊渴的,哎哟声一片,负面情绪都表现出来了,但谁也没有打算放弃,许家锐是比较有"个性",坐在路边不走了,还用眼睛看着徐老师,似乎在说,"我就不走,看你能拿我怎么着。"许家锐想的是,这么跟老师耗下去的结果很有可能是老师让他坐车回去,或者让家长来接他。看老师不为所动,他开始演戏,"我走不动了,我肚子疼,我身上哪都不舒服。"

"要是实在走不动了,我就背着你走吧?"虽然徐老师猜测许家锐有可能是假装肚子疼,但又担心他是真的肚子疼,冤枉了他。眼下,还得带大部队回学校,不能因为他一个人耽误了时间,所以骑虎难下之际,徐老师一咬牙,打算背着他走。

这下许家锐很干脆地说:"好啊,你背着我走,反正也不远了。"

好在许家锐个子小,徐老师身体素质好,真的就背着许家锐从南礼士路往学校

走，到复兴门地铁站时，许家锐小声说："老师，我肚子不疼了，我自己走吧。"

"没多远了，我背你走吧。"

"不用了，我还是自己走吧。"许家锐从徐老师背上挣脱下来，走得很快，不一会儿就到学校了。

大口大口地喝过水后，孩子们很快就恢复了精神，脸上洋溢着难以言表的喜悦之情。徐老师借机会召集同学做了个总结，他说："自然体育课的目的是什么？是为了锻炼大家的体力和耐力。我们来看看今天的平均速度，每小时4公里，这个速度不过是散步的速度，每小时5公里才是行军的速度，每小时6公里是急行军的速度，解放军叔叔急行军时还要背着沉重的背包和装备，咱们这才哪到哪儿啊！再说说喝水的事，咱们下午走了三个多小时，两三个小时不喝水身体是能承受得了的，对你的身体没有任何影响。为什么不让你们休息？是因为长时间的坚持是对你们心理的考验，是意志力的一种磨砺。未来你们的人生中会遇到很多挫折困难，当你遇到挫折困难时就想想我们的远足，想想只有坚持才能到达终点。"

听到这儿，许家锐很不好意思地低下头，他成了没有走完全程的唯一先例。他的这一大胆的行为让同学们记忆深刻，同学们动不动就说："你真行，让老师把你背回学校。"这让他觉得很没面子，每次同学一提起这件事，他就脸红，赶紧说："别说了别说了。"

从那以后，不管多远的远足活动，许家锐都坚持走下来了，并且很积极地走在前面。

在一个轻松的氛围中，许家锐坦诚地跟徐老师说："当时是年纪小，想少走一点，以为玩个心眼就能蒙混过关，没想到您真背着我走。"

（四）不要轻言放弃

别看学生们说自己喜欢自然体育课，但事实上刚到少儿班的时候，一听到自然体育课，有一部分学生就头大。在自然体育课中，有一项是远足，刚开学那会夏天的热乎劲还没退去，上自然体育课，可真费劲！

少儿班组织的远足距离都很长，老师要求学生在远足过程中不能买水、买东西吃。这是对意志、体力和耐力的锻炼。他们一般是中午时坐公交车出发，到达目的地后，再走回学校。自然体育课通常都是一个下午的时间，学生们在路上走的时间大约在三个小时左右。

大热天的，学生们又热又累又渴。在远足中，学生们会出现种种问题。有的学生看到路边浇草的水就想喝，还跟老师们调侃这是望梅止渴。还有的学生要给老师提问题，老师答不上来他就可以去买水喝，还有的学生就是不走了。

遇到这种情况，老师是坚决不允许他们买水喝的，有一个带头的，其他的学生就一呼百应，这规矩就破了。如果是在沙漠里，你能买水吗？你只能坚持下来。

老师要不断跟他们讲道理："累，大家都累，大家都走了这么长时间，你腿酸疼，人家也一样，人家能坚持你也能坚持。"还会有学生不死心，说别的同学的身体素质比他好。这时老师更要鼓励，前面都走了三分之二了，马上就到达目的地了。有的时候，老师还需要不时地夸一两个意志品质好的学生，鼓励加激励，再加同伴榜样的力量，还要转移他们的注意力，出几道谜语，讲几个笑话，注意力一转移，不知不觉就能走下来了。

1950年，佛罗洛伦丝·查德威克因成为第一个成功横渡英吉利海峡的女性而闻名于世。两年后，她从卡德林那岛出发游向加利福尼亚海滩，想再创一项前无古人的纪录。

那天，海面浓雾弥漫，海水冰冷刺骨。在游了漫长的16个小时之后，她的嘴唇已冻得发紫，全身筋疲力尽而且一阵阵战栗。她抬头眺望远方，只见眼前雾霭茫茫，仿佛陆地离她还十分遥远。"现在还看不到海岸，看来这次无法游完全程了。"她这样想着，身体立刻就瘫软下来，甚至连再划一下水的力气都没有了。她请求小艇上的人把她拖到小艇上去，尽管艇上鼓励她就快到了，她还是不相信。于是，浑身瑟瑟发抖的查德威克被拖上了小艇。

小艇开足马力向前驶去。就在她裹紧毛毯喝了一杯热汤的工夫，褐色的海岸线就从浓雾中显现出来，她隐隐约约地看到海滩上等待欢呼她的人群。到此时她才知道，艇上的人并没有骗她，她距成功确确实实只有一英里！她仰天长叹，懊悔自己没能咬咬牙再坚持一下。

"行百里者半九十"，最后的那段路，往往是一道难越的门槛，因为在我们历尽艰辛心力交瘁的时候，即使一个小小的变故或者障碍都有可能把我们击倒。这个时候，意志就显得至关重要了。事实上，只要挺住，再坚持一下，再坚持一下！就能够到达胜利的彼岸了。胜利往往来自于"再坚持一下"的努力之中。

一位女同学在文章里这样写道："坚持到最后就是成功"这句话，就是学龄前儿童也不陌生，但事实中，有谁真正"坚持"过呢？"我有毅力"，说这句话的人也不少，但很少有人能真正坚持到底。当你即将放弃时，你一定会发现你还能再忍受一会儿，就像那次，害怕了，冒次险，坚持一下就过去了，渴了坚持住，也就挺下来了。生活中坚持太重要了，我今天为什么要提起它呢？因为今天环湖跑我拿到了第五名，而第六名只差我半米，我们两个并列一直跑了100多米，而到终点时，

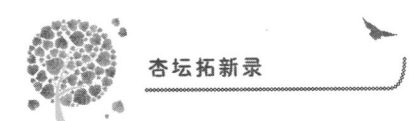

我一咬牙,就领先了她半个身子,差距是那么小,而我只是比她坚持的时间长了一些。许多例子都说明了我们需要坚持,一个不会坚持的人,成功对于他来说,真是太渺茫了。

二、从健身到育人

体者,载知识之体而寓道德之舍也。

——毛泽东

(一)从风把队伍吹歪了说起

体育课不同于其他课,其他课基本都在室内上,体育课则必须在室外上。冬天冷风吹着,夏天室外38度,再恶劣的天气,只要天上不下刀子,体育课就得上。

又到了冬天,北风呼呼吹着,杜老师带着学生来到操场,一路上学生们口号不响亮,队伍不整齐,一改往日精神焕发的劲头。杜老师判断,这肯定与天气有关。

孩子们在操场上站稳,杜老师笔直地站着,声音响亮地说:"今天有风。"孩子们四下看看,都会意地点点头,但不知道老师为什么这么说。

杜老师接着说:"这风把咱们的队伍都给吹歪了。"

孩子们一听,立刻领会到杜老师话里有话,只见他们自觉得站直了身体,调整各自的位置,队伍瞬间变得整整齐齐。

"如果这点小风就把队伍给吹歪了,只能说明我们意志太薄弱了。"在说到"小风"的时候,杜老师特别加强了语气。

杜老师满意地看着队伍,脸上露出了微笑。在杜老师看来,良好的态度对教学的作用是很大的,如果老师看到学生做得不到位而心生不满,进而态度生硬地进行教育,反而容易适得其反,引起学生们的抵触情绪会更加糟糕。如果老师能将问题点到即止,能让学生们心领神会,教育效果自然十分明显,接下来的课也会顺利进行。

同样的例子不胜枚举。为了充分利用上课时间,杜老师经常在上课前把需要用到的器材搬到操场上,这样学生们一上课就能进入状态。

有一次,杜老师课前把几十块小体操垫排列得整整齐齐。可是杜老师记分册忘记拿了,回办公室拿记分册时,同学们反了天,那场面就跟马戏团来了似的,你翻滚完我翻滚,顷刻间就把垫子倒腾得乱七八糟。

杜老师回来一看这情景,气不打一处来,这都什么习惯呀,真是乱得可以。杜老师真想训他们一顿。但他脑子转得飞快,劈头盖脸训一顿,学生们根本听不进去,遇上较真的，还能跟你讲半天理，"垫子本来就是让人用的啊，摆在那里不用不就成摆设了嘛！"要是这样，师生关系一紧张，那这节课就甭上了。

想到这些，杜老师定了定神，让体育委员把队伍整好，心平气和地说："还没上课，同学们就主动地练习，这说明同学很有锻炼的积极性。"此话一出，同学们频频点头。接下来，杜老师话锋一转，"但是，你们忽略了两点，第一，运动前应做好准备活动，以免受伤，第二，用完器材应该放整齐，为接下来的锻炼做准备。"

又是点到即止的两句话，既让学生感受到老师肯定了他们的积极性，又体现了老师对他们的关心，还着重提到了运动的常识，同时让学生意识到自己的行为有问题，一举四得，学生不但不反感，反而很容易接受老师的建议，何须兴师动众动辄上纲上线呢！

还有一次，在体育课之前的一节课学生们参加了测验，等到上体育课时，学生们都在忙着对答案，说起来没完没了，队伍乱极了。许放的声音最大，王端也好不哪儿去……只有吴秀同学站得笔直。

杜老师大声说："我今天要表扬一位同学。"

混乱的队伍一下子安静下来，听说老师要表扬一个人，他们很想知道这个人是谁。

"我要表扬吴秀。"

"为什么呀？"

"在这种环境下，只有她严格要求自己，自觉管理自己，这是一件相当不容易的事情。当然我也不批评其他同学，你们互相对答案说明你们重视考试成绩，可是你们现在知道做题对错和下课后知道对错是一样的，对的就是对的，错的就是错的，你是没法改变的，而现在是在上体育课。"

杜老师没有批评谁，但却给同学们树立一个榜样。如果跟全班对立，不让张三说话，张三会说李四还说呢，李四就会说不是我一个人在说，按下葫芦起了瓢，这节课的糟糕劲可想而知。

课后，许放问杜老师，"我们大声说话，您怎么不生气啊，您怎么不批评我们啊？"

杜老师笑着说："跟学生交流，哪有那么多气可生啊，你们都是单纯的孩子。"

（二）体育以外的东西

20世纪80年代，学生们玩的东西很丰富，踢毽子，砍沙包，跳皮筋，跳格子……随便有个地方他们就能玩出花样了。

杏坛拓新录

这节课玩的是丢沙包。两个学生站在两端，几个学生在中间跑，两边的学生把沙包往中间的学生身上扔，扔到谁身上谁就得下场代替扔的人继续扔。

王子跃玩着玩着，有意见了。"老师，他们老往我身上砍。"

杜老师嗅出气氛不对劲，是同学们故意的，是王子跃人缘不太好，还是别的原因？但他不能说两边的学生，以免造成更多的矛盾，他得调和这种矛盾。

"如果有这么多人砍我，我就高兴。为什么？说明我有人缘，如果我没有人砍我，我老是跑过来跑过去，我会感觉非常难受。砍包的同学呢，也不应该只砍王子跃，应该给每个人机会，使更多的人能参加活动，这样咱们才能更好地进行身体的锻炼。"

一场矛盾被杜老师和平解决了。

类似这种事，杜老师真是说上一天一夜都说不完。拿少3的学生学游泳来说吧，徐鹏和张江两人在水里游泳，徐鹏大大咧咧，走到哪都爱讲故事，走在马路上讲故事都撞在电线杆上。张江平常计较比较多，在水里徐鹏游泳不管不顾，不小心踹了张江一脚，等上来以后张江回踹了徐鹏一脚。徐鹏跟杜老师告状，"他踢我"，张江也告状，"他踢我"。杜老师当场断"官司"，"他踹你是无心，你踹他是有意。"张江低头不语。

一场矛盾又被杜老师和平解决了。

不久，体育课跑接力。四个同学一组，起跑者拿一个棒，绕一个标跑回来，把棒递到第二个人手里，第二个人接着跑，绕一个标跑回来，再把棒递到第三个人手里……。

三组跑得最快，很快就把其他的队远远地甩在后面，跑最后一棒的同学，看他已经遥遥领先，就不再用力跑，而是拿着棒摇晃着往回扭着走，引得同学哈哈大笑。

这时候，二组本来就跑得慢的同学一紧张，交棒的时候又没交接好，棒掉地上了，他们手忙脚乱地捡起棒，又落了别的组一大截。同学们看这情景，又哈哈大笑。好在参赛学生并不受影响，拼尽全力跑到终点。

这两次哈哈大笑给杜老师留下极为深刻的印象。

比赛结束，杜老师决定做一个不一般的总结，总结谁第一谁第二，这是形式教育，这次总结不说结果，只说过程。

"三组最后一个跑接力的同学如果用力跑的话，你们组的成绩会更好。人生会遇到很多类似这样的事，你跑得快，但你骄傲，不见得将来别人追不上你。"摇棒的同学不好意思地低下头，其他同学也若有所思。

"在比赛过程中，二组掉棒了，有很多同学起哄，看热闹，我们不要对别人的失误感到庆幸和幸灾乐祸，我们的胜利应该建在自己努力的基础上。一个组和一个人的胜利，要靠自己的实力。掉棒的同学也不要有什么心理负担，在紧张的情况下，每个人都可能会出现失误，所以我们要多想想如何减少失误，这是很重要的一件事情。"

在这一节节很是平常的体育课中，杜老师教给了学生很多体育以外的东西，因为杜老师心底深深地认识到：任何一个教育环节老师都不能放过。

在杜老师看来，体育教学的内涵是丰富的，是一门独立于知识教学的课程，它提供了学生去参与、去接触的教学环境，能把握学生情绪动机方面的心态变化，可以通过这样的教育来提高学生意志力和品行。

杜老师认为，意志是人们自觉地克服困难，去完成预定目标的心理过程。意志是与克服困难相联系的，克服困难的过程也就是锻炼意志的过程，而学生在运动中会遇到的困难有：天气、场地、环境、各种障碍、技术、要求等外部困难，也有自身素质，怕艰苦，紧张、胆怯、惰性、缺乏信心、厌烦、伤痛等内部困难。少儿班的体育课正是不断地引导学生去克服外部、内部的困难，使学生"承受挫折，广泛参与，磨炼意志，大胆进取"，从而来提高学生们的素质。

（三）教学相长携手并进

"红衣主教"是徐老师的外号。

在少儿班，给老师起外号不是什么新鲜事，倒是已经成了传统。这不，徐老师这个刚从首都体育学院毕业的毛头小伙子一入校就被起了这么个外号，就因为他经常穿着一件红色的运动服，对学生又比较严格，再一看年纪，比他们也就大十多岁，相对于徐老师，学生们可是八中的老人了，起个名号可是他们的拿手好戏。

这一天，阳光明媚，天气晴朗，这样的天气再赶上自然体育课，同学们别提多高兴了。

"今天我们要和咱们学校初中班的学生一块去玉渊潭公园定向越野。"徐老师的话更让学生们雀跃，"看看谁能赢。"

初中班之前曾经有过定向越野的训练，所以轻松地赢得了比赛，少儿班的学生没有预期会输，每个人都耷拉着脸。他们脑瓜灵，学习好，在外面的比赛中经常赢，这一次输了，心里十分恼火，"定向越野比不过他们怕什么，让他们跟我们比做数学题啊。"少儿班的葛向天大声说。

"就是，换个比赛呗，比做题。"有同学应和着。

初中班的学生看着这些比他们年龄小个子也小的小同学，很是无奈。

"输赢是其次，感受比赛的过程和比赛的快乐才是最重要的，友谊第一，比赛第二嘛。"徐老师安慰他们。

回到教室，他跟同学们说，"初中班的学生赢了，是有原因的，他们之前训练过，学校还给了一些经费，买了一套定向越野的器材，给初中部用了。"

"学校给了经费的呀？那徐老师咱们也有经费吧？"

"是不是您把买越野器材的钱给贪污了？"陶陶问。陶陶是个爱较劲爱出风头的学生，徐老师可是领教过他的个性。新年音乐会，别班同学都准备相声、小品、唱歌等节目，陶陶偏不，他非要背诵《毛泽东语录》，还要唱《国际歌》，同学们被他逗得哈哈大笑。

"我没贪污，只是定向越野的器材只有一套，给初中部了，咱们没赢，不代表咱们没有实力。"

"我们说的不是定向越野器材，我们说的是买器材的钱，就是你给贪污了，我们才输了的，责任都在你，你要为这次比赛负责任。"陶陶斩钉截铁地说。

刚大学生毕业的徐老师哪经得住学生的这一番抹黑，可教室里闹哄哄的，根本容不得他解释。

徐老师转过身去，在黑板上写下四个字"宽容理解"他的身体笔直，但是却明显的颤抖。看到老师如此，大部分同学安静下来了，似乎也能认真地从老师角度去考虑问题，徐老师的心多多少少得到了些安慰。

陶陶还在大声叫嚣："就是他贪污了钱，我们才输的。"

徐老师年轻气盛，碰上不讲理的学生，怎么说也说不通，他心里的火腾得蹿起来，心想"这帮孩子我教不了，我不教了。"他对学生们说："你们先写篇比赛总结，我一会儿回来收上来。"

徐老师正在气头上，他不能当着学生的面发火，他必须要去办公室平复一下情绪。

这时何备站起来，制止陶陶："你别说了，老师都哭了你还说，还跟老师对着干。"

陶陶一看何备向着老师，这不是跟自己对着干吗，这怎么行，他大声叫起来："哭，哭才好看呢，老师哭我才高兴呢。"他边说边立刻拿起手中的钥匙朝何备抢过去，何备的脸开了花。

同学们赶紧拉架。

有同学跑到办公室把打架事件告诉了徐老师。他赶紧回到班里，把何备送到协和医院。幸好是皮外伤，没有大碍。后来何备的爸爸来了后挥起拳头就要打徐老师，

"我儿子上了节体育课就变成这样了，你怎么当老师的！"

"爸，这事跟徐老师没关系。"何备说。

不明真相的何备爸爸放下拳头，在班主任说明情况后，马上向徐老师道歉。那之后，陶陶虽然了解了事情的真相，知道徐老师没有贪污钱，但毕竟两人有"过节"，他自己心里过不去这个坎，表面上还是跟徐老师对着干，但情绪已经没有先前那么激烈了。再后来，他发现徐老师像是忘记两人的"过节"似的，对他的态度和其他同学一样，他才意识到自己太小心眼了。他整个人也开始转变，不但"自然体育课"上表现得很能吃苦，还很配合老师的工作。

一次远足，有一个学生走错路了，陶陶知道后马上告诉老师，自告奋勇地说："这段路在我家附近，我很熟悉，我带两个同学去找，一定能找到他。"徐老师充分相信他，让他找到同学赶紧回学校，徐老师则带大部队按原计划回学校。

几乎同一时间，陶陶带着同学从小路走回到学校。

"当我说我可以找回同学的时候，我以为老师会不允许我去找，因为我以前惹过徐老师，我以为他会记仇，没想到他那么相信我，我想，无论如何，我都得把同学带回学校。"

老师的信任对学生来讲就是有这么大的力量。

后来，两个学生代表班级给徐老师写了一封信："我们之所以经常惹您生气是因为您是刚毕业的大学生，刚参加工作没有太多的经验，对付我们没有太多经验，我们只是一时想出风头，想跟你对着干，您不要生气，您不要往心里去。"

原来，学生们顶撞他，有时并不是针对他，而是因为话赶话赶上了，小矛盾演变成大顶撞。徐老师也更加体会到什么是教学相长，老师就是在一次次的教和学生的一次次学中或者是抬杠中相互交流、相互沟通、相互启发、相互补充、相互成长。

（四）体育教师要有广泛的知识

教师写日记，可以记录教学中的特殊故事，积累一些教学体会，时不时地拿出来翻看，时不时地给自己提个醒。徐老师就有写日记的习惯。

翻到这一页日记，记录的是2009年9月6日体育课上的事。往事一下子浮现在眼前。

"这节体育课的主要目的是让同学们做跳跃能力练习，比如蹲跳起，为下次课的跳高打一点基础。"徐老师话音未落，有学生提出看法，"做什么蹲跳起啊，要让我们做，老师先做个示范吧。"

徐老师不想去责备他为何不尊重老师，在体育课上私自说话，而是当即做了一个蹲跳起，学生一看老师跳这么高，马上"哇"的一声，"老师怎么跳这么高，是不是地球的重力不对老师发生作用啊？"

这一问马上使徐老师一愣，"学生说的可是物理方面的问题呀，我要怎么回答他？"

好在徐老师脑子转得快，他盯着问话的学生说："知道为什么老师能跳这么高吗？是老师作用于地面的力大，反作用力也大，所以跳得高，你们看，我画个图你们就懂了。"

说完，徐老师在地上画了个图。

"老师们还懂物理呢！"

"老师很强大啊！"

没过几天，徐老师给另一个少儿班的学生上体育课，他让学生跑圈，"咱们就围着操场跑三圈，这个量不大，通过成绩有助于了解同学们跑的情况。"

许佳文跑在最后，也许是本来就跑得不快，也许是故意跑得不快，反正就是不追前面同学，而是边走边观察同学。也许是为给自己挽回点面子，边跑边对大家说，"跑得快慢都一样，反正跑完以后大家的平均速度都是零。"

"为什么这么说呢？"跑完后徐老师问。

"因为平均速度等于总位移除以总时间，位移在物理学上是从一点到另外一点之间的直线距离，你跑三圈的位移从哪出发还是回到哪里，位移是零，零除以任何数字都是零，零位移的平均速度和跑的时间长短没关系，永远是零，跑得快跑得慢不是一个样吗？所以我可以慢慢跑。反正到底平均速度都一样跑那么快干吗。"

"你偷换概念了，我们说一般快慢实际是平均速率，总位移除以总时间根本不是平均速率。"

许佳文心想，徐老师竟然什么都懂啊，以前真是低估他了。

学生的接二连三的非体育知识的提问，给徐老师敲响警钟，体育老师不仅要跳得高，跑得快，不仅要有专业知识，还要具有较广泛的与专业课相关的学科知识，因为你无法预知学生会抛出什么问题来。这也正是少儿班对老师们提出的高要求：各科教学不但要把本学科的特点与超常儿童的特点相结合，还要求各学科之间的相互渗透与沟通，可以说少儿班的教学比较好的解决了构架学生合理的知识结构和认知结构这一基础教育最根本的问题，促使了学生潜能的发挥和发展。

（五）体育中的德育

人类源于自然，离不开与大自然界的相互作用和交往，而随着城市化的发展，人们却日益远离了生命的母体，一位世界著名的医学家指出："人类越是远离自然，越是接近疾病"。人类在现代化的进程中自身已经开始退化。为此杜老师强调，大自然的美和自然的无限多样性和复杂性即是人类智慧的源泉，也是健康的源泉。

自然体育是以自然为障碍，把克服、征服、战胜、超越自然障碍的活动作为一种培养人、锻炼人、教育人的方法；作为促进身心健康，发展活动能力和提高适应能力的手段。体育老师要通过自然体育扩大了孩子活动的领域，在自然中开阔眼界，增长知识，陶冶情操，磨炼意志，发展能力，增强体质。在这个过程中使学生了解自然，亲近自然，尊重自然，热爱自然，实现人与自然的和谐统一。

自然体育具有科学性，运动性，教育性，娱乐性和实用性，但由于环境复杂多变，学生缺乏生活经验，所以活动中也存在着一定的危险，这对老师提出了更高的要求，即教师一定要周密思考，精心计划，注意安全。

夏天和秋天，少儿班的老师会带着学生们去划船，这对学生们来说是件非常高兴的事，他们很想由着自己的心情玩，但这是不允许的，因为这是有组织的外出。

杜老师明确提出要求：第一，随机分组，不管你们是否有意见有矛盾，到了船上就要忘记意见和矛盾，团结合作才能让你们度过难忘的划船的时间，如果两人你不理我我不理你干耗着，你们就浪费了美好的时光。第二，划船时要守纪律，不能在船上打闹，不能晃船。一定要遵循划船的规律，两人一组合作划船时要把握好划的力度，转弯时更要注意，如果想向右转弯，那么左边的桨向后划，右边的桨可以不动，或适当的比左边慢，如果向左转弯则相反。只有两人共同努力才能顺利划船，否则到不了目的地。

接下来杜老师为学生们讲解划船的要领：

握柄要保持松弛，握得太紧容易使双手和前臂疲乏。而划桨时，要用双臂、肩膀以及双腿出力，背部则不可用力。

划桨动作力求流畅，从缩拢的姿势做起，把膝盖靠近胸前。拉桨时，臂伸直后将桨拉近胸部，放松后，再回到原来缩拢的姿势。

如果起风了，尽量不要再向深处划了，因为如果掌握不好会翻船。

划船结束，往往互相有意见的两个同学在划船过程中化解了矛盾，尽释前嫌。

有一次，徐老师带学生们去玉渊潭划船，告诉他们安全注意事项：在船上的时候不能站起来；两船相遇要把船桨收回来，不要剐蹭到别的船；不要在船上打闹，船翻了很危险等等。

接下来就给学生们分了组，每船一组，每组两个人，规定必须用手划，为的是锻炼上肢的力量，要在规定的时间里划完三个来回，比赛看哪一组划得快。

有的学生就在距离上取巧，明明规定划三个来回，他慢慢地划两个来回就回到码头，说自己划完了，省下的时间呢，东张西望看风景开小差。尽管教师三令五申要注意安全，有的学生还是会故意拿船桨打水泼别的同学，坐着泼不过别人，还站起来泼。那次，有个同学拿船桨打水泼别人时，把船桨给甩出去了，沉了水底。

上岸的时候，工作人员让徐老师赔了五十块钱。活动一结束，徐老师又抓住契机开展安全教育，你这么做是挺高兴的，但是里面隐藏着安全隐患，万一人掉到水里呢。

对于那些取巧的，老师都是很有办法的，徐老师一般的做法就是抽查，比如根据他们划的速度，来判断是不是真的划够了三个来回。你问他，划了几趟。他说划了三趟。你再问划了几趟，他还说划了三趟，但声音变小了。你再问，他不吱声了。这就是取巧了。

老师说："上课的时候，不要觉得老师没在你就可以大声说话，不要觉得没有人看见，好像你干的事情别人就不知道，不要以为你取了巧就能蒙混过关，这样的想法最终骗的是你自己。

接下来，在划完船后的自由活动时间，取巧的学生就要付出代价了，罚这一组再划两趟。

这个时候，别的同学们在剩下的20分钟时间里可以观赏玉渊潭的风景，看中央电视塔，唱起《让我们荡起双桨》，尽情地放松身体和心理，尽情地享受大自然吧。再看那偷工减料的学生呢，在那里一边哼哧哼哧地划着，一边羡慕地看着岸上的同学。

还有同学在划船的过程中，东张西望，忘记了当下要做的事情是划船，就会落到后面。这就是给自己制造了辛苦的假象。云路同学在文章里体现了出来：

划 船

正值秋日，温暖的阳光泼洒到湖面上，连桨溅起的水花上都跳跃着金色的光芒。湖边微黄的柳被风舞动，一会儿高高扬起，一会儿又缓缓垂落。叶尖拂过水面，漾起了一圈圈水纹，向周围渐渐散去。对面的石拱桥在这美景的衬托下越发显得庄严古朴，苍白的桥身透出一种威严。目光穿过桥洞，能看到一片同样波光粼粼的水面。左边，电视塔连接天与湖，在这古典的画面中融进了现代的气息。湖面很静，却又很喧闹。宁谧的湖面上我们向天空抛撒的一串串欢声笑语，伴着鸟儿时而清脆时而婉转的鸣声给玉渊潭刻上了生动的线条，而不是一望无际单调而又重复的颜色。

不知不觉中我们已达对岸，却猛然发觉由于痴迷于"玉渊胜状"，而慢了许多。我们连忙掉转船头追赶别人。我们盯准了YY的船，使出全身的劲儿狂追。桨速度快得将浪花翻溅到我们的衣服上，秋风中更觉清爽。我们追上了YY，也又返回到了码头。接着向石拱桥进发。由于刚才突然爆发的精力把我们的劲儿都用完了，所以全身都懈怠下来。然后只觉得钻心的疼痛由虎口袭来，发现已磨出了一个N大的泡，而且已经破了，再经过湖水的多次"消毒"，已出现了黑点。我们吓了一大跳，主要是怕感染，就任凭我们的船随波逐流，在原地打转。

N秒过去了，发现周围没有了熟悉的面孔，该上岸集合了！我们忍住疼想把船划回去，可是手脚不听使唤，船像个陀螺似的转呀转。我们干脆不划了，心想我们就在湖中心待着，反正老师也得把我们救回去。可是老师没有来救我们。我们只得慢慢地划了回去。

最后我们是第二个划回来的，当然是倒数第二。不过虽然伤很疼，胳膊很累，但心里还是很高兴的，毕竟不是倒数第一个划回来的嘛！

唉，让人又爱又恨的划船呀！

这篇文章里的事情说明，原本并不辛苦的一件事，因为别的事情左右了，制造出了辛苦的假象，耽误了原本要做的事。他们完全可以在划完船后再看风景，因为每次老师都会留出20分钟的时间自由活动，他们把事件的前后顺序颠倒了。

刘墉曾在写给他的儿子的一篇名为《辛苦的假象》文章里说：

前几天你自己走路去火车站，回来之后大声地抱怨："天哪！我差点没赶上火车，你知道路有多远吗？足足二十五分钟，我还是用跑的呢！"

听了你的话，今天我第一次去搭火车，就早早出门，没想到一路"走"去，只花了二十分钟，害得我在车站多等了近半个小时。直到回来质问你，你才说："我又不是一路跑去，而是慢慢逛，直到发现时间快来不及了，才用跑的！"

于是我要责怪你，又一次提供错误的情报，同时制造辛苦的假象。

于是一拖，拖了一串！到头来哪件事都没少做，却每件事都没能准时做好。而且因为他们并没省事，于是便向人制造辛苦的假象。辛苦没有错，造成辛苦的是"拖"，而非事情本身！

拖，应该是人的本性，它基本的原因是"懒"；另外的可能，则是不知道计划时间。治这个毛病，立即见效的办法是：到手就做！不要犹豫，因为犹豫已经浪费了时间。许多人碰到事情太多，便乱了方寸，又想从这件下手，又想从那件开始，结果到手就做的人已经完成许多，他却还没能行动。

至于不但速效，而且速成的良方，则是将所有的事逐条列出来，立即决定做的优先顺序，并立刻动手！

记得有人问英国前首相撒切尔夫人怎样在日理万机之外，还能照顾家庭。答复是："把要做的事，逐条列下来，做好之后，再一项项删去就成了！"

听来多么简单，真正的道理，是她既能积极行动，又能计划先后，随时看情况调整。

刘墉还讲过他自己的一个故事：记得我上成功岭的时候，长官曾说过一段话：打仗的时候，上面只要求你几点几分攻下目标，而不问你的人是不是过度疲劳，不可能赶这么快！也不问你的火力够不够、粮食足不足，因为他们考虑的是全盘战况，无法一一照顾你的需要。总之，你生、你死，是你自己的事！在几点几分攻下那个据点，则是你无法逃避的责任。

是的，责任常常无法逃避。一个成熟的人，必定是能从头到尾负责的人。因为他知道："责任是一环扣着一环的，班长无法达成排长交下的任务，排长没法达成连长交下的任务，这样一层层推上去，只要下面的人不能完成使命，上面的目标也就无法达成。而战争是关系国家安危，人民死生的，岂能有人不负责？失职的人又怎能不接受最严厉的惩罚呢？"

一个人学习和工作的效率是非常重要的。赵老师常跟学生们说，必要的时候，该扛一膀子就要扛一膀子，该顶上就得顶上。在单位工作，领导看中的是什么，关键时刻，别人顶不上去，你顶上去了，别人完不成任务你完成了，这是你的本事。这种本事当然离不开自信心和勇敢面对各种困难的精神，积极认真地去做事的行动。

（六）不服输一定要用对地方

少儿班学生外出，师生总是在确保安全的前提下不走寻常路。

带领学生们爬香山，老师提前要求：爬山时，应穿防滑运动鞋，穿宽松运动衣裤进行爬山。爬山过程水分流失快，要及时补充身体水分，多喝水。

爬香山，师生们很少走阶梯，孩子们都说，走阶梯还不如爬楼呢。他们走的都是弯弯曲曲的长满了草的小路，脚下经常会踩上浮石，踩不稳就有可能滑下来，前面同学滑下来，后面同学就很危险，老师要求前后保持一到两米的距离，告诉他们踩什么样的石头比较安全，什么样的石头对别人不安全对自己也不安全。在爬山的时候要借助扶手，在爬不上去的时候，借前面同学的力量拉一把，借身边树枝的力量拉一把，这就是借力。在学习中，如果遇到自己解决不了的困难，也可以借助外力，比如老师，比如同学。

少儿班的学生不怕困难，他们通常是越遇到困难，心气越高。一次爬山，老师把体力稍弱点的男生和女生安排在前面，这样就不至于掉队。可是一个女生和一个男生爬着爬着爬不动了，渐渐落在后面。实在太累了，两个人就停下来休息一会儿。

再爬的时候，男同学歇过来了，累的极限已经过去了，就想爬得快一点，想往前超，赶上前面的队伍。而女同学在他前面几步，她一看要超过她，就不让他超。还列出自己的理由："老师不是说了吗，让你排在我后面。我也想快爬，但是老师不让快，你就得在我后面。"

男同学一看女同学不让他超过去，就避开她，从旁边往上爬。结果，女同学一把把男同学拽倒了。这件事情说明，女同学要强，相同体力的同学超过她，她心里就不舒服。

这个时候老师怎么办？两个都不能批评，一批评矛盾就激化了。徐老师对他们两个说："你俩都是好样的，都想往前走，不服输的精神是值得表扬的。"

他又对男同学说："爬山不可急于求上，要循序渐进，运动过程中要适当放松身心，不可以太急太快，这样做是为了减缓运动中的疲劳，这是对你自己负责。你看，这里浮石多，你在这么危险的地方超她，万一你踩不实，滑下来，你会摔着，她在后面也会摔着。你要超也要提前跟她说一声，选一个比较安全的地段，对吧？"

跟男同学说完了，徐老师又对女同学说："我们现在所处的地段这么危险，你自己看看，这么危险的地方你还拽人家，他要是滑下去怎么办？"

这样一分析，两个同学就明白了，达成共识，互相谦让，互相帮助，互相鼓励。

事后，女同学说当时她没想拽男同学，也不知道怎么的，就拉了他一下。徐老师给她分析，这实际上是一个潜意识作用到了行动上，不自觉地就做了一件什么事，自己还稀里糊涂的。要想避免这种情况，第一，就要有宽阔的胸怀，允许别人超过自己，自己也要努力。第二，付出的努力还真是一分耕耘一分收获，你落在后头的原因是什么？是状态不好，还是身体素质需要进一步提高，需要多练。第三，得跟自己比较，进行纵向比较，原来爬需要多长时间，你觉得累不累，现在需要多长时间，你觉

得累不累。再进行横向比较，你看到自己跟别人有一定差距，有差距就有进步的空间，通过努力，你也可以和别人一样爬得快。落后并不可怕，关键在于你的选择，只要自己一直在向前进，就总会有进步。

（七）离悬崖远一点

雨果说：谨慎比大胆要有力量得多。但是现在的家庭过于谨慎了。现在，一个家庭一个孩子，家长对孩子过分地溺爱、宠爱。有的孩子想游泳，家长不让他尝试，大人有大人的担心，淹着怎么办？可是不游泳就不会淹着了吗？等孩子长大了呢，看到同学们会游自己不会游，心里能不难受吗？大人不让孩子学游泳，真遇到水难，能够逃生吗！

孩子想干的一些合理的事情，家长不让他干，就扼杀了孩子的冒险的精神，家长和老师应该在适度保护的情况下，对孩子进行一些勇敢精神的培养。该冒险的时候就要冒险，新闻上经常报道，哪个大学生探险队跑到山里迷路了。为什么迷路？这是因为他们提前没做好自我保护，没有一个自我保护的意识，没有对一种情况的估计，预先做好防范。

少儿班带学生出去活动，每次活动都会周密地做好计划，几乎是少儿班老师全体出动。老师要去查资料，也让学生查资料，这个地方的风土人情，人文特点，地形地貌，气候特点。有的同学认为自己的资料查得很全，老师会请他给同学们讲一讲，这锻炼了学生的演讲表达能力，同学们在查的过程当中也丰富了自己的知识。

教师把查的资料筛选出来，印成小册子，人手一册。小册子里有详细的计划，每天干什么，带什么东西，对衣服和鞋的要求，还有旅途注意事项。拿到老师同学们精心制作的手册，学生们也学会了以后自己外出也要做周密的计划，把方方面面的问题考虑周全。这就是在潜移默化地把教育融在里面。尽管每次活动老师都强调安全，但还是有学生不顾安全，逞一时的英雄。

有一次爬八大处，徐老师带队先走的八大处的宝珠洞，从八处出发到八处公园，从山上爬一圈，有个门进去，就到了七处的欢喜地。

有两个同学逞强，爬到一半应该拐弯了，他们不，就要一直往上爬，从别的路爬到了山顶。虽然有老师小心地跟着他们上去了，但下来后，立即进行了批评。

老师每到一个地方活动，都会事先踩点，确定没有危险了才带同学们去，私自从别的路上去，危险隐患是预料不到的，这是一方面，另一方面是不遵守纪律。另外，社会上也比较乱，外界的不安全因素也存在，跟团队在一起，安全有保证。自己单独活动，万一磕了碰了，怎么办？

在爬黄山的时候，事先老师反复嘱咐：走路的时候不看景，看景的时候不走路。因为黄山的路太险了，不能三心二意，不然很有可能出危险。但有的学生逞一时之能，一边看景一边拍照，老师得一步一步跟着，只能好言相劝。因为比较危险，如果学生跟老师闹起了别扭，或者跑起来或者推搡一下，容易出事故。下山后，老师对这样的学生进行严厉批评，为什么不想想这种勇气应该用在什么时候最合适，在黄山上，逞英雄，万一掉到山下，以后还怎么逞英雄，逞英雄有拿自己的命开玩笑的吗！

赵老师还给同学们讲了个故事：

某大公司准备以高薪雇用一名小车司机，经过层层筛选和考试之后，只剩下三名技术最优良的竞争者。主考者问他们："悬崖边有块金子，你们开着车去拿，觉得能距离悬崖多近而又不至于掉落呢？"

"二米"第一位说。"半米"第二位很有把握地说。"我会尽量远离悬崖，愈远愈好。"第三位说。结果这家公司录取了第三位。

这个故事告诉同学们，远离悬崖，愈远愈好。防止坏事的发生的最好办法不是亡羊补牢或紧急刹车，而是防微杜渐，离得越远越好。

（八）水涨船才会高

有一次，徐老师带学生们去玉渊潭，要求学生们沿着山路走，走到西门集合，看哪个组用的时间最少。同学们经常去玉渊潭，当然知道走山路远，时间长，运动量大。如果走山下面的平路也能到达，而且时间少，运动量小。

集合的时候，有学生跟徐老师告状，说某某抄了近路才取得了第一名。徐老师统领全局，怎么会没看到有同学偷懒呢。他就将偷懒的学生所在的那个组的成绩取消，又罚偷懒的同学那个组所有的同学都做俯卧撑。原因是：第一，偷懒的同学违反了活动规则，第二，小组没有监督好，两个原因影响了整个小组的成绩。

同学们在一系列的自然体育课中知道了团队的力量是大的，也知道了不能因为自己影响到团队的成绩，这样在生活和学习中就能够互相帮忙，有的学生学习弱一点，但是身体素质好，而有的就相反，学习很好，但身体素质不好，身体素质好的同学就会在自然体育上鼓励另一个同学，而当身体素质好的同学学习遇到问题时，另一个同学就会鼓励和帮助他。

在成长过程中认识到这一点，对孩子未来的发展是很有利的，现在的社会，不是凭一个人单打独斗就能闯天下的，现在都讲求团队力量，如果你不能和团队里的人好好合作，就算你有再大的本事，别人都唯恐避不及，你怎样将自己的能力发挥出来呢？

一个同学在自然体育中记录：这次颐和园定向运动，口干倒好了些，也不那么累了，感觉身体好了点儿。这次来夏宫还领悟了一些道理，尤其是要有团队精神，而且做事要认真。团队意识极其重要，否则个人再有能耐也是无法成功的。

美国加利福尼亚大学的学者做了这样一个实验：把6只猴子分别关在3间空房子里，每间两只，房子里分别放着一定数量的食物，但放的位置高度不一样。第一间房子的食物就放在地上，第二间房子的食物分别从易到难悬挂在不同高度的适当位置上，第三间房子的食物悬挂在房顶。

数日后，他们发现第一间房子的猴子一死一伤，伤的缺了耳朵断了腿，奄奄一息。第三间房子的猴子也死了。只有第二间房子的猴子活得好好的。

究其原因，第一间房子的两只猴子一进房间就看到了地上的食物，于是，为了争夺唾手可得的食物而大动干戈，结果伤的伤，死的死。第三间房子的猴子虽做了努力，但因食物太高，难度过大，够不着，被活活饿死了。只有第二间房子的两只猴子先是各自凭着自己的本能蹦跳取食，最后，随着悬挂食物高度的增加，难度增大，两只猴子只有协作才能取得食物，于是，一只猴子托起另一只猴子跳起取食。这样，每天都能取得够吃的食物，很好的活了下来。

徐老师对同学们说了一个成语：水涨船高，指水位上升，船身也就随着提高，比喻事物随着它所凭借的基础的提高而增长提高。小组的基础提高了，你作为小组中的一员也会因基础的提高而增长提高。这说明，只有真正体现出个体能力与水平，发挥个体的能动性和智慧，才能使团队间相互协作，共渡难关。团队合作的前提是让每一个人都感觉到团队的荣辱跟自己息息相关，他是执行者，而不是旁观者。

（九）团结就是力量

现代学生大多是独生子女，他们独立性强、知识面广、家庭环境优越；但家长往往过分保护、包办代替，衣来伸手、饭来张口、上学是车接车送，使得学生以自我为中心，在合作意识、合作能力、集体观念、团队精神等方面相对缺乏。对于当今的学生，大多是家庭的小王子小公主，他们更需要提高与他人合作的能力。

体育课中很多项目使学生们能够意识到团队协作的力量。少儿班有各种各样的体育项目，其中就有跳大绳，全班分成四组进行8字绕环跳绳比赛，2人负责摇绳，每组排成一队按顺序摇一次绳跳过一个人，时间3分钟，以哪一组跳过次数最多为胜。要想拿第一就得跳得快，绳要摇得快，还要跳得准。可是绳子摇得快了，有的学生不适应，速度跟不上，就跳不过去，就影响到小组的成绩。这时，矛盾就出来，有的学生说："老师，每次到他那里都过不去。"

事实上是这个跳不过去的学生也很希望能跳好，不想扯小组的后腿，可是同组的学生越是说他跳得不好，他内心承受的压力就越大，就越容易跳不过去，往复循环，就总是跳不过去。

有的组也出现这样的问题，但是同学们互相鼓励，"你先跳，我们摇得慢一点。""跳不过去，没关系。""你跳过去，跑得再快一点。""没事，轮到你跳，我们会再放慢速度。""继续努力，加油。"同学们没有埋怨他，而是在帮他找原因，建立信心，这样就形成了良性循环。团队合作把问题解决了。

比赛结束后，徐老师让每组同学开展讨论分析，让学生自己找出本组成败的原因，通过同伴教育使学生懂得在集体活动中团结与合作的重要性。

在一些拓展训练中，孩子们更是受益匪浅，有一些拓展训练会牵扯到智力，体力各个方面，这时身体素质好的会主动去找路线，留下的同学商量着如何分工，如何到达终点。集体合作来共同达到一个目的。

以下是温某某同学写的一篇文章：

凝聚力在团队合作中彰显

光阴似箭，日月如梭。在白驹过隙的弹指一瞬，我们已经结束了一年半的少儿班生活。在这段时光中，我们有无数美好的回忆：内蒙古之行、军训、游幽谷神潭、爬香山、滑旱冰、划船远足……但最令我难忘的，还是第一学期的一节自然体育课——拓展训练。

那天中午，Andy从办公室窃听到了绝密谈话——下午自然体育课进行"拓展训练"。这是什么东西？大家不得而知了。

好不容易等到了下午，徐老师发话了："今天，我们去宋庆龄青少年实践园去做拓展训练。""拓展训练是什么呀？"同学们问，"到时候你们就知道了。"

到了那儿，我们先按每十个人分好了组，讲解员便带领我们把整个园都转了一遍，让我们了解了解各个设施的位置。这里囊括了数、理、化等各方面知识，真是学与玩结合的体现。

接着，老师跟我们讲了规则：每个小组有三个任务，各个小组任务都相同，只是顺序不同。每个任务的任务书都在整个园子里的某个地方。管这个

杏坛拓新录

项目的老师会告诉你下一个任务的任务书在哪，各个项目用时累计最少者为胜。

比赛开始了。我们组由于大家都是干事直来直去（按数学张老师的话说就是做事不过脑子）的那一类，所以也不听清楚任务书在哪，看见一封便拿起来就跑。结果第一个任务的任务书就拿错了。不过吃一堑长一智，有了第一次的经历，后面拿任务书的时候也就格外认真了。

第一个任务是"火车接力"。每个人都在一个布袋子里，每个布袋子都相连，我们就喊着"一二一"的口令一齐往前蹦。中途，只听"呲啦"一声，不知哪个布袋撕了一个口。"没事，就差一点了，坚持'跳'完吧。"虽然我们组没有受多大影响，但我相信后面几个组一定遭殃了。

第二个任务是"四人抬蛋"。一个大筐，里面装满了十个球。由四个人用四根杆抬，另一个人负责将掉出来的"蛋"放回去。这个比较简单，我们没用多长时间。

第三个任务，也是最后一个任务，更是最难的一个任务——孤岛求生。有两个箱子，一个长板，五个人在这上面要想办法前进二十米，且板子和人都不能着地。经过四五分钟的思考后，计时开始。虽然我们极力控制身体的平衡但还是掉下去多次，不过由于大家的齐心协力，我们这个项目的成绩也不差。

经过老师们的细心计算，我们组取得了冠军！

这次活动，不仅增加了我们的阅历，更锻炼了我们的团队合作精神，为我们以后走上社会打下了良好的基础。

同学们在这样的活动中了解了，团队的力量大，也会明白，在很多时候，事先对任务的了解比努力更重要。这组同学在最开始没有认真听老师的讲解，错拿了任务书，结果导致耽误了时间。很多事情，发展的速度除了取决于努力、坚持以外，更需要去了解事情的内核，再根据内核选择正确的方法，做事的效率就会提高。

三、体育与学习的有效融合

身体教育和知识教育之间必须保持平衡。体育应造就体格健壮的勇士，并且使健全的精神寓于健全的体格。

——柏拉图

（一）让玩与学伴随学生成长

冷风吹了一夜，天亮时，天阴得厉害。

一大早，同学们像往常一样来到校园。他们一见面就叽叽喳喳聊起天气。

"昨晚刮了好大的风，这样的天气，下雪就好啦。"

"天气预报说今天有雪，不知道能不能下！"

"空气太干了，求求老天下点雪吧！"

同学们的议论被随之而来的上课铃声打断。

上课了。

第1节课刚上，天空就飘起了雪花，不一会变成了鹅毛大雪，窗外院子里很快就积了厚厚的一层。陈晓第一个发现了窗外的大雪，赶紧用胳膊捣了王星一下，王星看他一眼，他急忙把眼神移到窗外。王星随即张大了嘴，小声说："哇，下雪了。"

很快，同学们都发现了窗外积雪的盛况。虽然老师还在讲着课，但孩子们的心却已经飞进了冰天雪地里。

老师讲着讲着，意识到教室里的氛围不对，孩子们心完全不在教室，眼神都飘了。老师顺着孩子的眼神往外一看，"呀，雪这么大，注意好好听课！"

老师的话将孩子们目光从窗外拉回到教室。

陈晓小声嘀咕，"完了完，这下老师该发火了。"

老师说："现在你们做黑板上的习题，我马上回来检查。"说完，老师就走出了教室。

教室里的嘀咕声此起彼伏，"等着吧，没咱们好果子吃。"

办公室就在教室旁边，大家题还没做完，老师就回来了。

老师面带微笑："你们猜，我刚才干吗去了？老师们商量了一下，领导也同意了，今天下了多年不见的大雪，上午的课不上了。"

全班皆惊讶。老师们葫芦里卖的什么药？

"难得的这么大的雪，咱们干吗还待在教室呀。"

不在教室干什么呢？同学们还是猜不透。

"咱们去玉渊潭打雪仗吧！"

"噢——"

"咱们可说好了，今天的课改成自然体育课。但是耽误的课，同学们要回家自学，一会儿老师布置自学作业，明天老师检查。如果有同学不想回家自学，也不想打雪仗，可以留下来，有老师在可以单独辅导。"

"我们都去。"

"老师，您快布置自学作业吧。"

于是，浩浩荡荡的队伍冒着大雪走向玉渊潭。

"老师，为什么别的学生都坐在教室里，只有咱们去打雪仗？"

"我的小学老师要是知道我们上课时间去打雪仗，一定会说'太浪费时间了'。"

少儿班的老师这么回答："不浪费时间啊，你们与其人在曹营心在汉，上课不专心听讲，不如直接人心合一，人也跑到汉营里，等玩够了再回曹营踏踏实实地学习。"

"哦……"

这是多么开心的一天呀！

第二天，老师检查头一天布置的自学作业。100%的学生都认真自学了，连平时不爱写作业的学生都完成得很好。陪学生打一次雪仗就能调动学生的学习积极性？学生是这么回答的："老师都为我们着想，知道我们想出去玩，如果我们不完成自学作业，太说不过去了，辜负了老师的理解和信任。"

（二）胖女孩体育也能得优

学习不是很简单的，不是脑袋聪明，智商高就能学好。少儿班学生整体都是比较聪明的，但是学习进度快，任务也重，学生解不出题来的时候，也很烦，如果不能坚持到底，可能会看看后面的答案，填了答案就算完了。遇到这样的困难，学生们应该怎么对待？在这个情况下，自然体育中锻炼出来的意志品质、对自己严格要求，要克服困难，坚持到底不放弃的精神是可以融会贯通的，这就是迁移的力量。

小张同学在自然体育课中收益颇多。她在上小学时，总觉得老师讲的知识太少，考试的时候她轻轻松松就能取得不错的成绩。为此，她可没少在课堂上开小差。小学四年级时候，听邻居说北京八中有个少儿班，专门为超常儿童设立。她去报名试试了，竟然考上了。

在小学，小张的体育课都只是及格，还因为体育成绩没评上三好学生。到了八中少儿班，每天的跑步真让她吃不消，有时她也想溜出来，可是老师们经常给她吹耳边风，你不是想评市三好吗，就你这体育水平，怎么能评得上？这一激，她那股不服输的劲占了上风，不用别人说，自己就要坚持到底。

有一次远足，最远的一次是18公里，很多学生喊苦，喊累，喊腿疼，小张当然也不例外，她觉得渴得都不行了，但为了还击那句评不上三好学生的话，还是坚持下来了，磨得脚上起了泡。回到教室坐下就不想站起来，但几天后，当大家再提起远足，回忆当时的情形，疲劳和抱怨全都没有了，都是那么兴奋和骄傲。

后来在体育测试时老师们还有点担心，小张的学习等各方面都相当好，体育可千万别不达标，那会影响评三好的。事实上，经过自然体育课的锻炼，她的身体素质已经相当好了，那次体育考试她得了个优。她惊喜异常，"我还得了个优啊，过去想都不敢想啊。"

小张在自然体育上的进步也迁移到了学习中。进入少儿班以后，小张在前两年基本就是考个平均分，并没有多么出色，到第二年第一学期的期中考试还考了个倒数第四，但是期末就考了个正数第三。她在考试成绩上的反复让她自己也觉得稀里糊涂的。

最后一年的第一学期，小张的物理和化学仍然较弱。她妈妈看到那年的开学的摸底考试，化学77分，物理80分的考试成绩，着急坏了。一有空就盯着她让做两本物理化学的总复习题。她自己都说，那段时间就认定，最弱的体育都能从及格到良又到了"优"，她都没想到自己的身体素质能练得比想象中的还要好。在学习这件事情上，她也没有落得很厉害，况且又不笨，怎么可能学不好呢？

人的意志品质一旦形成是比较稳定的，平时学生有一定的学习压力，他们跟同龄学生一样，也会烦，这个时候自然体育课上所接受的意志力锻炼就会体现出来。三个月下来，小张忽然觉得自己开窍了，物理化学并不是那么可怕了。她以总分687分成绩，超过理科重点线156分，与另一个同学并列成为八中少儿班高考第一名，被北大元培实验班录取。而她之所以能取得这样的成绩，就是凭在自然体育中学到的"永不服输"的这股劲。

更多的学生在自然体育中受益，一位低年级同学（11岁）在远足后的日记里写道：

> 我们先乘地铁来到玉泉路，老师告诉我们现在要徒步返回距离9公里的学校，同学们个个精神抖擞，好像即将开始两万五千米长征似的。
>
> 虽说同学们大多数是家中的独生子女，有着独一无二的地位，享受着高品质的生活，但个个没有倦意，火热的太阳照亮了张张坚定不移的脸庞。我们穿着校服，梳着短发，穿着运动鞋，排着整齐的队伍，有一种要把人压倒的气势，即时我们成了街道上一道亮丽的风景线。
>
> 在行走的过程中，过路的人总向我们这边看，当他们注意到了我们刚毅的神情，豆粒般的汗珠，都投来了赞许的目光。
>
> 少儿班同学的体质确实不差，走下全程没有一个累趴下的，都是坚持到

最后,和大家一起分享成功的喜悦。

这次自然体育课,内容虽然单调,虽然平凡,但却磨炼了我们的意志,体现了我们少儿班同学"永不服输"的个性,由此我也懂得了一个人若敢于去尝试那种单调,枯燥的事,一定会有意想不到的收获。

走9公里虽然比较累,但回想起我走下来了这段路,成功地完成了这次自然体育课,那汗水,那疲倦,早已溶解在那成功的喜悦当中了。

(三)磨刀不误砍柴工

开学典礼你看过吗?场面可以用触目惊心来形容。凡在操场进行开学典礼的学校,都会有几个晕倒的学生。开学典礼才有多长时间?健康的身体、良好的身体素质是一切学习工作的基础,健康教育应该是所有教育中最重要的一个环节。

如果说学生的思想品德不好是废品,身体不好就是残品,而少儿班要培养的是全面发展的优质品。少儿班老师们认为,教育需要讲科学规律,首先要了解孩子的成长规律,给他们一个宽松的、适合他们特点的环境。十几岁的孩子生性好动,而体育活动让他们的能量通过正当的渠道释放,不仅可以调节心理,而且可以以更充沛的精力投入学习,反而会提高学习效率。

现在很多学校特别是高三班加大文化课的课时,挤占体育课课时,认为这样就可以提高学生的学习成绩。这种观点是错误的。少儿班三十年的经验证明,体育课与文化课并不冲突,少儿班高考的成绩在历年北京高考成绩中位居前列,不但百分之百的升学率,而且基本是百分之百的上重点知名大学,其中体育功不可没。

很多学生在回忆少儿班生活时,都会不约而时提到自然体育课,梅XX同学说:

值得一提的是每周五下午的自然体育课。

四节课的时间,把一个班的学生拉出校园、远足、学骑独轮车、学自行车、游泳、划船、绕着玉渊潭跑、从八宝山徒步沿长安街走回学校……实在是特别魔性的一个课,问题是,大家还真的挺喜欢这个课的!

怎么说呢,大概每个班的自然体育课都有太多故事和经历,一帮人互相胡扯八聊地运动一个下午,互相扶着摔独轮车,呼哧带喘的希望老师别给自己再加练,偷偷带几块钱跑到报刊亭买水,在学校前城隍庙旁边的草地斜坡上滚来滚去滚来滚去滚来滚去……

这样的经历,我们每周都有一次。

不说体能的提升,也不说学会了游泳骑车什么的,只是自然体育课本身都是极其美好的回忆呀。

2005 年，少儿班成立 20 年，北京八中在毕业生中进行了问卷调查，了解学生对各学科的意见和建议。问卷调查有三个选项：满意、很满意，不满意，很不满意。

问卷调查中有三个问题：

在学校对你印象最深的是什么？自然体育。

对你影响最大的是什么？自然体育。

改革最成功的是什么？自然体育。

你最佩服的老师是谁？杜老师。

这是杜老师没想到的。

大伟曾在回忆录里写道：

实际上作为一个中学体育成绩还可以的学生，我一开始有点小骄傲。然后初二的时候（少儿班二年级），作为班上最早的几个能拉引体向上的人，我周末碰到一个小学同学，决定 PK 一番。结果他当着我面一口气拉了二十个，轻轻松松……

我当时一下子觉得体育课全都白上了，倍受打击，还委婉的和杜老师提过一次这个事。杜老师并没有给我制定什么特别魔鬼的训练课程，说你怎么怎么练就肯定能超过他，只是让我想想自己的进步。

工作，买房等等人生的琐事都过去之后我还在网上和人约着打篮球，对手是海淀区高中三对三比赛前三名的选手，平均身高一米八五，平均年龄 16—17 岁。他们热身的时候一边扣篮一边半开玩笑的叫我一声"大叔"。

这时候我的角色也就是带球到前场，帮助突破的小正太挡人做掩护，遇到突破分球才偶尔出手投篮。一场比分 100 出头的全场比赛跑下来，基本轮不到我进几个球，只是在大汗淋漓的高速折返跑中咬牙坚持，篮板都很难抢到。

而那个在初二能拉二十个引体向上的同学我也见到了。他早早结婚生子，不知道是酒精还是碳酸饮料的作用，整个人像吹气球一样胖了起来，浮肿的脸上看不到以前的精气神。

那一年我二十四，他二十六，但我感觉我已经可以叫他大叔了。

时间对每个人都是公平的，你可以无数次输给别人，但不能输给自己。

毕业之后我的同学里有女生怀着孕去跑马拉松的，有参加铁人三项的，有游泳比赛得奖的。他们都已三十多岁，有家有孩子，而他们依然在路上。相比之下，我基本上属于一个'路人甲'吧。

少儿班不是体校也不是训练营，不可能把你孩子变成乔丹或者马拉多纳。不过经过彻底而认真的体育教学，可以让你的孩子不再惧怕挑战自己的极限，可以在一次又一次的尝试之中逆流而上，超越自己，面对挑战，毫无惧色。

体育不光是十三岁的时候谁跑得快，更多的是你三十岁、五十岁、七十岁的时候，在越来越多的人用年龄家庭等等借口心安理得地养出了脂肪肝和啤酒肚的时候，你是不是还在跑。

少儿班的自然体育课让同学们终生难忘，终身受益，这样的经验完全可以推广到普通学校。但当下体育课因噎废食，个别学生在体育活动中因碰撞、方法不当等引起"安全事故"，这些事故有大有小，家长因此找到学校要说法，更有媒体大肆报道，使得学校和老师都怕了，有的学校禁止学生参加有身体接触的对抗性体育活动，原本锻炼身体的体育课也只限于简单的活动几下手脚，有些学校奉行"宁可不组织体育活动，宁可学生不上体育课，也不能让一个学生出事"的原则，擅自取消对抗性的比较激烈的项目，学生锻炼机会越来越少，学生的体能得不到提高。

有这样一个故事：

一个伐树的工人每天工作10多个小时，可他发现自己的伐树数目却日渐减少。他开始想，一定是自己的工作时间不够长，所以他除了睡觉和吃饭，其他的时间都用来伐树，但，他每天伐树的数目反而有减无增。他迷惑了。

一天，他把他的苦恼说给他的主管听，主管看了看他，再看了看他手中的斧头若有所悟地说："你是否每天用这斧头伐树呢？"工人认真地说："当然啦！这是我从开始伐树工作以来，一直不离手的工具呢！"主管关心地问他："你有没有磨利这把斧头再使用它呢？"工人回答他："我每天勤奋工作，伐树的时间都不够用，哪有时间去磨利这把斧头？"

主管接着说："你可知道，这就是你伐树数目每天递减的原因？你没有先磨利自己的工具，又如何能提高工作的效率呢？"

这个故事告诉我们：不磨刀就等于没有刀。在大多数人的一生中，总有某些时候曾经像这个伐木工人一样，因为过于沉溺于任务之中，而忘了做好工作的基础是有良好的心态和健康的身体。适当的体育活动既能释放心理压力又能锻炼身体，何乐而不为呢！

基础教育阶段的学生，正处于心智和身体的成长期，足够的体育活动尤为重要。形式多样的体育锻炼，尤其是到大自然中、到阳光下开展各种活动是学生具有良好的体质，保持健康的心态、清醒的头脑和旺盛精力的有效途径；是提高学习效率，取得良好学习效果的前提。

　　希望所有的孩子都可以无拘无束地在大自然中释放自己的激情！

第三章　育人可以如此不同

少儿班的民主应该被着重提一下，因为更加独特一些。

从我们第一个学期到最后一个学期，班干部都是由同学们选出来的，老师压根不参与。每一个人都可以参加竞选，没有什么门槛。当班长的可能是班上成绩倒着数的，当体委的可能是女生，用现在时髦的话来说就是"市场导向，自由选择"。

历届干部其实从这些头衔中并没有得到任何好处，这玩意儿高考不加分，亦不会写在你的简历上。现在回头看，更多的是让孩子在自己的兴趣领域承担一些责任，比如生活委员做值日，文艺委员出板报，体育委员带操之类。这里只看你的责任感，不看你的出身。

有些惭愧的是，虽然坐我后面的哥们儿从第一学期就唠叨如果我去竞选体委也许有那么点小戏，我确实从没参选过，做课间操的时候还经常跑到厕所里蹲坑儿。

不光干部，我们的座位都是大家投票投出来的，每个人写出自己想和谁一组，再根据大家投票的结果进行匹配。

我在少儿班的第一个学期，当时成绩和其他同学比差距不小，经常担心自己能不能留下。

某天老师忽然在课间的时候把我叫到办公室，当时心里七上八下想着是不是自己要走人了，然后老师拿出几个小纸条："这些同学想和你坐在同一组，不过一组坐不下这么多人，你能自己从中间选一下吗？"

我当时感觉心口一块石头'咯噔'一下落了地，"谢天谢地，还没让我走人。"

每个人都有"被需要"的心理需求，在我最惶惶不安的时光里，那几个小纸条在我眼中简直就是闪着金光的。

这只是我作为一个孩子的视角，我相信老师们心思更多地花在了那些没有人愿意和他们坐在一组的人身上。

这是毕业生大伟在回忆录里写到的。

在很多人认为超常儿童就是"神童"、"天才"，然而在少儿班老师们看来他们虽然智力优异，学习接受能力强，但在其他方面与常态儿童别无二致，而且个性更加突出，更具有独立意识，因此在思想品质、道德情操和行为习惯的教育和培养上需更具耐心，更要注意方式方法。

心理学的研究表明智力超常儿童具有思维敏捷，观察力强，兴趣广泛，求知欲旺盛，想象丰富，有强烈的好奇心，自信、好胜，喜欢独立思考等优良品质；同时又有对自己及外界事物敏感，倾向完美主义，敢于挑战成人的观点，破坏传统及批评既定价值观念，容易对别人埋怨与人发生冲突等特点。

少儿班的老师们也在实践中发现，学生们有的在原学校学习上是鹤立鸡群的尖子生，到少儿班后是鹤立鹤群不显突出，产生沮丧焦躁情绪；有的原来一贯受到老师偏爱和重视，而现在老师对所有学生一视同仁，心理上产生较大落差；有的因学习一好遮百丑，导致思想认识和行为习惯上有较大的问题；有的因家长的溺爱缺乏在生活能力上的平衡发展；还有的因长期自觉与别人不一样，表现抑郁、疏离、固执，不善于人合作。

这些都使少儿班德育的核心作用显得更加重要。德育的本意是要实现对人的精神和价值引领，这种心灵的陶冶、精神品质的提升比起知识和技能的教育更需要艺术，更需要情感的投入，更需要教育的智慧。

苏霍姆林斯基说：如果作为道德素养的最重要的真理在青少年时期没有形成习惯，那么，所造成的损失是永远无法弥补的。

《国家中长期教育改革和发展规划纲要（2010—2020年）》中指出，把育人为本作为教育工作的根本要求。

育人为本是教育的生命和灵魂，是教育的本质要求和价值诉求。育人为本的教育思想，要求教育不仅要关注人的当前发展，还要关注人的全面发展，更要关注人的长远发展。

育人为本，就是要面向全体学生。面向全体的本质是充分重视每一个学生，尊重他们的差异，根据不同特点有针对性地采取符合个体特点的教育方法和措施，使每个学生的潜能得以发挥，各方面获得充分协调的发展。

育人为本，就是尊重学生的人格与个性，创建一个民主和谐的教育环境，使学生在自主、自强、自律的健康心态中成长为道德高尚，具有正确人生观、价值观和独立人格的现代公民。

少儿班老师们的共识是德育是育人的核心。人生观、价值观、道德标准、公民意识和行为习惯是人从事各项活动时起指导作用的核心，也是社会稳定和谐的基础。社会的现实告诉我们，越是高智商，越是掌握了现代高科技的人，社会对他们的思想水准、道德水准要求就越高，否则社会不但不会受益反而会因此受害。教师的任务不仅是优质、高效地完成教学任务，构架学生合理的知识结构和认知结构，更重要的是要使校园生活成为学生主动追求个性充分而和谐的发展的过程，成为健康人格的形成和促进社会化过程。

学生是在日常获得的大量知识信息和自身经历中逐渐形成自己的道德认知，但要将道德认知转化为道德信念和行为习惯还需一个过程。在一个被告知了基本纪律要求，基本的道德准则的宽松环境中，让学生在能充分表达自己的思想，施展自己的才华的环境中去体验成功的喜悦、失败的懊丧、纪律的必要性、高尚思想行为的可贵性、与他人合作的重要性，去磨炼顽强的意志、吃苦耐劳的精神。这些看似和教学无关的因素，其实都是学习的重要动力因素和掌握复杂知识必备的品质，是构成人的总体素质的重要部分。这就要求教师时时处处发掘学生校园生活中的德育因素，抓住教育时机，把德育和教学有机地结合起来。课堂教学，班级活动，学生间发生的大量的个别事件的处理，组织的社会实践活动等等，都是进行思想品德教育的素材和时机。

学生每天都有一半以上的时间是在社会和家庭的环境中度过的，家长对学生的影响比学校的教育影响更深刻久远。因此，少儿班十分重视发挥家长的积极作用，无论是集体的教育活动或学生的思想教育和行为纠正都努力争取家长的理解和配合，使德育渗透在学生生活的每一个环节，形成了全体教师齐抓共管，家校密切配合的良好教育氛围，取得了良好的教育效果。

根据一项持续多年的追踪调查，少儿班历届毕业生，无论是在大学学习还是在工作岗位上，都表现出充足的自信心、顽强的毅力，绝大多数学生的人品都受到有关方面的称赞。老师们是如何育人的？让我们一同感受教育的力量！

一、带着感情理性育人

　　雅斯贝尔斯这样定义教育：教育是一棵树撼动另一棵树，一片云推动另一片云，一个心灵唤醒另一个心灵。

　　　　　　——德国存在主义哲学家、神学家、精神病学家雅斯贝尔斯

（一）用爱把硬石头焐热

　　无论是普通班、实验班，还是少儿班，几乎每个班里都有硬石头一样的学生，这样的硬石头需要老师付出比一般学生多出几倍的精力来感化才可能有效果。

　　小卫就是硬石头当中的一块。

　　小卫是个胖胖的男孩，他在入学测试时成绩符合录取标准，但试读期间在行为习惯上表现出很多缺点。老师们在讨论录取名单时产生了争议，有人认为身体太胖不适应少儿班的紧张生活，还有人认为小卫行为习惯上有很大毛病，录取进来会给班主任工作带来很大麻烦。但通过讨论，老师们意见达成一致，胖瘦不应成为录取条件，学生将来的发展取决于学习潜力和优良的品质，行为习惯上的问题是可以通过教育来得到纠正的，这正是教育工作者的责任。

　　没想到的是，小卫原来生长在单亲家庭，母亲因想竭力弥补他缺少的父爱，对其十分溺爱，百依百顺，使他从小养成了很多坏毛病。在小学又因这些毛病经常受到老师批评，他的性格又很倔强，还受到同学们的嘲笑和孤立。不知不觉间，他对学校教育产生了对抗心理。

　　进少儿班之后，小卫的这些毛病凸显。他总是闷闷不乐，上课不听讲，不完成作业，犯了错误不听老师教导，从不肯认错，我行我素。他的课桌轮换到窗旁时，上课经常用窗帘把自己的头缠起来，让别人看不到他，老师们拿他没多少办法。

　　李老师是个性格温柔，对学生充满爱心的人。平时学生们都喜欢她，有的女孩问问题时还用身体紧依偎着她。有一次，李老师给小卫辅导时，发现小卫总想往她身上蹭。一个10岁的男孩想往女老师身上蹭还真不多见，李老师心想这个孩子为什么会这样？她想起这是不是心理学上说的"皮肤饥渴症"？对年幼的孩子，父母的抚爱对身体和心理的健康发育起着促进作用。如果母亲或者父亲经常对孩子抱抱亲亲，孩子情绪就比较稳定，有安全感，从而在与他人交往时能具备较高的亲和力。如果父母忙于工作，对孩子没有这种比较亲密的动作，孩子就缺乏安全感，情绪不稳定。小卫很希望去跟大人皮肤接触的表现告诉李老师，他的行为很可能是因生长在单亲家庭，缺

失父爱，母亲为维持这个家又整天忙于工作，使他从小认为没有人爱他。小卫需要有人爱，需要有人关心。

自此，李老师特别关注小卫，多次找他谈心。让李老师意外的是无论怎么问，他总是表情冷冷的，也不说话。李老师想了个好办法，她说："咱俩玩个游戏，我们在一张纸上把你最喜欢的和最不喜欢的人都写上，怎么样？"

他说："我没最喜欢的人。"

李老师说："那咱就写最不喜欢的，你写我也写。"说完，李老师先在纸上写下一个最不喜欢的人的名字。然后跟小卫说她为什么不喜欢那个人。

在李老师的引导下，小卫写下了第一个不喜欢的人是外语老师。他特别不喜欢学外语，因外语老师老盯着他背新概念英语，使他十分烦恼，简直恨得咬牙切齿。李老师和他继续写人名，他不喜欢的人还真多。

"这么多人你都不喜欢？"

"不喜欢，不喜欢。你们谁都不喜欢我，我也不喜欢你们，我就喜欢一个人，是我姨父，因为我姨父照顾我。"说着，他哇哇大哭起来。

"你爸爸妈妈呢？"

"我在1岁的时候我爸爸就离开了，我爸妈离婚了，我都不知道我爸爸是什么样，我就知道我姑姑。"

李老师告诉他："其实你误解了英语老师，因为要学好英语就需要做很多练习，英语老师就是为了同学们熟练掌握字词语句，能够张嘴就像讲中国话那样说出来，那样才能算学好了英语。现在你刚学不久基础差，让你背课文，并死盯着你。这是因为担心你英语成绩不好，才严格要求你。所以盯着你背课文并不代表老师不喜欢你，你看，我就喜欢你。"

小卫睁大了眼睛看着刘老师，他不相信这是真的。

李老师看到了小卫眼里的希望，虽然她也因为他的那些行为举止感到十分头疼，但这一刻李老师心像被针扎了一样：这一切能都怪他吗？他内心的失落，缺乏温暖和关怀，他的难过跟谁倾诉！

李老师真诚地望着他说："我真的喜欢你！这样吧，你以后有什么不开心的事就来找我，有什么委屈来跟我说，咱俩一起来解决问题，好吗？不过这是咱俩的一个小秘密！不要告诉别人噢！"

小卫还是眼泪汪汪地看着他，李老师又补充道："英语老师其实是喜欢你的，回头我再去找英语老师沟通一下就没问题了。"

李老师为了改变小卫，下决心对他要特别关照，这是李老师自己也没想到的事情，从那一刻起，李老师感觉一切都变了。她不断提醒自己：你一定要对这个孩子认真，一定要用心。

私下里，李老师找了英语老师，她没告诉英语老师小卫最不喜欢的人是她，只是简单地问："小卫外语是不是特别差？"

英语老师说："是的，他经常不写作业，跟他谈了很多次，还是该背的不背，还扰乱课堂秩序。"

"我昨天跟他谈话了，他表示决心，要赶上来，你帮他补补课吧。"

英语老师说："你要能让他来接受辅导就太好了，说明他还是想学习。"

李老师领着这个小卫挨个办公室跟老师们说："小卫现在特想赶上去，你们得给我帮着辅导辅导，他有哪儿做得不对的地方，你们就找我。"

解老师对小卫说："李老师这么关心你，你可真有福呀。"

再看小卫，表情竟然还是冷冷的，不屑一顾的样子。李老师心想，也许是小卫妈妈早期对他太溺爱，使他养成了很多坏毛病，等到他个性形成以后，他妈又恨铁不成钢，老跟他唠叨，又没有好的教育方法管不了他，才造成他今天这样。小卫就是一块硬石头，再难，我也要把他焐热，要不他就毁了。

打那之后，李老师平时上课时总要多注意他，课后也跟他说几句话。但她同时教着好几个班，每天工作很忙，也不可能天天老关注他。直到有一天，他在生物卷的填空题上写下屎、尿等答案，李老师才意识到小卫心理又出现了问题。虽然她一直关注他，但对他的关心还是太少，说话时时有，但缺少长谈。看到小卫的生物试卷，李老师心里特别难过。她给他写了一封信，告诉他她一直关注着他，她说特别对不起，由于她的工作太忙了，时间有限，所以关心少了，以后她还会继续关心他的。李老师把卷子和信钉在一起，在发卷的时候给发给他。

他什么也没说，从此也没再在试卷上填乱七八糟的答案。

从那以后，每隔一段时间李老师看他课堂反应不积极或者有老师反映他又不写作业的时候就会找他长谈。谈话一般都在下午放学后，有时还要进行辅导。时间晚了，就很亲切地问他想吃什么，并且很自然地带他出去一起吃饭。

经过几次吃饭聊天，李老师仍旧感觉小卫态度很冷，但是他毕竟脾气顺了，说的话也能听进一些。尤其在李老师的生物课堂上，他表现非常好，能认真听讲，生物成绩提高特别快。虽然他有时也犯些毛病，但大家都发现小卫各方面在向好的方面慢慢发生着变化。

高考时，小卫因几分之差与心仪的大学失之交臂。他妈不愿意让他去一般的大学，于是他加读了一年。少儿班因为学生年龄小执行的是四年为基础的弹性学制，能力强的学生可以读三年提前一年毕业，13岁时就能考大学，大多数学生四年按期毕业，能力弱或因其他原因的学生可以再延长一年。这是少儿班的一项经教委批准的人性化教育改革措施。加读这一年，小卫所在的高三班级的生物课正好是李老师教。李老师心想，她跟小卫真是有缘分。

那年的圣诞节，李老师收到一个短信，"妈妈，祝你圣诞快乐。"

手机号码不是李老师女儿的，这是谁给她发的短信呢？想来想去，发短信的人肯定是小卫。能从这么一块硬的石头嘴里说出这样的话，让李老师感慨万千，心想，小卫是多么希望老师关心他啊！我就把他当"儿子"看，好好帮助他吧！

小卫到了新的班级有很多不适应，加之有的老师知道他在原班里不听话，所以老师们对他印象也不是很好。有一次，小卫受到批评时对老师说了难听的话，班主任认为他是在骂老师，学校是不允许当面辱骂老师的，于是这个问题交到了学生处。结合小卫的其他表现，根据校规要求，学生处要给他处分。受到处分对高中毕业生来讲是很严重的事，说不定会影响升学，当然只要不再重犯，基本上毕业前处分会撤销的。

李老师听说了这件事，放下手里的工作去找班主任。她把小卫的情况一一做了介绍，她说："对于这个孩子，处分的方式肯定不适合，因为他可能会破罐子破摔，会认为自己没希望了，最后这个孩子可能就毁了。你不如找他好好谈谈，说明他的行为已触犯校规，按规定要受处分，但考虑到年龄小，先不给处分，给他一次改正的机会。重要的是要让他认识到错误并且能改正错误。这样既能起到让他警醒，督促他改正的作用，也会让他看到老师对他的关心爱护，并不是像他想象的那样老师不喜欢他。给他一个机会吧！"

当时年级组有争议，有的老师不同意免于处分。李老师做出解释："他就是一个小孩子，还不到15岁，我们老师不能按照一个18岁的高三学生去要求一个15岁的孩子。他的成长是不幸的，他从小缺少父亲的管教，母亲开始溺爱他，等到他行为习惯养成了又想让他纠正过来。但这时候他很难一下子纠正，母亲就又没有能力管住他了，导致他比较任性，这孩子是能认识并改正错误的，我敢担保。"

那天晚上，李老师跟班主任和其他老师们一直谈到八点多，直到肚子咕咕叫，她才想起自己还没吃晚饭。

第二天，李老师和班主任一起去学生处说明情况和意见。让她欣慰的是，经过她的力争，班主任、学生处的老师、学校领导的态度达成一致，决定给小卫一个机会，暂不处分。李老师又建议请学校领导跟小卫谈，告诉他学校给了他一个机会，让他珍惜机会，改正错误，好好努力学习，争取能考上自己喜欢的大学。

小卫感受到了八中和老师们对他的爱护和宽容，也感受到了李老师为他所做出的付出，他的行为有了很大的转变，学习也认真了，但态度仍让人感觉是冷冷的。当年高考，他考上了北师大的计算机系。李老师长出一口气，她这个"儿子"终于上了喜欢的大学。小卫虽然考上了理想的大学，但李老师仍觉得他能够变得更好。有时候她在想，尽管她付出很多，尽管尽职尽责，但是不是当时对他关心还是不够，如果关心到位，他是不是会发展得更好，不会再是那个冷冰冰的他。在她看来，还是觉得自己没能把这么冷的孩子及时焐热而感到内疚。

一天，李老师和同事聊天，同事无意中告诉她，小卫上学时跟别的老师发脾气，他说："你们谁都不喜欢我，只有李老师喜欢我。"李老师听了，感觉心里暖暖的。

上大学后，小卫每次回八中总要到李老师办公室坐一坐，一次还把一个著名歌星签了名的本作为礼物送给她，这是他参加活动时好不容易要来的签名。有时他还给李老师绘声绘色地讲他在大学的学习和生活。一次他特意回来告诉李老师说："我参加计算机大赛得了二等奖"，临走的时候自信地说："下次我抱个大奖给您拿回来。"

那一刻，李老师内心的感觉无法用言语形容，她才知道其实不是小卫这块硬石头焐不热，而是孩子在那个年龄段不善于表达，但已经能明辨是非，只是自我约束能力还不够才多走了几段弯路。她也不断反思，对于一个孩子的发展来说，老师要关注得更细一些，真正知道他的盲点和问题在哪儿。在孩子的教育上不能光看表面现象，更不能把一些行为问题归结为品行有问题。如果不知道心灵深处的坎儿到底在哪儿，批评和处分是解决不了问题的。小卫是由于家庭的缺陷和早期教育不得法，在心理上和行为上都出现了问题，流行的说法是"智商高情商低"的孩子，对这样的孩子不能一味"批评教育"，要走进他的内心世界，了解问题的症结所在，才能有进行有效的教育。如果他那天不是往李老师身上蹭，她不会这么关注他，如果她没有理解小卫的行为态度是跟他的家庭及经历相关的，从而以同情、理解、帮助的态度对待他，小卫就不可能有后来的进步，甚至有可能就毁了一生。所以对于孩子一些怪异的行为，老师千万不要简单的定性。学生的命运与老师的态度方法关系非常大，有时老师一句不经意的话就可能断送孩子一生的前程，而老师与之进行心灵的沟通则会重燃孩子内心的希望，所以老师一定要善待每一个孩子。

优秀的老师经常反思，这是一个自我批判、自我认识、自我提升、自我完善、自我发展的过程。教师这个职业对优秀的老师来说已经不单纯是一个职业，对每一个学生负责不单纯是为人师表的良知使然，而是已经把教育好每一个学生的观念融入到血液里，化作了自己的本能。当老师把爱学生化为本能的时候，就会想方设法引导学生朝着好的方向进步发展。

有一次，李老师带学生去做拓展训练。爬山时小强的帽子不小心掉在山坡下了，他刚要去捡，李老师一把抓住他说："你别动，山坡太滑，我去捡。"结果，李老师捡帽子的时候滑倒了，幸好没有受伤。

李老师有写日记的习惯，她在当天的日记里写，"大概对于学生的那种爱已经化作本能才让我对学生这么保护，我自己的孩子我会这么做，对学生我也是这么做。新闻上正在议论范跑跑事件，这样的事我想我绝对做不出来。遇到那样的事我肯定第一个救学生，肯定要让学生先走。没有谁强迫我这么做，也不是因为我是老师需要这么做，而是我自己的本能要去这么做。"

老师对于学生的爱就像对自己孩子一样，看着一个一个小生命体在眼前成长起来，老师的本能就是要爱护他们，帮助他们成长。但老师对学生的爱与家长对孩子的爱又有不同，老师对学生的爱应该比家长对孩子的爱更理性，看得更远，更多一些教育的艺术。

现在在清华硕博连读的小卫每次回八中都要请李老师吃饭。李老师说："你为什么请我吃饭，你还在上学呢。"

小卫说："过去总是你请我，现在我得奖学金了，我要请你吃饭。"

李老师欣慰地看着他，这个一天一天长大懂事的大男孩。

（二）让孩子的潜能发挥出来

"小北和小洋考上北大了。"这个消息一出，很多人都感到惊讶，因为他俩的学习成绩在少儿班并不是很好。

小北很聪明也知道学习，但就是不爱写作业。小洋是极聪明但不爱学习，更是很少做作业。他们觉得不做作业不是什么大事，但是不做作业就不能很好的巩固已经学过的知识，长期下去学习成绩怎么会好呢？

两个孩子为什么会这样呢？李老师先找孩子的家长谈。小洋的妈妈是肾病患者，当时医生不让她怀孕生子，但她坚持要生下他。小洋来之不易，所以他妈妈对他特别溺爱，处处护着他。小北是在小学就不爱做作业，甚至也不好好听课，但他们是李老师见过孩子当中特别聪明的，也因为他们太聪明了，在小学觉得学什么都不费劲，也就不把学习当回事，养成了不做作业的习惯。但中学课程比小学复杂得多，不好好理解和复习巩固，学习会步步落后，他俩不做作业真让李老师着急。

在班里小北的成绩在中下游，小洋学习成绩更不理想，可以排到最后几名。这两个聪明的孩子如果改变学习态度，能把学过的知识巩固住，他们的成绩可以更好。李老师最舍不得聪明孩子反被聪明误，将来发展不好。如何改变他们的坏习惯，李老师想了很多办法。

她分别找小北和小洋谈话，针对他们不写作业的问题，她说："掌握知识是一个不断学习不断巩固的过程，写作业就是巩固和加深对知识理解的过程，你可能觉得学过的知识都会了，但是为什么一到考试就丢分，就是因为当时学会了，过后没练习又忘了。"

两个孩子经常在与李老师谈心后下决心写作业，但又经常是三分钟热情，隔个两三天，不写作业又故伎重演。李老师又想出新办法，小洋的生物成绩还不错，为了让小洋完成各科作业，她甚至把生物作业砍掉，不要求他写，有时只让他写一部分，为的是让他把别的科的作业完成。有同事不理解，"你这是干什么呢，万一他生物成绩下降了呢？"李老师笑笑，"他要是光学好生物，其他科成绩都很差，不是没什么用吗？我是想让他改掉坏毛病。"李老师的心很大，她有着很强的整体观念，在她看来，只要有利于学生的发展，能改掉坏习惯，少写点生物作业又能怎么样呢！

那几年，李老师特别关注他们，盯做题，盯背英语，经常鼓励表扬他们，他们的学习态度逐渐有了变化，各科的成绩也逐渐上来了。

那年寒假，小洋参加北大自主招生的冬令营，他是动手能力极强的孩子，在冬令营集训中的实验项目中得分特别高，在自主招生考试中得到了30分加分。

高考报志愿时，妈妈担心高考就是有了加分小洋的成绩还够不上北大。向李老师征求意见："小洋报不报北大？"

教了一届又一届学生，李老师对每个学生都有一种莫名的预测，她越了解学生就越能够从他的学习水平、思维方式、应变能力等各方面综合评价判断他的能力在同届毕业生中所处的位置，基本能够预测他能考到哪个层次的大学。她坚信小洋是清华北大的料，他要是不上真是亏了。但这话她不能直接跟家长说，她说话需要把握分寸，她说："小洋有30分加分，不报北大有点可惜。"

"报其他的大学把握大一些。"家长有点担心地说。

"小洋有30分加分，今年高考又是平行志愿，你可以选择平行。当然，学生报志愿的事儿是家长和学生决定的，我不能给你拿主意，这是学校的规定。你综合考虑一下吧。"

最终，小洋和小北都如愿考上了北京大学。两个成绩中下游的孩子能考进北大！这让很多人感到意外。李老师常常想，像这样有潜力的孩子，如果老师们盯紧一些，如果教育得当教育得法，如果与家长的沟通再多一些，他们肯定会更好。

（三）改善学生的偏激情绪

学生调皮捣蛋，不做作业，跟老师斗智斗勇，这些老师都能够凭经验和耐心帮助他们改变，但遇到歇斯底里情绪极端的学生，老师还真得经受住考验。

小哲最典型的特点是情绪特别极端，极端到什么份儿上呢？测验后发下卷子，他一看自己只得了85分，就把卷子揉成一团，情绪失控起来大声叫喊，同学吓得站起来离他远远的。这样的事不是一、两次，而是经常这样，同学们都习以为常了，但都特别烦他，个别同学比较淘气，还喜欢故意刺激他，"你没考好啊，你没考好还不跳楼啊。"

小哲一听，一把拉开窗户，做出那种要死要活的样子。吓得同学们赶紧去找老师，老师做了半天思想工作，他才从窗台上下来。吓得老师满头大汗，胆战心惊，这真是个时时刻刻都让老师揪心的孩子。

一次小哲的一篇周记引起了语文王老师的注意。他写的是在青少年科技馆上科技班的一件事，当时科技老师提醒大家做实验时要小心，要爱护实验器材，一定要按照正确的方法操作，千万不要把烧杯给捅破了。他听的时候不认真，实验一开始三下五除二就把烧杯捅破了。老师批评他，"我刚才说时你为什么不听？"

"我听了，你声音太小了，我没听见。"他不服，还狡辩，把责任推给了老师。

老师一生气把他晾那儿，转身辅导其他同学了。老师一走他立马就来个180度的转弯，快速追上去："老师我错了，请你原谅我吧。"

当然老师觉得这个事儿不是什么大事，没有必要那么快解决，就说"你先回座位，我辅导完了其他同学再说。"

任何人都想不到的事情发生了，他"咕咚"一下跪到老师跟前，"咣咣"磕了几个头。老师一下子就懵了，这个孩子怎么这样啊！

王老师看了小哲的周记也特别震惊，把他叫来问："小哲你写这个事是真的吗？"

他回答说："是啊，这是周末在外面上课时发生的。"

这件事小哲做得简直太过了，一般孩子做不出来。怎么会这样呢？！王老师跟他的家长联系，他妈妈说："他小学的时候，在学校有一次因为升旗，可能是发言还是什么的没表现好，当时就大发过脾气，也是特别极端，吓得老师以后不敢惹他。类似这样的事后来也发生过。"

王老师分析，小哲在小学功课是拔尖的，虽然脾气大，但由于成绩好还是很受宠，进入少儿班后，因少儿班是人尖集中的一个班，相比之下他不再是那么拔尖也就显不出他了，心理上有失落。有一些同学看他爱发脾气还故意挑逗他，看他的笑话，所以就使他的情绪发作越来越多。另外，他爸爸常年在外地工作，不怎么能够顾及他，父爱的缺少对他也有一定的影响。

王老师发现，小哲只要一受到刺激，情绪就会失控，除了发脾气外，还会冲到办公室找老师告状寻求心理平衡。几次以后，他总结出了经验，王老师最有耐心听他说，他就老找王老师倾诉。王老师也总结出了经验，不让他发泄完，不让他说完，他就没完没了地处在那种受刺激的情绪状态中。因此王老师都是先耐心听他把事说完，接着安抚他，等他情绪稳定下来，让他喝点水坐着休息一会儿，最后告诉他待会儿老师会帮他处理这事。如果确实是其他同学故意挑逗激怒他的，她会先教育故意挑逗他的同学，让他看到老师是公平公正的。但在和其他同学谈过后，会跟他单独说："小哲，我发现你处理这件事情不太恰当，你每次着急或者发脾气的时候，能不能把脾气稍微压一压，比方说你这次是三秒钟就爆发了，你下一次能不能五秒钟再爆发。"

由于王老师对喜欢故意捉弄和挑逗小哲的学生做了工作，他们的挑逗减少了许多，小哲也在老师耐心的帮助下，自控能力也大大增强，由于他脾气好转，同学们没那么烦他了，他跟同学之间的关系慢慢地就不那么紧张了。

一次在学校运动会结束时，很多家长来接孩子，正在这时，隔壁班一个孩子有意无故招惹他，他的极端脾气当时就爆发了，那个瞬间他特别狂躁，开始胡言乱语。本班的同学见惯了，他们不太惊讶，但是接孩子的家长看到以后面面相觑，窃窃私语，有的家长建议老师把孩子带走，控制住他。王老师安抚家长们："现在他情绪是急躁的，但是他就是发泄一下，他嘴里说得特别可怕，什么我不活了你们也别活了之类的，其实都是说说而已，你们别担心。如果这个时候让他停下来，控制住他，他会有更激烈的行为，反而不利于他情绪的恢复。"

王老师没有立即制止他，等他的狂躁情绪过去以后，把他叫过来坐下喝口水休息一会儿。他的情绪马上进入到平复的阶段，过了一会儿再问他事情的详细经过，他能够说得很清楚。王老师建议他："刚刚这件事很容易解决，除了你发脾气之外还有另外一种解决方法，你可以去找那个男生所在班的班主任，要相信老师能公正地处理这件事。"

王老师带着小哲去找班主任，班主任特别配合，当即把那孩子叫过来，了解事情原因后让他给小哲道歉。这问题一解决，小哲认识到其实他刚才疯狂的大喊大叫没什么用，出了问题要用正确的方法去解决。

四年当中，王老师持续不断地和他谈心，帮他调整情绪。在少儿班第三年的时候，小哲跟王老师说："我现在大概是能忍5分钟、10分钟了。"

王老师也发现他的自控能力有了很大的进步，有的时候遇到让他烦躁的事也不跟王老师说，而是过了三天五天后告诉老师谁又故意惹他了，他按老师说的办法，不理对方，冷静下来过几分钟再去想这件事，就能很好地控制自己的情绪了。他跟同学关系也慢慢地越来越融洽，经常和同学们一起参加活动，融入班集体中。不再是最开始到少儿班时那样孤立于群体外。

小哲是比较典型的考验老师的一个例子，学生的极端行为不断地折磨老师，老师要有耐心，并要仔细倾听和分析发生问题的内外因素，客观公正地去解决矛盾。不同性格的学生要用不同的方法对待，对一时解决不了的问题要宽容，给学生一个纠正的时间。教育不是万能的，人离开教育是万万不能的，教育学生一定要有智慧，要有耐心，老师要因人而异采用不同的方法，教育的艺术蕴含其中。

（四）宠大的孩子更不应该听之任之

现在一家只有一个孩子，当中不乏宠大的孩子，他们有一个共同的特点：受不了委屈，经不起挫折。老师稍一批评或稍有不如意的事，他们就受不了，甚至闹出要死要活的事来。少儿班也有这样的学生，为了让学生们学会正确面对磨难，承受挫折，少儿班的老师有意识地对学生进行挫折教育。

赵老师经常对学生们讲，没有人不会遇到挫折和委屈，内心强大的人能在挫折委屈中站立起来，这也是每个人需要学习的本领。有的同学有时会认为老师委屈了你，但那可能是对你们的磨炼，是在考验你们，是老师故意错怪你们，故意委屈你们，锻炼你们的承受力，也是要提高你们能够用正确的态度和方法去解决问题的能力。真的受了委屈不一定当时非要弄的水落石出，这可能无助于问题的解决，要选择在适当的时候用适当的方法解释清楚，这才是聪明人。赵老师认为，再完美的老师也有失误的时候，老师这样跟学生们说，一方面是引导学生建立面对委屈时能独立地用适当的方法去澄清问题的意识，同时也是为万一发生的失误打一个伏笔。万一哪天真出现失误了，学生也不会往心里去，会认为是老师在考验自己，也会有勇气找老师来当面澄清问题。学生们都希望赵老师能让他受委屈，都希望能接受考验，有的学生问："赵老师，您什么时候让我受点委屈？"赵老师回答："等着吧，没准哪一天就让你受委屈，到时候看你能不能正确对待？"

赵老师有一次留物理作业时加了一道开放性难题，所谓开放性就是解题所需不仅局限于课本知识，需要学生在所学知识基础上再向前推理出新的规律才能解的题。判作业时发现有一种错误具有典型性，但有两个同学错得解题的每一步都一模一样，赵老师在上课订正时说了句"我也不知道这两位同学是谁抄谁的"。当时社会上各种考试作弊成风，屡屡见诸报端，为了培养学生们的诚实和自尊自爱，少儿班进行了很多教育，取得了很好效果。比如就连考试都宣布是无监考考试，老师发完卷就离开站到教室门外，同学们没一个作弊的。在这种氛围下抄别人作业可谓是奇耻大辱，说完这句话后赵老师注意到其中一个平时脾气很急的同学举了一下手又马上放下了。午休时这两个同学一起来找赵老师解释，原来因为题目很难，他俩放学后在一起讨论题意和解法，草稿纸写了好几张，最后意见一致了才各自做的题，没有互相抄的问题。了解了情况后赵老师首先作了自我批评，并向他们道歉。最后问，"我在课上冤枉了你们，你们怎么没马上辩解呢？"

"我看这节课要讲的题挺多，怕耽误大家时间。"一个学生答道。

那个平时脾气大的学生说："您不是说要经受得住委屈，要在适当时候用适当方法解决吗？"

赵老师在为自己的失言感到内疚之余又非常欣慰，平时对学生的谈话起了作用。在下一节物理课上除了公开道歉外，赵老师还大力表扬了这两位同学顾全上课的大局，自己忍受委屈，并能用正确的方法向老师解释清楚的做法。

学生阅历浅，平时没受过挫折和委屈，表现得脆弱，有一点委屈就受不了，到了适当的年龄老师和家长就应教他们一些正确的处世之道和处理问题的方法，这样才能使孩子们更快地成熟起来。

学生的娇气任性不是一下能改变的，通过一些小事，让学生们经受一些摔打，让他们懂得必要的服从，这是磨砺的过程。

王一学习特别好，但是新学期刘老师让每个人写自己的学习计划，只有他没交，理由是"我不用写，因为我知道怎么学，我怎么学都是班里第一。"

刘老师说："这是班主任布置的任务，你必须做。"

刘老师在班里批评了他，他可受不了，气得在课上大哭，搅得上不了课。

刘老师并不生气，她只是担心，这个孩子连一句批评都受不了，走上社会可怎么办呢？不写计划反映了孩子不懂得服从，听不得批评，这是必须解决的问题。新闻报道里有些成绩很好的大学生受到批评经受挫折时，不会用正确的态度去对待，做出一些极端的事来，甚至会发生伤人或自伤的惨剧。很大程度上是因为他们从小经历一帆风顺，听到的都是赞扬，感受到的都是受宠，非常任性，没有受过批评和挫折，一旦考试比别人差或受到批评都受不了，就能做出极端的事来，更别提遇到较大的挫折会发生什么意外了。

刘老师对王一做了耐心的说服教育，首先让他认识到做好学习计划的重要作用，其次告诉他有一些事情可以按自己的心愿做，但有些事即使一时想不通也必须去做，比如军人必须服从军令，公民必须遵守法律法规，学生必须遵守校纪校规，必要的服从是一个社会人应有的品德。刘老师还讲了受到批评应该采取的正确态度。在刘老师的劝导下，王一认识到了自己的错误，认真写了一份符合他自己实际情况的学习计划。

像王一这样的男生受不了老师批评，女生更受不了。有一次军训结束，校车到部队接学生返校，但女生们都不走，因为舍不得指导员。

"车来了，为什么不走，你们以后还有机会再见到指导员。"刘老师说。

"我们不走了，我们就留在部队。"

"我们舍不得指导员。"

"赶紧上车，司机都等了半个小时了。"刘老师催促。

"老师，您真没人情味。"

"军训结束了，我们应该回学校，你们必须服从，这跟有没有人情味是两回事。"

"您就是没人情味。"

女生们被刘老师气哭了。

事隔多年的一次学生聚会上，有同学说："刘老师，哪个女生没被您气哭过。"

刘老师直言："我气你们对不对，我要不气你们，不让你们哭，你们现在遇到分别，遇到不高兴的事，遇到恼火的事，你们是不是还会哭！"

"您说得极是，我们的脸皮都被您气得厚了，遇到事早就不哭了。"女生们哈哈笑着。

"管那么多干吗，走上社会让他们碰壁接受教训去吧"，刘老师跟同为教师的同学聊天时，她的同学这样劝她。这话让刘老师特别受不了，等到学生走上社会碰壁，这就是教师的失职。老师一定要在学校期间发现孩子的一些不足，力争在学校进行适当的教育，这是教师的责任，也是师德的体现。把每个学生都教育成完人不太可能，但是老师要指出他的缺点，在可控制的范围内让他受到磨砺，即使个性的弱点也要让他意识到，逐步克服，不要等到长大了在社会上碰了壁再去接受教训，那就可能造成无法挽回的损失。

让刘老师很有成就感的是，她教过的学生大多都能在学校里有所改变。刘老师一直相信，十一二岁的孩子是一张白纸，老师要让他们树立正确的是非观念和能理性对待不如意的事情，懂得必要的服从，这会让孩子们终身受益。

（五）唤醒沉睡的自信

徐殊很特殊，小学之前都是她姥姥带，考上少儿班时父母离异。她被判给了妈妈，但她妈妈比较忙，她跟着姥姥生活。

徐殊的妈妈姓许，她妈妈认为孩子是我生的，现在在我家养着，教育着，孩子应该姓许，她爸爸就只是拿生活费，因此不能随爸爸的姓。两人经常为孩子跟谁姓吵得不可开交，背后经常对孩子说对方的坏话。

现实中，像徐殊这样的家庭并不少见。父母离异，这本是大人的事，却把双方的矛盾转嫁到孩子身上，以争夺孩子，牺牲孩子的快乐和成长为代价。身为父母，行为和思考模式及做事的原则一定会影响自己的孩子。父母一定要做好表率，在孩子面前要谨言慎行。

徐殊的内心深处感到深深的自卑，她感觉自己是跟别的同学不一样的。虽然父母都争孩子，但实际生活中，两人又都不太管她，没有人专门照顾她。她从进少儿班就住校，星期六、星期天回姥姥家。住校后，她的弱点很快表现出来，很孤僻、不合群、亲和度不够，还经常会做一些恶作剧之类的事儿引起大家的注意。这样一个特殊家庭的孩子在老师们的细心呵护下顺利地度过了四年。

高考前填志愿，妈妈要给她改姓，新一轮的战争又开始了。她的情绪产生了很大波动，话比原来少了，复习时精神不集中，自习课拿着作业本开始撕，剪刀、双面胶、纸弄得满桌子都是，撕了贴贴了撕，学习成绩忽高忽低。徐老师发现每天放学的时候，她都一个人站在校门内，看着来接学生的家长，他们有说有笑地，"爸，你来接我了。""妈，咱们今天晚上吃什么好吃的？"只有她是一个人，没有人疼爱的一个人。徐老师了解这个情况后，确定她需要的是关爱。

徐老师每天晚上都在食堂陪她一块儿吃饭，跟她聊天，挖掘她身上的优点："你姓徐，我也姓徐，咱们很有缘分，说不定很久很久以前，咱俩还是一家人呢！"

"你体育多棒啊，运动会女生800米你跑了第二名，你体育会考5个项目满分，少儿班历史上满分的可没几个，你5项都满分，太了不起了。"

徐老师的一席话拉近了两人的距离，他接着举自己的例子，"我也是从农村出来的，从小也是家里特别穷、特别苦。我印象最深的就是我们邻居家有黑白电视那时候，我想去邻居家看，可人家就是不让进，不让看，要进就得给钱，那时候要收五分钱呢，我哪有钱啊，我又想看，结果被人家从门缝里推出来。我可受了不少欺负和侮辱，那种情景尴尬极了。那时候我就开始立志，我暗下决心，将来生活一定要超过他，一定要比他强，现在回头来想那时候是多幼稚的事情，但那就是一个人的志气，对吧？你现在可能父母亲的爱少一些，也许有同学瞧不起你，你会受到冷落，但你体育很强，你能吃苦，意志力强，你练体育能两个小时不休息，毅力超人就是你的优势，这一点班里面没有人能跟你比。美国实业家洛克菲勒说过一句话，世界上没有一样东西可取代毅力。才干也不可以，怀才不遇者比比皆是，一事无成的天才很普遍；

教育也不可以,世界上充满了学而无用的人。只有毅力和决心无往不利。"

"我有那么好吗?我的毅力能帮我什么呢?"

"意志品质强的同学不仅能在体育上表现出来,也能迁移到其他各个方面去,学习上也一样,你可以把用在体育上的劲用在学习上,把精力从玩剪纸中拉回来,近期树立高考目标,往后树立更远大的目标。相信你,你一定没问题。"徐老师通过自己的例子,结合她身上的优点,再给她树立目标等,使她克服了自卑情绪,放下了父母间战争的烦恼。

法国著名作家莫泊桑说过,"生活不可能像你想象得那么好,但也不会像你想象得那么糟。我觉得人的脆弱和坚强都超乎自己的想象。有时,我可能脆弱得一句话就泪流满面,有时,也发现自己咬着牙走了很长的路。"对于孩子来说,脆弱和坚强就在一念之间,老师引导得法,就可以让他昂起头坚强向前走。

徐殊考上了西安交通大学,现在的她是一个人格独立充满自信的女孩。

(六) 实现学生自我教育

方放是个脾气很怪的学生,在他心目中,老师、父母都是对立面,样样事情要对着干。他从小到大,挨批评的时候多,而他确实非常聪明,也有很强烈的改变自己处境的要求,他自尊心特强,但经常以相反的行为表现出来。他很在乎别人对他的看法、态度,有时甚至到了过敏的程度。

有老师埋怨招生时没有淘汰方放,班主任程老师认为"精诚所至、金石为开",一方面对他严格要求,反复教育他要正确处理个人和他人、个人和集体的关系,对他损害公共利益的行为毫不姑息。另一方面从实际出发,考虑到他心理很幼稚,在他做出胡来的事,而这件事又不太影响别人时,就不理他,事后寻找机会,和他讲道理。课任老师都采取和程老师一致的态度。

班上同学开始不理解,觉得程老师偏心。程老师找机会在方放缺席的情况下,把想法对大家说了,请大家配合,要求当方放胡闹时大家只当没有他,照样听课学习,大家团结一致,把他的影响降低到最小,绝不讽刺挖苦他。动员几个与他较要好的同学去做他工作。方放身材瘦小,体育特差,团支部航航同学每次体育锻炼时陪他跑步,和他一起做引体向上,使他顺利通过体育测试。

考试后,方放成绩不理想,有一些同学也自己感觉没有预期的好。5月14日,程老师利用周末带他们到百花山去玩,尽量让他们放松心情。为了让家长不要对他们过分施压,程老师对孩子们说:"家长问到成绩,就说卷子没改完。"从百花山回来,方放的父亲来学校接他,从别人那里知道了他的成绩,问他时,他按程老师教的说了，他父亲批评他不说实话，他很委屈。

方放父亲与程老师通话后，知道了真相，就借这个机会教育他，"程老师多为你们着想，为了给你们减压，故意不把成绩告诉家长，还带你们出去放松，想想，你以前惹了那么多麻烦，程老师都没跟你计较，你真得好好想想了。"

星期一早上，方放来到学校后直接去了程老师办公室，见到他就放声大哭，边哭边说："我现在知道老师对我好了，程老师，我保证以后再不胡闹了，我一定努力学习，一定要团结同学。"后来同学们都说他变了，能主动为大家服务，自控能力也强多了。当别人说及此时，他郑重其事地说："从5月14日起，我就变了。"

后来方放考上了清华大学。又是5月14日，程老师出差在外，程老师的家人接到方放的电话，他说："今天是我和程老师的纪念日。"程老师知道后特别感动，几年的努力有了成效，实践检验了少儿班教育措施的正确性，通过班集体共同努力，做转化学生的工作，实现了学生自我教育。

诸如此类的事情，在少儿班不胜枚举。

（七）四年陪伴满满爱

班主任工作需要方法和技巧，更重要的是班主任真诚的付出，老师的关心要陪伴学生成长的整个过程。

孩子10岁左右来到八中，要在少儿班学习生活4年，王老师对每个学生都像自己的孩子一样关心呵护。她当班主任，在不上课或者是没有特别的事的时候她肯定都在班里面，跟学生时时刻刻都在一起。这样的好处是班里发生的事儿，每个孩子身上发生的事，她都了如指掌。家长跟她说，"你评价我们家的孩子真是特别准"，这是因为她一直在观察着他们，这样才有发言权，在评价学生的时候才会有底气。

马卡连柯说：教师的威信首先建立在责任心上。王老师就是一个有着高度的责任心，肯为学生付出的班主任。她认为，既然当了这班主任，就得负起责任来，要做出牺牲，做班主任的不能想干什么就干什么，干每件事之前都要想想是不是对学生有影响。有时中午空闲了一会儿，王老师也想去体育馆练会儿瑜伽，这对任课老师来说很简单，有时间就去练吧，但对于班主任来说不行，因为中午这段时间，年仅十一二岁的学生们身边不能没有老师，从安全方面考虑也不能把他们扔在教室。王老师利用中午这段时光多和学生在一起，多和他们聊天，了解他们的内心世界，这样可以深入了解学生们的优缺点，发现一些不好的苗头，能及时采取措施。

小利是个帅气的男孩，学习成绩不错，王老师特别喜欢他。但是，也许是老天作弄人，小利一说话就结巴，越想说就越紧张越说不出来。

这么帅气的男孩，怎么能因为口吃而影响了形象呢！王老师一心希望能通过努力让他有些变化。她还从未教过结巴的学生，也没有系统地学习过训练的方法，只能在学校里尽量多给小利说话的机会。

上语文课了，王老师提了个问题，小利跃跃欲试，但他举了举手，又很快放了下来，王老师从他的动作和眼神里看到了胆怯和自卑。如果盲目让他站起来回答问题，他回答得结结巴巴，同学们一定会笑他，一旦这样他更不知所措，还是别让他出丑了。王老师不动声色地让其他学生回答了问题。

课后，王老师了解到小利从小说话就不太利索，家人对他也比较严厉，经常训他，他有时不敢说话，慢慢就口吃了。上小学时同学们经常笑他，他的压力越来越大，变得越来越不敢说话。

来到少儿班，小利一说话，同学们就笑，他满脸通红，心里很难受。有的老师选择尽量避免叫他回答问题，但王老师觉得这样下去不行，遇到说话场合就发怵，长此以往，小利更没有面对大众说话的勇气，恶性循环，以后他到社会上怎么办！

如果有一个舒缓的环境，同学不去耻笑他，老师也不把口吃当回事，也许他就会放松下来，勇于开口了。王老师决定给小利创造一些这样的机会。

王老师找到小利："上课时，我看你想举手回答问题，是吗？"

"嗯。"

"但你没举手，是担心说话不利索，同学们笑话你，对吗？"

"嗯。"

"你读过列夫·托尔斯泰的书吧？"

"嗯。"

"他在《战争与和平》里说，'每个人都会有缺陷，就像被上帝咬过的苹果，有的人缺陷比较大，正是因为上帝特别喜欢他的芬芳。'你聪明，人品好，你有太多优秀之处，你不可能集所有的优秀于一身，所以上帝让你说话不利索了。"

"是吗？"

"当然。不过说话不利索是可以改变的，你看能不能这样，每天拿出一定的时间来我办公室，当着我一个人的面诵读课文。"

小利不说话。

王老师考虑他可能是不好意思，或者是自尊心太强，就又跟他商量："如果你觉得这样还有点儿难度的话，你不用当着我的面，你就在我旁边，我干我的，你读你的，你不用管我是不是听得到，你只要读你的就行。我相信只要下定决心纠正，你说话一定会越来越顺。咱们一起努力，好不好？"

小利重重地点了点头。

第二天，他们按约定好的时间开始朗读。朗读的过程当中，只要小利能顺利地把几句话读下来，中间没有结巴，王老师就对他进行表扬，让他逐渐树立信心，慢慢地坚持读下来。

过了半年，王老师对他提出了新的要求，"你在我面前朗读已经没有问题了，能不能在办公室大声地给所有老师读，你不用担心会干扰其他老师，我已经跟老师们商量好了，大家都期待听你朗读。"

王老师用最笨的方法陪着小利日复一日地朗读，她从未觉得麻烦。小利很懂事，他体会到老师的良苦用心，逐渐地不怵在老师面前朗读了。王老师也对班里同学做了大量思想工作：在一个班级集体里，同学们要互相帮助，不要老是取笑他，要鼓励他，多给他锻炼的机会，帮助他更好地说话。

小利，这个曾经结巴的男孩，考上了名校。后来去了美国深造，王老师在微信里看到的他是一个特别阳光帅气的大男孩。

（八）老师需要不断修炼

直到今天，王老师一提起小文就伤心。为什么呢？

当时王老师第一年带少儿班，她把一腔热情扑到学生身上，希望他们个个都能完美，对学生要求特别严格，个别学生惹了点事，她蹭的头顶上就像冒火似的恨不得马上冲到班里去。遇到这么负责任的班主任，家长们对她很满意，但她过于追求完美，忽略了学生们的想法和差异，导致学生怕她，爱较劲的学生甚至跟她对着干。

小文是个女生，从一开始入班就跟其他同学不一样。她脾气爆发时无论是父母还是老师的劝说都没用，反而是谁劝说跟谁对着干，又正值叛逆期，谁都管不了。

王老师是班主任，小文的事她必须管。一次谈话，小文坦白地说："老师找我谈话时，针对一件事情我本来是向东的，一听老师说向东，我立马变成向西了。我爸爸一找我，我就立马想跟他对着干。"

王老师教过很多学生，她认为处于叛逆期的学生，跟大人对着干很正常，需要慢慢地开导，急不得。小文好像故意跟老师做对似的，上课老跟同桌说话，一说起来就没完没了。

王老师找她谈话："你的同桌是你的好朋友小迪，你一说话，她就听不到老师讲课，你自己不听是因为你会了，但你要为你的好朋友着想，她现在不听讲掌握不了知识，会影响以后的学习的。"

"这我可管不着，你不是说过，每个人管好自己就是为班级做出贡献吗，我学习没落后不就行了吗。再说了，老师你这么批评我是不对的，我的同桌要是不想说话，我怎么跟她说她都不会跟我说的，她跟我说话，说明她还是想说，她管不住自己，跟我没关系。"小文的狡辩能力非常厉害，这让王老师十分头疼。

高考前大自习，为了让学生重视粗心带来的不良后果，王老师要求学生每天做一张卷子，让学生自己对答案。王老师担心学生偷懒，或者答案不正确又不愿意查找错误原因，就让他们把卷子放在桌角，她逐一检查。每次学生们安安静静上自习，她悄悄从旁边走过，看完卷子放回桌子，从不打扰他们。

走到小文座位前，想到以往的多次交锋，王老师真不想看她的卷子了，但想到马卡连柯的话：教师的心应该充满对每一个他要与之打交道的具体的孩子的爱，尽管他可能会给教师带来许多不愉快的事情。

仔细想想，小文是个小孩儿，正处于青春叛逆期，虽然她确实带给自己很多不愉快的心情，但当老师的一定要做到仁至义尽，一定要做该做的事。王老师拿起卷子，边看边勾出对错，又轻轻放回去。岂料，小文摔摔打打地拿过卷子，摇头晃脑地放回书里夹着。王老师看了心里很不愉快，她骂自己为什么要捅这个马蜂窝，明知道给她批卷子会让自己不愉快，她干吗还看她的卷子，让自己生这么大气！

气归气，王老师只当是自己修炼不够，第二天，她依然给小文看卷子。小文像头一天一样摔摔打打地拿过卷子。王老师有时很矛盾，在气头上时，她告诉自己，总有孩子是不能理解老师的苦心的，就像小文，任她自己想怎么样就怎么样吧，学生那么多，哪能让每个学生都理解老师的苦心。但气头一过，落实到行动上，她该怎么做还是怎么做。

第三天，王老师依然帮她看卷子，依然面对小文的摔摔打打。王老师在心里一遍一遍说服自己，我不能跟一个孩子这么较劲，不能跟一个孩子一般见识，不能做让自己后悔的事。多年后，不能让学生说我当年对她不负责任，没有好好管她。

第四天，王老师依然帮她看卷子，依然面对小文的摔摔打打，当她实在受不了小文的态度时，她回到办公室平静一下，翻到杂志，看到那则故事：

很久以前，一位国王非常信任自己手下的一位充满智慧的大臣。这位大臣的口头禅是："很好，这是件好事。"

有一天，国王在擦拭宝剑时，不小心将自己左手的小指头给割断了。智慧的大臣赶到皇宫。见到国王正在包扎鲜血淋漓的左手，智慧大臣的口头禅又来了："很好，这是件好事。"国王的伤口正疼得厉害，闻言顿时下令将大臣关入大牢。智慧大臣仍然说："很好，这是件好事。"

几个月后，国王来到森林狩猎，国王着迷于追逐一只羚羊，无意间竟然穿越了国界，进入了食人族的地盘。食人族将国王及随从的大臣全部抓了起来，见到国王服饰华丽，巫师决定用国王来献祭。正要举行祭礼时，巫师发现国王左手少了一个手指。根据食人族的规矩，肢体不健全的人是不能用来献给祖先的。当下酋长大怒，将国王逐了出去。而那些跟随的大臣，一个也没有活着回来。

九死一生的国王回到宫中，想起智慧大臣的话，连忙将他从牢中释放出来。国王深感在他割断小手指时，智慧大臣所说的话颇有道理，并为了这几个月的冤屈向大臣道歉。智慧大臣还是那句话："很好，这是件好事。"

国王说："你说我少了指头是件好事，我相信。但是我关你这么久，让你受这么多苦，难道对你也是件好事？"智慧大臣笑着点点头："当然是件好事！如果我不在牢里，一定会陪你去狩猎，那么今天我就不会来了。"

对啊！应像故事中的那位智慧大臣一样，要受得了委曲，不以物喜，不以己悲。无论遇到什么事情，只要保持积极的心态，坚持正确的方向，一切都会苦尽甘来。

第五天，王老师依然帮她看卷子，依然面对小文的摔摔打打，直到她参加高考。

十五岁，小文已上大学了，她回学校看望老师根本都不进王老师的办公室。小文为什么会这样？王老师经常反思，也许是自己不经意的哪句话伤了小文？也许她对小文的教育方法不对，她当时管得太过严厉，过分着急地希望小文能懂事能理解她的良苦用心，反而使小文产生了对抗情绪，这种情绪一直没有消除？

小文上了大三，17岁回到学校，还是王老师主动跟她说话，"小文回来了。"

"我回来了。"

虽然只有短短的四个字，王老师也挺高兴的，因为她终于跟她说话了，虽然是王老师先说的话，虽然她为小文付出了那么多，虽然小文不能理解她的付出，甚至反感她的付出，但要是下次小文回来，她还会主动跟她拉近关系，想缓和两人的关系，了解小文的心结。

这个教育的反例王老师每次想起来心情都难以平复，赵老师劝她，"反例不是坏事儿，每个学生是不一样的，教育效果也是不一样的，老师不要只看眼前学生的变化，来断定教育是不是失败了。教育是你在他内心播了一颗种子，这种子暂时没发芽，但过一段时间会发芽生长。"

王老师愿意相信小文不理解老师的良苦用心是因为她年龄小，还不懂事，再加上脾气倔强。王老师愿意相信，教育的效果不会立刻显现，需要一个过程，她愿意等到两人坦诚以待的那一天。

如今，王老师也当了多年班主任，不再像当年那么着急，在管理班级教育学生时已经有张有弛，有放有收，尺度也拿捏的刚刚好。一位老教师要教王老师班，他想了解班级情况，王老师逐一向他介绍。老教师听了特别兴奋，他说："你知道吗，你变了，你评价每一个孩子的时候特别从容，你说到某个孩子存在某个问题的时候，接着就说他的优点，我们可以如何做他的工作，如何引导他，你不像以前那么急躁了。"

王老师也深深地体会到了：每个班主任都有自己一套管理方法，有的老师脾气急一点儿，有的缓一点儿，有的柔语轻声，有的厉言厉语。从教育方法来说无所谓好坏，关键在于用得恰当不恰当，关键在于是不是对每个孩子都上心。

是啊，每个孩子都有他身上的缺点，班主任不能太着急，不要总是绷紧神经，当班主任能够从容地面对学生出现的各种问题时，能够对不同秉性的学生采用最恰当的方法时，他已经成长为一个有定力的班主任了。

（九）教育有可能改变一个人

这天是刘老师的生日。刘老师家里来了一大拨已毕业的学生。

陶陶打来电话："刘老师，路上堵车，您稍等会儿，再有半个小时就到了。这回我可给您带了份大礼回来。"

刘老师挂了电话，合不拢嘴。她知道，陶陶把女朋友带回来见她了。真是想不到啊，这个刺头能变成今天这样。

说起陶陶，他的故事真是一天一夜都说不完。陶陶从小就聪明，但聪明没用到点儿上，上小学时经常惹老师生气。有一次上通识课，老师在台上讲："发现急救病人时要赶紧打120。"他接话茬"没电话。"老师说："那赶紧去喊人，用床单木板做一个简易的担架。"他说："周围没人。"老师气得没辙，只得把他轰出教室。他不在乎，在课后追着同学问课堂上讲了什么，遇到数学课，还要在黑板上演算一遍，直到弄懂了才罢休。所以，这个刺头虽然很捣乱，但是学习从来没落下，只是小学老师每每提到他，都是无可奈何，却又没有去追究他捣乱背后的深层次原因。

陶陶脑子聪明，考试不费什么劲就能考得很好。小学三年级时，他妈妈听说八中有个少儿班，干脆带他去试试。刘老师一听他的名字，开玩笑地问，"陶陶陶陶，这个孩子是不是特别淘啊。"她妈妈说，"是啊是啊，他淘气的事啊讲一天一夜都讲不完。"但很多事，她妈妈不敢讲给老师们，她怕老师们对陶陶的印象不好，怕他进不了少儿班。但她心里对陶陶的未来隐约有些担忧，这是有原因的。有一次她们一起过马路，陶陶正要快步跑过去时恰来了一辆汽车，差点被汽车撞上，幸亏她用力地拽了一把，使他脱离了危险。但她拽的时候力度太大，把他胳膊拽疼了，陶陶非让她道歉。她说："我不拽你的话，你就被汽车撞了。"他说："不对，被汽车撞了是一回事，你拽我又是一回事，这是两回事，你得给我道歉。"她说："你这样态度不对，应该给我道歉。"他理直气壮地说："我是不会给你道歉的。"

陶陶在少儿班入学智力测试中分数特别高，老师们遇到智商高的孩子很欣喜。然而，试读的时候，他的表现可真不怎么样：晚上在宿舍不睡觉，三更半夜还在讲故事，逗得大家都睡不了觉，老师说一句他能顶十句。每届少儿班都有这样的学生，老师们为了收不收这样的学生进行激烈地讨论，因为一旦留下这个学生，老师们就要付出非常多的辛苦。

为什么要收陶陶？刘老师给出三个原因：第一他智力水平高，如果教育好了，将来肯定能成才，有点舍不得他；第二，他年龄比较小，虽然老惹事，但都是小淘气，还上升不到思想品行层面；第三，他特别重视学习，学习从来没耽误过。陶陶虽然有一些毛病，但都可以通过教育来改变他。

陶陶到了少儿班，他的小学老师可真松了口气，终于把这个捣乱的主儿送走了。

人的毛病一旦养成，要改过来可不容易，陶陶就是这样。他到少儿班那年正在批判"法轮功"，他却在黑板上写"'轮法功'万岁"，老师和同学们批评他时，他说我没说"法轮功"啊，我说的"轮法功"。早上学校升旗，同学们唱国歌，他居然带着几个学生小声唱自编的"轮法功"之歌。有的人认定是他父母练"法轮功"致使孩子思想出了问题。刘老师不这么看，这么点儿小孩连"法轮功"是什么都不知道，更别谈什么思想了。

她与陶陶的父母沟通后得知他父母都没学"法轮功"。她问陶陶为什么老爱提"轮法功"，他说："我根本不知道'法轮功'是怎么回事，反正你们都说好的我偏说坏，你们说'法轮功'不好，我偏说'轮法功'好。你们都说少儿班好，我就非说不好。我就跟你们说的不一样。"刘老师说："你说'轮法功'有什么意思啊，大家都不知道这是什么功，你没看见你们说'轮法功'好的时候，同学们都不说话吗，他们不理你是因为你急于表现自己的时候太可笑了。"

中国第一次申奥，体育徐老师带同学们去景山公园，有大条幅让游客签名留言，大家都写着祝福申奥成功之类的，陶陶写的是"申办奥运会？没门！"底下签了"孔乙己"的名字。他们刚学了《孔乙己》的课文，陶陶的行为明摆着是捣乱。因为在春季环湖跑比赛时他们班没拿到好成绩，他还骂徐老师是贪污犯，贪污了购买体育器械的钱。旁边游客都看不下去了，指责他说："见过气老师的，没见过这么气老师的。""这学生太不像话了。"陶陶的行为让女生们十分生气，哭着跟刘老师告状，"他太给我们八中丢人了。"

几次交锋后，刘老师了解了陶陶，他聪明，精力旺盛，上课不好好听讲是因为他会了，说"轮法功"好是因为他想出风头，想显示自己与众不同，想哗众取宠。陶陶太淘气，越淘气的孩子越爱跟老师顶着干，因为老师总是管他们。刘老师经常找他进行个别谈话，个别纠正，一次不行两次，两次不行三次，刘老师相信总有一天他会转变。但刘老师管他的过程被他看成跟他作对，他必须要跟老师作对。有一次，刘老师带学生去农村劳动，陶陶拿着一个喇叭，刘老师在前面走，陶陶在后面拿着喇叭的手柄指着刘老师当枪，嘴里还发出"叭叭叭"的声音。刘老师听到了，半天玩笑半严肃地说，"背后做小动作算什么男子汉，有什么意见当面跟我说呀！"他立刻把喇叭拿好，讪笑着不说话。刘老师又假装自言自语："这么聪明的孩子，如果不捣乱的话，得是一个多么让人喜欢的孩子啊。"

陶陶妈妈的担忧不无道理，他什么事都拧着来，整个一个混不懔，将来走入社会会产生多大的麻烦呀！她的担忧也正是刘老师所担忧的，为了让陶陶转变，刘老师简直是跑断腿，说破嘴。他一惹点事，刘老师就跟着操心，但她不会真跟他生气，她认为孩子成长过程中难免会发生这样那样的问题，要允许他有这些问题，要接纳他，帮助他健康成长，哪怕看到他的一丁点儿的转变也好。

陶陶表面上爱跟刘老师顶着干，但后来家来电话一响起，只要是他去接，他妈妈就知道哪个是刘老师打来的，因为别的电话他都懒洋洋坐着接，只要拿起电话赶紧站起来毕恭毕敬的说话，这肯定是刘老师打来的。这说明，他心底还是服了刘老师。

那一年"三八"妇女节，刘老师让学生们给妈妈写一封信。陶陶在信中回想的竟然是他和她过马路的事，他向妈妈承认了错误。妈妈给刘老师打电话，"为了这个迟到的道歉我等了好几年，少儿班做了多少努力，做了多少思想工作，才把我儿子教育成这样，没有少儿班我还不知道什么时候能等到这个道歉呢！"

真诚的帮助和耐心的等待终于有了结果：以后的日子，惊喜接二连三地发生。他妈妈在一所学校当教导主任，工作比较忙，以前无论她多晚回家，陶陶都等她回家做饭。突然有一天，她回家后闻到了米饭香，是陶陶放学回家把米饭焖上了，她回来只炒菜就行。那天，她激动地掉下眼泪。

18岁大学毕业，陶陶和同学们回少儿班组织庆祝18岁生日活动。他拉着同学说你给我和刘老师合张影好吗？刘老师眼睛一热，"这孩子长大了，懂事了，他知道老师是为他好。"

陶陶变了，变成了一个热心人。他主动张罗同学聚会。有一年回学校看望恩师，刘老师不在，陶陶问少儿班的王老师："试读的时候我特别能闹腾，惹了好多的事，学校为什么还录取我，不怕我给少儿班惹麻烦丢脸吗？"

王老师笑了笑说："因为我们相信教育的力量。"

教育的力量有多大？我们不能过分夸大，但有一点可以确定的是，教育有可能改变一个人，对孩子更是此！

二、做一个智慧的教育者

　　对于老师而言，很重要的一点，就是善于看到需要责备、毫不留情的东西。教育过程一个很大的缺点，就在于许多老师花费很多精力去同孩子的淘气、恶作剧做斗争。值得去责备的却是那种播下利己主义种子的行为以及以冷漠的态度对待他人精神世界的行为。

——苏霍姆林斯基

（一）在民主和谐的集体中成长

　　陶行知先生曾提出"儿童是现在的小主人"，要对学生实施"自主管理"，把学生培养成"学习之主人，生活之主人，创造之主人"。

　　班级是学校教育、教学工作的最基本单位，学生校园生活的基层集体。学生在班集体中的经历，不仅对学生发展智力、体力、掌握知识技能、树立正确的人生观和价值观有重要作用，而且对学生社会化进程和培养公民意识有重大影响。

　　少儿班学生思维活跃，求知欲旺盛，对周围事物敏感且有强烈的参与意识，且正处于成长中的叛逆期，这一时期学生自主意识强烈，喜欢挑战权威，敢于提出自己的见解。显然，高度集权的班级管理模式不利于他们的成长，还会对学生社会化进程产生副作用，老师工作是吃力不讨好。因此，智慧的班主任必会设法建立学生自我教育、自我服务、自我管理的民主和谐的班级工作体系，这也是养成学生健全人格和培养公民意识的必由之路。

　　少儿班的民主管理中选举班干部是基础性工作。每学期开学，班主任做动员后开始由学生自荐，自荐学生要向全班说明自己要竞选哪个职位，自己担任这个职位有哪些优势，如果选上了打算在任上为同学们做哪些事，怎样工作。往往一个职位总有几个人自荐，最后由全班投票选出。选举时由上任班长主持，班主任可在场也可不在，并不干涉选举过程。但有时班主任在班干部的选举上起平衡作用，有时会引导没有当过班干部的同学参加竞选，鼓励他们增强服务意识和主动去锻炼组织能力和工作能力，是否能选上则由选举结果决定。选举过后班主任对班级工作提出设想或建议，当选的班委回去拟定各自工作计划，在新班长主持召开班委会上集体讨论，最终确定工作计划。班主任不去干涉，只在其中起建议和引导作用，尽量让班委会独立自主地去做班级工作。其他职务如课代表、小组长等也是依工作范围来选举。

　　班级干部成员每学期一届，因此每学期末班委会成员要向全班同学述职，以利下届工作。

  这样完全由学生民主选举出来的班委会得到同学们的拥戴，工作自然会得到支持，班委会决定的事项也会顺利得到贯彻。

  以程老师所带的班为例来看少儿班的班级管理。

  程老师认为班主任的最基本的工作任务就是要建立学生的自我教育、自我服务、自我管理的"三自"班级工作体系，并使得这个工作体系健康运转起来。只有这样，学生才能在其中得到未来参加社会生活所必需的各种基本素质的锻炼。

  班级的"三自"工作体系的可以培养和锻炼学生的民主意识和民主能力、服务意识和服务能力、合作意识与合作能力及管理能力。

  程老师建立"三自"工作体系是怎样做的呢？

  首先是建立班干部自荐、选举、轮换的制度。少儿班学制四年，八个学期，八届班委会，八任班长及班委，全是经自荐由全班同学选举产生，班长不能连任，班委有一两个可以连任一次。自荐时发表施政演说，卸任时述职，班主任绝不操纵选举。班干部自荐选举制度虽然同学们很欢迎，但操作起来也有不少困难。一些学生怕耽误学习，不愿当干部；有的没当过，怕当不好。针对这种情况程老师对同学们讲，四年之内，当一届班委，是少儿班学生的必修课，当干部是对自己的锻炼，可增强服务意识、锻炼组织能力、培养合作本领，为未来成为在国际上有竞争力的人才打好基础。在老师的鼓励下，一些过去从未当过班干部或不打算当班干部的同学也开始思考班里的工作，参加竞选。班上有一位学习成绩一贯优异的同学，第一年当过一届学习委员，工作平平常常，有部分同学认为他只顾自己学习，不愿管班里的事。四年级上学期，班干部改选前，程老师建议他竞选班长，并说明，进大学前，他应该提高当干部的能力，才算素质全面，即使耽误点时间或学习成绩暂时下降，也要补上这方面的缺陷。当选后，他很用心，投入了不少精力，工作出色，学习也没耽误，扭转了同学对他的看法。

  由于少儿班学生年龄小，思维活跃，还不完全懂得什么是真正的民主，所以有时也会出现一些违反民主的想法。这时就需要班主任出面做工作，以保障班级能在民主和谐的氛围中正常运转。

  程老师的班第一届班委会产生过程及在以后的工作中，个别班委跟一些学生产生了矛盾，以致部分同学闹到要搞"政变"的地步。他们策划利用午休时间，再投一次票，把班长搞下去。得知这个消息，程老师找这几个同学做工作说："班长是全班选出来的，你们也投了票，要尊重选举的结果。你们对班长工作有意见，有三种选择，一是采取补台的态度，把意见坦诚提出来，帮助班长把工作做好；二是在旁边看，不帮忙也不捣乱，不破坏班里的团结和谐气氛；三是拆台搞政变。你们不是喜欢民主吗？但真正的民主只允许选择前两种态度，不允许选择第三种态度。"

程老师还对他们讲："如果成人干了这种事，干成干不成都会没人理。因为不尊重选举结果，别人会防着你也对他干同样的事。一个人要有好心肠，对别人的缺点，要采取帮的态度，至少不能落井下石。"

作为班主任，程老师表态，支持班长工作，号召大家帮他一把。结果，这届班委会顺利工作到任期届满，述职时同学们对班委会工作都表示满意。

因为女生人数少，只占全班人数的五分之一，为使女同学也能得到锻炼，第三届班委会产生前，程老师提了个建议，班委会里应有女同学。选举结果，七个班委五个女生，部分男生要求重新投票。程老师让学生算笔账，全班有二十八个男生，七个女生，这是大多数男生把女生选上去的，女生就是全部选女生，也不会出现这样的结果。经过工作，这部分男生接受了选举结果。这届女生占多数的班委会工作很出色。以后各届班委会，比着这届班委会，届届干得都很好。到毕业时，全班同学个个都有过当班委的经历。

在这两次选举中老师之所以这样做工作，目的是要让学生们明白，民主选举的结果不一定符合自己的意愿，只要选举程序符合事前约定，就要尊重大多数人的意愿，接受选举结果。不能乱来，民主是有规则的！

程老师遗憾的是八次干部竞选，七次述职，为使学生们的选举不受干扰，他只观摩了一次，只能从事后孩子们的兴奋度、认真劲儿、幼稚的直至让人忍俊不禁的郑重其事的神态上，去感受，去揣摩学生的心态。有一点是肯定的，孩子们确确实实经历了民主意识和民主能力的锻炼。

学生民主选出了班委会并不代表学生就能实现的自我教育、自我服务、自我管理。还需要班主任加以指导和帮助，使学生在实践中增长才干。

每学期班主任召开一两次班干部会，把对班级工作的任务和设想提出来，经班委会讨论形成一致意见后，由班长带着大家去实施。实施过程中，有解决不了的困难，可以找老师帮助解决。如果在执行过程中有新的意见或建议要通报老师，老师帮着参谋，万一出了纰漏，也由班主任承担责任。

例如组织主题班会、节日庆祝等这样大的活动，从出主意到具体实施，都由班委会组织同学们自己去干，让他们充分展示聪明才智，从中得到锻炼。升入毕业年级前的学生集体过十四岁生日是班级重大活动，也是学生们"三自"教育的一次自我检验，从活动内容设计到程序安排，从会场布置到主持人的确定，全部由学生自己去搞定。班委会组织的非常好，几乎所有的学生都行动起来投入到准备工作中去。程老师只做两件事，动员家长给自己孩子准备一样礼物，写一封信，把满腔的爱和对孩子的期待，在这样一个特定的情景下倾注给孩子；请语文老师代表教师集体，发表热情洋溢的节日祝词。老师们都作为孩子们请来的宾客，参加他们的生日活动。这次活动举办得有声有色，隆重的场面，家长和孩子间、师生间浓厚的情感交流，热烈活跃的欢庆场景使学生和家长很久不能忘怀，有的学生和家长多年后见到老师还会提起这次十四岁生日活动。学生集体庆祝十四岁生日已成为少儿班的传统，每届的举办都会起到进一步密切亲子及师生关系，激励学生更加奋发努力的作用。

三年级下学期建团，校团委来人讲团课，考察第一批申请入团的同学。配合团委工作，程老师在班会上，结合自己的经历，讲了对加入共青团的认识。鼓励学生们心目中应有神圣的美好的信念，有对真、善、美的追求。按团委要求程老师推荐工作能力较强，热心集体事情，能主动关心和帮助别人、品行优秀的几个同学作为首批发展对象。团支部成立后，他向大家表明，团支部在团委领导下要独立开展工作，如有需要，自己可以当参谋。团支部成立后与班委会团结协作，相互配合，使班级工作更加扎实、稳重。

除重大活动外，班里的日常工作，如值日和保洁，课前准备电教器具，收发作业和试卷，筹划和召开班会，出版报，学习园地撰稿，节日庆祝活动，同学互助，组织给希望工程捐款，所有班里的工作，都由学生来做，老师只起个建议、帮助的作用。这样放手让班干部去工作，使他们得到了锻炼，实现了培养服务本领和增强服务意识的目标。

现在的学生在家里基本不干家务，有些事确实不会做，这就需要老师手把手地教。像做值日这样简单的事班主任要教学生怎么去做。在学生入学第一周，程老师带学生做值日，教他们怎么打扫教室，让学生照老师的样子做。第二周，由组长带着组员做，老师陪着做。第三周开始，老师不再陪伴，学生做完值日后卫生委员检查是否合格，有时老师还要抽查。学生很快就习惯了做值日，程老师的班在校四年中，教室始终保持干净整洁，包括高考离校的最后一天，值日生跟往常一样把教室打扫得干干净净。

班级负责的学校保洁区，由于学生小，任由他们自己去做既达不到要求，也得不到锻炼。程老师就天天和他们一起做，教他们怎么才能做好。在老师带领下学生干的认真，保洁区特别干净，做操不爆土，做俯卧撑不脏衣服，受到了普遍赞扬。学生听到赞扬，体验到付出努力后得到收获的喜悦，越干越自觉，渐渐成了习惯，有了责任心。新班入学时，这个班学生经常主动帮他们打保洁区，他们说："看到地上脏，别扭。"这应了一句偈语："扫地扫地扫心地，不扫心地空扫地。"

学生的服务意识不是自然而然可以形成的。班主任要及时发现问题加以引导。程老师发现在发作业本和试卷时，有些同学不等课代表统一发就抢先抽走自己的，这样其他的本就搞得很乱。程老师提醒大家要换位思考，设身处地想一想："如果自己的本子、卷子被乱扔，会做何感想？"并建议："谁着急就由谁来发，并让大家互相监督。这虽是小事也要心想着别人。"这以后，凡遇到发东西，等不及的学生总会先主动去发完全班的，然后才拿自己的，再也没有出现过作业本、试卷在讲桌上摊得乱七八糟的现象。

班主任工作，既重要又平凡，类似扫地和收发作业本这样的各种小事，本着育人的目标认真去做，既提高了学生的责任心，又培养了他们的服务意识。

进入大学的少儿班的学生，虽然阅历没有同年级的学生丰富，但是他们品行端正、热爱生活、有服务意识、集体荣誉感强并有良好的行为习惯，赢得了老师和同学的认可。

一个上了北京大学的毕业生家长向老师讲述了这样一件事，有一个星期六下了一天一夜大雪，星期天雪停了，清晨到处都是一片洁白。小宁往家里打电话，跟她妈妈说，是不是应该扫扫雪。她还说，头天晚上雪地里还有好多打雪仗的人，可现在就没有起来扫雪的。小宁的妈妈就问她，有扫雪的工具吗？

她说："每个宿舍都有小扫帚。"她统计起来，要是大家都扫雪的话，一层楼有多少个房间，共有四层楼……

三四个小时过去了，妈妈在等她回家。小宁还是没按捺住要尽责任的心情，自己在北大校园转，看见一位老大爷拿着大扫帚扫雪，她就说服了老大爷，借来了大扫帚，围着宿舍楼尽兴地扫了起来，直到把楼周边的路都扫完才满意地回了家。

她为什么这么做？因为她已养成了习惯，愿意为大家服务，认为自己的服务是一种责任。

学校工作，育人为本。育人的关键之一是使学生懂得个人与他人、个人与社会的关系。孩子的成长过程，是从生物学意义上的人向社会化的人转变的过程。在班级管理上班主任应该是一个策划者，而不是强制决策推行者。在一个民主和谐的环境中引导学生自我教育、自我服务、自我管理是培养学生主人翁意识和责任心，树立正确人生观、价值观，养成良好行为习惯的有效途径，也是衡量教育质量的重要指标。

（二）做值日是你的义务

钻空子是大多数孩子都会做的事，聪明的孩子更会钻空子。有的孩子到了少儿班认识了新老师，师生间还会有一个交锋的阶段，用少儿班老师的话说"是和学生斗智斗勇的阶段。"孔子《学记》里说，"亲其师，信其道"，一个人只有在亲近、尊敬自己的师长时，才会相信、学习师长所传授的知识和道理。老师要以智慧和他们交锋，学生信服老师，自然就能接受老师的教育。当学生知道老师是为他好时，双方的感情就建立起来了，老师说得严厉点他们也能接受。

做值日是多么小的一件事情，但大多数学生从小就是别人围着宠着为他服务，在家就从未做过家务，他们并不明白自己是集体当中的一分子，并不认为做集体公益的事情是理所当然，有的孩子喜欢做值日是因为值日做得好老师会表扬，并没意识到集体中我有一份责任。

解决有的学生不做值日的问题，一般的做法要么就罚做若干天，要么大讲诸如培养劳动习惯的道理，甚至上升到有没有劳动人民感情的高度来批判。程老师和副班主任在新生入校之前，就把教室打扫干净。学生到校第一天，程老师和学生讨论，有没有必要保持教室整洁，用什么办法保持教室整洁？讨论的结果无疑是按组轮流做值日。因势利导，程老师马上对学生说明值日是每个同学的义务，并提出，今后谁不做值日，第一次提醒，第二次还提醒，第三次就宣布取消其做值日的资格，与此同时，取消了做值日资格的同学在教室里只能坐在位子上，否则就到教室外面去，因为义务和权利如硬币的两面是不可分的。

轮到自己做值日了，放学后赶紧收拾书包逃跑，这也是有些同学能干出来的。其实值日生不需要做繁重的劳动，就是扫地，擦桌子，即使最累的拖地也耽误不了几分钟，可他们有的是不会干，在家里没扫过地，拿着扫帚倒退着向后走，把垃圾往自己脚下扫；有的是不愿意干，有做值日的时间不如玩一会儿呢。"你不应该这样，该做值日就得做"，这样批评的话说出来对他来说作用并不大，下次他还这样，他在家习惯了不扫地，也就习惯在教室不打扫。有的学生甚至说，"我就不应该做值日，我没往地上扔纸，我也没破坏教室卫生，今天我就没弄脏教室，凭什么让我做。"小组拿他没办法。

这个学生说得没道理吗？他确实没扔东西没把教室弄脏。对这样的学生要用智慧，不能以多做值日作为惩罚。由于事先有班级约定，有个屡次不做值日的同学，就被其他同学多次提醒，"嘿，注意你的脚！你没做值日就没权利在教室乱踩。"仅仅三天，这个学生心里不是滋味了，主动向大家请求恢复他做值日的资格："我还是做值日吧。"

这是生动的权利与义务关系的教育，是对学生责任意识的教育。

现在教育上有一句时髦话，叫作"发展个性"。此话不错，但要看怎么做。程老师认为，如果对自我为中心的倾向，不加以遏制，发展个性就会滑向发展个人主义。强调培养责任意识，就是要遏制孩子的以自我为中心的倾向，学会处理自己和别人、个人和集体的关系，懂得"哪怕在只有两个人的社会中，也必须放弃一点个人的独立性"的道理。对超常儿童来说，因为他们特别聪明，自我优越感很强，多数孩子从小处在以自己为中心的环境里，很不懂得考虑别人，行事随心所欲，旁若无人，让他们懂得这一点，就尤为重要。

揪着做值日这样的小事说事，为的是要让学生在做值日的过程中懂得：每个人都是群体当中的一分子，每个人都不能脱离群体，不能过分强调自己的利益和要求，个人的利益要求是和集体利益在一起的，你有相应的权利，就必须有相应的义务。你要在教室活动就要和大家一样有义务打扫卫生保持整洁。学生成年后，作为公民来说更应知道，有相应的公民权利就必须承担相应的公民义务。这一点学校教育应该在日常校园生活中，逐步让学生领会到这是无可争辩、理所当然的行为准则。

（三）忘带作业　关乎诚信

星期二一早，赵老师收作业。思伟一拍脑门，"哎哟，老师我忘带了。"

少儿班的老师允许学生不交作业，只要你学会了，弄懂了，考核通过，可以不写作业，甚至可以不用听课，学生可以到图书室读自己喜欢读的书，老师不会干预，这需要提前商量好，获得批准。如果学生没有获得批准而不写作业，那是肯定不行的。

遇到这种情况需要具体分析情况，他以前是不是有没交作业的记录，是不是经常撒谎，然后根据情况决定采取什么方式。思伟已经连续好几次没按时交作业了。这次又这样，是不是在撒谎？

赵老师问他，"又忘带了？"

他镇定地答："老师，我忘带了。都是我妈，没给我放到书包里。"

他倒是挺会找借口，赖上他妈妈了。

老师又问："真的做了？"

"我做了！"

"真的？"

"我不骗您，我妈上班匆忙，没把我作业放书包里。我做了，就是忘带了。"

赵老师笑着说："没带？没关系，我陪你回家取吧？"

"不用，我自己回家取就行。"

赵老师很严肃地说："那可不行，从安全角度考虑，我不能让你一个人回家取作业呀！你来到学校，我就得对你负责。"

他又来了借口："我没钥匙。"

赵老师否定了他的借口："给你妈打个电话，拿钥匙去。"

杏坛拓新录

师生二人走出了校门，中途去思伟妈妈单位拿钥匙，他边走边狡辩，"我就是做作业了。"

一直到了家门口，思伟还嘴硬，说他的作业做了。门一开的瞬间，他绷不住了，说了实话："老师，我没做作业。"

"那好，没做作业，现在就补上。"

孩子为没写作业找个借口，是想要为自己找一个辩护的方式，在他们心里未必清楚这样的做法是撒谎。追究作业究竟写没写，这也是培养孩子养成诚实品格的一个方法，要让他知道诚实是做人最起码的品格，要让他知道写作业是自己的责任，早晚都得写，撒谎这种事，瞒得了初一，瞒不了十五。

为了让思伟看到问题的本质，赵老师跟他说："你没写作业就要告诉我没写的原因，不要不诚实，这样做是不对的。没做作业是你的第一个错误，承认了补上就行了，但你为了掩盖第一个错误，撒了谎，又犯了第二个错误。知道吗？这第二个错误比第一个更大！第一个错误只是有点懒，贪玩，是行为问题，补上就行了，撒谎可是人品问题，老撒谎还会有人相信你吗？你跟我说你写作业了，实际上你没写，你让老师怎么看你，你让同学怎么看你。之前几次你没写作业说忘带了，老师没有追究是希望你自己能意识到这样做是不对的，但这次你又这么做，我只好陪你回家拿作业了。我们说做人要言行一致，怎么说就怎么做，实事求是、表里如一、说实话、做实事是诚实的基本要求。老师相信你不是诚心撒谎，而是有什么原因不想写作业，如果有正当理由可以对老师讲，但决不能撒谎。"

"我给你讲一个故事，美国总统尼克松为了连任在竞选时采用了一些非法手段，被发现后又撒谎做了伪证，结果当然下台了。你猜他周围的邻居有什么反应？"

"猜不出来"

"邻居们都在自己的院里插了一个牌子，上面用大字写着'我们不欢迎撒谎的人！'这说明一人的诚实非常重要，没人愿意跟不诚实的人跟撒谎的人交往。我想你也会这样，对吧！"

"嗯。"思伟若有所思地点点头，从此再也没见到思伟说瞎话。

没写作业是小事，但小事也不能轻易放过，到了社会上，参加工作了，完不成工作任务，编个理由推脱自己的责任，犯了错误找个理由代过或推给别人，自己总是为自己逃避责任找借口，长此以往，就会成为不诚实不负责任的人，终将付出代价。所以，当学生没写作业撒谎时，老师一定要揭穿他的谎言，不能让他以为别人很好骗，就他一个人聪明，只要揭穿他一次，下次他就不会这么做了，因为他知道说谎最终是会被揭穿的，是要付出代价的。

老师要充分认识纠正学生错误行为的重要性，要看到一些行为背后不良的思想倾向，有些问题若不及时纠正，养成了习惯，会对学生今后的发展产生很大的负面影响。

（四）不要顾此失彼

孟子说：君子莫大乎与人为善。不能正确看待别人做的事情，甚至不把别人往好处想，别人做点什么事，他都认为是针对他的。这样的学生，有没有？基本每个学校每个班都有。

有一次上课，赵老师正在黑板上写字，忽然听到后面有同学哇啦哇啦地说话，声音也不是很大。赵老师上课的时候，如果老师在黑板上写板书，学生是可以讨论问题的，但赵老师听到他们说的跟课堂内容无关，原来是两个同学起了矛盾。

赵老师回过头，问是怎么回事。一个男同学很生气地说："前面同学把矿泉水瓶子踢到我的桌子底下了，我就给他踢回去了。"另一个说："我不是故意的"

赵老师批评这个男生："这点小事就引起矛盾了？你上课不应该说话，你说的跟讲课内容没有任何关系，影响别人听课。大家都在思考，你不思考，将来这块知识你就会欠缺。"

他看着赵老师，不说话，又踢了瓶子一下。他说："我不说话我踢瓶子行吗？"

赵老师也有点生气了，但还得耐下心来跟他说："你啊，你就不知道当学生要干嘛，学生的主要任务是什么？是学习！时间是宝贵的，你不但耽误自己时间，还耽误别人的时间。你知道，你的行为像什么吗？"

他抬起头来马上跟了一句："像什么？"

赵老师说："就像你们家着火了，你爸跟你说，赶紧去提桶水来，你跑去拎水，半路你发现胳臂痒，你放下水桶挠痒痒。结果忘了救火这件大事。也就是说，你因为枝节问题而忘了主要任务，你仔细想想是不是很愚蠢，你觉得你没吃亏，实际上把主要事情忘了。踢瓶子这件事，也是这样的，第一，瓶子踢到你桌底下，里面装的是炸药吗？如果是炸药，你不能容忍，必须赶紧捡起来扔出去，但瓶子里装的不是炸药。第二，瓶子踢到你脚下能影响到你什么？没有影响，它又不会动又不会给你找麻烦。所以这是枝节问题。你的主要任务是学习，要是你踢过来，他踢过去，这节课你俩就不用上了。"

他还是不服气，一直嚷嚷说是前面同学先踢的，要批评也该批评他。赵老师说："咱们先上课，这事下课再说。"

下课后，赵老师找他谈心。赵老师语重心长地说："你仔细想想，你眼光是不是太短浅，你作为男孩，心胸太狭窄了。作为男孩，要有一颗宽容的心，要容忍别人'冒犯'你，当然不是根本性质的冒犯，人家可能有意无意地把瓶子踢到你脚下，你别管它，不就没事了吗。"赵老师又问："你坐公共汽车吗？"

他说："坐啊。"

赵老师把事情引到坐车上来，"别人不小心踩你脚一下，无意推你搡你一下，你跟人家急吗？我知道，你肯定不会的，因为公车汽车上人多，别人踩你搡你都是无意的。课堂也是这样，前面男生是有意还是无意，这个我不去猜测，但瓶子踢到你脚下，没有好处也没有坏处，你就把瓶子放在那里，安心听你的课，课后把瓶子扔到教室角落里，不就行了吗。"

赵老师看他的态度不再较劲，就又说："从这件事情上，你要明白两点。第一，不要认为人家就是恶意的，自己的利益稍微受到伤害，就要立刻报复，就要还回去，这不是男子汉应该干的事。男子汉心胸应该宽阔，不要跟别人斤斤计较，你跟别人斤斤计较，别人就会反过头来跟你斤斤计较，你走哪都挑别人的刺，周围人就会挑你的刺，你这一生就会过得很不舒服。忘却计较，人生才会永远快乐。第二，时刻不要忘了，你到学校学习的大方向，一定要把握住，不要因为枝节问题影响你朝大方向发展，你看问题应该全面。我打个比方，你喜欢玩电子游戏，我们也不是不准玩，但是你得能把握自己大方向，就不会因为玩游戏而影响自己的学习。你喜欢看武侠小说，武侠小说很吸引人，里面包括很多道德含义，人生经验，这些是间接知识，看会有收获，我也不反对你看武侠小说，前提是你把握住大方向，就不会过度地沉迷于武侠小说当中。你回去想想，你在课上踢瓶子，是不是顾此失彼了，是不是没把握住自己的大方向。"

赵老师拍拍他肩膀，又跟他说："我就说这两条。你明白了吗？"

他说，"明白了。"

赵老师又给他放松了一下，"咱们学习任务很紧张，我为什么还要拿出时间来在课堂上说这件事，这是因为班里不只是你有这个问题，别的同学也存在同样的问题，爱对别人无意做出的事较劲。你这件事正好是个由头，让我有机会给全班同学讲这个问题。"

老师在课堂上说的那番话会对其他同学也起到了一定作用，只是有的人接受的多点，有的人接受的少点，学生的品德教育和行为规范不是靠一次严厉的说教就有效果的，过于严厉可能还会有反作用。一点点地渗透，慢慢磨，就像做熏肉一样，拿味料包慢慢熏，时间长了就熏出味来了。教育学生也是这样，先给他们提供一个道德认知的环境，这样他们才能慢慢懂德、行德。

对孩子的思想品德发展，老师要从点滴的要求抓起。要抓住教育时机，如果同学身上都没出现过这种情况，你说了半天，同学们会觉得跟自己没关系，但既然在班级里发生了老师就要借机说一说，虽然占用了课堂时间，但对学生的思想教育和长远发展来说具有积极的作用。

在这个社会上，思想品德不好的人很难立住脚，凡事斤斤计较、没事找事的人也很难得到别人的好感。所以，一个人能有所成就，除了他的智能以外，还要有良好的品德和开阔的胸怀。

（五）要对自己的行为负责

男厕的小便池又堵了，便池里的脏东西都溢了出来，凡是进到男厕所的学生，鞋子必定会踩湿，弄得特别脏，湿鞋踩到教室里，教室里也脏兮兮的，散发着臭味。

男厕小便池堵塞，这已经不是第一次了。同学们纷纷向徐老师反映是李加和干的。是他干的吗？他为什么要搞破坏？徐老师需要调查清楚。

徐老师课间时，站在门口守着，看李加和第一个先进厕所，但又不上厕所，而是假装洗手，每次看到别人的鞋踩湿了，他都幸灾乐祸地低着头笑。

徐老师找到他，问："有同学反映好像是你做的。"

他先一愣："是我吗？"

徐老师一看，明显装傻。

"我写作业呢，怎么会是我呢？"他找借口，不承认这个事儿是他做的。

徐老师吓唬他说："你说不是你，可有同学反映是你做的，要证明不是你做的也行，咱这有监控录像，我去调来，事情就真相大白了。"徐老师说完，站起来转身要走。

他一看这架势，徐老师有证据，这次好像是躲不过去，只好低头承认。此事水落石出，只要他不再搞破坏也就过去了，但徐老师却认为很有必要跟他深谈。

"你为什么要堵了小便池呢？"

"好玩。"

"对你有什么好处吗？同学们进去的时候鞋踩湿了，对你来说是好事吗？小便池里的脏东西溢了一地，同学们鞋湿了上课，那些脏东西细菌很多，影响同学们的身体；同学们穿着湿鞋踩进教室，教室里的卫生也被破坏了。你觉得这样做合适吗？"

"不合适。"

"你做这件事，满足了你一时的好奇心，你达到了自己的目的，但是你带来了多少麻烦呢！清洁工来了，检查是不是这个管道漏水了，是不是那个阀门漏水了，找了半天才查出来是那个便池里有一个塞子堵住了，你不尊重清洁工的劳动，给人家带来了很大的麻烦和工作量，这种损人不利己的事何必要去做呢！这节课你先不上，停你一节课在我办公室里好好地反思一下。"

一节课后，徐老师回到办公室，李加和一边反思一边掉眼泪。

"下次可不要再做这样的事了。"徐老师说完，让他回教室了。

对青少年来说，教师的教育至关重要，青少年的人生观价值观正在逐渐形成，他能够勇于承认自己的错误，这也是一种负责任的态度和表现。

随着年龄的长大，李加和从一个很难融入集体中的人，一个为了引起别人重视爱搞点花样的人，变成一个懂事的男孩，从北航毕业后，总在想办法为班级老同学做点事情。

类似这样的事情，赵老师也遇到过。男生厕所里的小便池下面有一个弯的管，弯的管断裂了，不知道是自然坏的还是学生弄坏的。上厕所的时候，尿顺着弯管往下流，流到断裂处，就会溅到脚上。有的学生注意到这个，觉得挺好玩的，就把旁边几个小便池的弯管踹开了，看着别的同学把尿溅到了脚上，他们躲在一边偷着乐。

没几天，后勤工作人员跟赵老师反映，这弯管刚修好，怎么又坏了。根据这个情况，老师悄悄观察男生厕所。终于逮着一个学生，从他嘴里又逮出好几个学生，是他们一块儿去踹的，去搞的破坏。

赵老师找他们一个一个谈话，跟他们分析，这种做法心理动机和后果。

"第一，从心理上来说就不对，你们看着别人受损害，你们还乐，虽然主观意识上并没想损害别人，只是觉得好玩，但客观上却损害了别人。干什么事都要想一想，做人的底线是起码不能让别人觉得你讨厌；第二，破坏了公共财产，这公共财产又不是你的，你怎么可以损坏它呢。"学生听了，连连认错。

认错了也得惩罚。赵老师找到学生处，跟学生处主任商量给这几个学生处分，但这个处分并不正式记录在案，是为了引起他们的重视，让他们知道干了坏事自己要承担后果。老师把家长约到学校，跟他们认真地谈，事情是怎么回事，学校为什么一定要严肃处理。有的家长觉得没什么，我赔呗。赵老师说："你就这么态度，孩子会认为损害了东西有家长赔，你现在赔得起，将来惹了大祸，你赔得起吗？"老师反复说服家长，告诉他处分学生只是走个形式，只是要给他一个教训，让他知道损害别人就要接受惩罚，损害别人就等于损害自己。

接下来，班主任正儿八经地开了班会，学生处主任也给学生拿来处分表，让他们填。几个学生低着头填了表格，拿在手里不好意思交上来。

男生厕所再也没有出现同样的事情。老师又正儿八经地开了个班会，跟大家说：

"这几个同学表现不错,男生厕所一切照常,班里也没再出现破坏现象。所以,他们的处分就撤销了。"

少儿班对犯了严重错误的学生坚决不姑息,这次不处理,下次他就会再犯。有的同学打架还不讲理,无缘无故地侵犯别人,老师批评也不听,多次教育还不改正,这样的学生会被停课,给予必要的惩罚。遇到这样的事,班主任先跟赵老师汇报,赵老师跟学校汇报,获得批准后才能进行。例如确定要给他停课三天,再把家长请来,说明停课的原因,要让家长充分了解相关情况,让家长明白,停课是一种手段,仅仅是为了教育孩子,暂时让他受到压力,反思一下,受点震动。这三天里,家长要在家陪着孩子,不能让他单独在家或出去溜达,孩子受了处分情绪不稳定,要避免他做出极端的事情。家长在家里陪着孩子,在孩子心情不烦躁的时候,选择适当的时机跟他谈,做孩子的思想工作,引导着孩子反思、写检查,让孩子意识到问题的严重性。

该承担责任就要承担,该接受惩处就要惩处,只有表扬没有惩罚对学生人格的塑造是不利的。孩子年纪小,很多的时候不进行适度地惩罚,他就不知道自己的责任是什么,行为底线是什么。赵老师经常跟学生讲,做事情之前一定要想好了再做。如果做完了再想,甭管好的坏的后果都得自己承担。对孩子进行严厉的批评和处罚要有度,师生之间要有感情和信任做基础,教育才会事倍功半。著名班主任李镇西说:只要师生之间互相信任,嬉笑怒骂皆成教育,只要师生之间彼此依恋,举手投足都是真情。

（六）不能让学生脱离老师的监管

潘老师教过的"任性"学生可不少。

小姗性格不同于其他同学,平时和一二个好朋聊天还行,但上课她从不发言回答问题,集体场合总是沉默寡言,不愿当众说话。有时课上老师点了她的名,站起来也不张口,逼紧了甚至会流下眼泪,这显然是她有些语言障碍和心理问题。时间久了,老师们知道她的特点,大家商量纠正她的缺陷不能着急,要慢慢引导她当众说话,上课时除非她主动,一般就不叫她站起来回答问题,以免发生站起来不说话的尴尬。

有一次,小姗没有完成作业,新来的化学老师问她原因,她就是不开口。老师火了,让她到空教室去补作业。没想到一会儿工夫她不见了。老师非常紧张,担心出事,赶紧找潘老师。潘老师一听也立刻紧张了起来,赶快到操场、宿舍等一切可能去的地方寻找,但就是不见她的影子。

潘老师马上向校长汇报,校长很着急,和他一边向少儿班教学区走,一边琢磨会发生哪些可能。他俩的结论是一致的,小姗一定是离开学校了,两人正商量下一步去

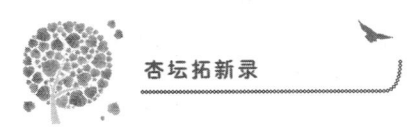

哪些地方找她的时候，发现她在教室里排队打饭。不知不觉已经找了她一节多课，已到了吃午饭的时间了，庆幸的是她在教室里了。潘老师提着的心终于放下了，这才感觉自己的肚子有点饿。他让校长先回，他自己和她谈。

潘老师把小姗叫到办公室。知道她不可能顺畅地回答他的问题，于是他就尽可能简单地问她："你去哪了？是不是出了校门了？"

她回答了一个最简单的"嗯。"

他又问她："你怎么又回来了？"

她回答了三个字："放学了。"

潘老师顿时明白了，她出了校门后在街上走，看到其他学校的学生放学，她就知道八中也下了第四节课，她的肚子也饿了，于是回学校吃午饭。

潘老师问："你为什么离校呀？"

她低着头回答："化学老师不喜欢我，我没完成作业，他就罚我去补作业。"

潘老师笑了，"谁说化学老师不喜欢你，让你去补作业是为你好，这是让你面对没写作业的后果，你误解化学老师的意思了。"

"哦。"

潘老师又对她说："这次离开学校，你知道老师多担心你吗，以后再有什么事情，你来找我，你告诉我，我帮助你解决。你就是遇到再想不开的事，也不能离开学校，你能做到吗？"

她又是回答了一个字"嗯"，比前一个"嗯"字清晰，干脆。

潘老师的心这才真的放下来了，语重心长地对她说："你走了一节课，又累又饿的，快去吃饭吧。"

潘老师没有和小姗说太多大道理，更没有批评她违反纪律。事实上她不是不懂纪律，也不是不懂礼貌，她能知道老师对她的关心、爱护，只是不善表达，在想不开的时候犯一会儿傻，但这个傻不能说明她存心让老师着急，只是暂时想不开，等她想开的时候，一切雨过天晴。

潘老师和化学老师进行了长谈，告诉她小姗有点语言障碍，不说话不是有意而为。化学老师不了解学生的特点，没想到小姗接受不了。这就是老师的失误，应该好好反思。

此后，少儿班多了一条规定：上课时，不能让学生离开教室。实在迫不得已，也要把学生交给其他老师，决不能让学生脱离老师的监管。老师要知道自己所做的一切可能会给学生带来的后果。

此类事情在少儿班再也没有发生过。小姗在少儿班四年中，发展越来越好，语言方面的障碍逐步消除，毕业时不但很顺畅地与别人交流，也敢于在公众场合发表自己的见解。小姗考上大学后经常回少儿班，和她的学弟学妹们一起参加少儿班特有"自然体育课"的游泳课。可见她对少儿班的感情有多深。

（七）对幼稚的把戏不必计较

他们大多都是在赞扬声中长大，他们唯我独尊、聪明、淘气、喜欢独立思考，正值叛逆期，喜欢挑别人毛病，来自证明自己的正确，有时为了挑毛病还要去钻牛角尖。周围的大人习惯了容忍他们。但在少儿班他们可不能想怎么样就怎么样。

有一次徐老师给学生们开班会，他让同学们坐直了，不要坐歪了，不要把脚放在桌子外面，要把脚放在桌子里。

这时坐在第一排的小林把脚抬起来放书桌进放书包的桌斗里了。

徐老师一看，怎么能这样，就问他这是干什么。

小林回答："老师，你不是让我们放在桌子里吗？我就按你的要求把脚放在桌子里了。"

这就是少儿班的学生，在普通班，老师提要求的时候，学生们根本不可能这样理解这样做，但少儿班爱钻牛角尖的同学就要和老师死抠语意。

徐老师说："大家都知道我这么说的意思是让大家把脚放在桌子底下，你为什么这么做？"

小林振振有词："老师，你说话有语病，你这话说得不对。"

徐老师考虑到要开班会，就让他课后到办公室找他，班会继续。

下课了，小林来到徐老师办公室，见面第一句话就是质问："老师，你凭什么找我谈话。"说着就带哭腔了，"要不咱们拿字典来，咱找语文老师来，您说的话就是有语病，是您没说清楚，我就是没错，就是不应该批评我。"

徐老师一看这情形，可别让他哭得一把鼻涕一把泪的，就说："你现在气头上，先稳住，平静下来再说。"

第二天，小林又来了，"老师，我查字典了，您说的话有语病，我没错。不信一块去问语文老师。"

态度还跟昨天一个样。这时，徐老师因为有事要出去，就让他自己再想想。正好少儿班戚老师在。戚老师笑着拍着小林的肩膀问他："小林，我问你个事情，你上化学课的时候，坐在什么地方？"

"我坐椅子上啊。"小林以为戚老师跟他开玩笑呢。

戚老师马上又说："行啊，以后上我的化学课你就坐在椅背上听课吧。"

小林一听，急了，"凭什么让我坐到椅背上？"

戚老师说："刚刚你没说清楚坐哪儿呀？是你说要坐椅子上听的啊。"

小林低下头，不吱声了。

戚老师又说："你自己说说，有错没错。把脚放在桌子里，我们平时说话就是这样的，这样的话是大家都认同的日常习惯用语，你就不要在这些小事上钻牛角尖了，有什么意义啊。你在做这件事情之前，有没有想一下，你挑徐老师的语病有没有意义，你这么钻牛角尖，别人会不会提防着你，别让你找出毛病来啊。"

他想了想，跟戚老师认错，戚老师说："你跟我认错没用，一会，徐老师回来，你跟他认错吧。"

等徐老师回来后，小林向徐老师认了错。徐老师也没再计较。

中国的语言非常丰富，日常习惯和书面语言是有一定差别的。小林明显是用钻牛角尖的方式利用了这个差别，做出一些奇怪的举动，来证明自己的正确，想博得别人的注意。对此，老师不必大惊小怪，在不影响工作的前提下，用恰当的方法点破他幼稚的把戏，只要点到，问题就解决了，不必跟他过于计较。

（八）教育的智慧

少儿班的男生搞恶作剧最拿手。现在在清华大学的一个少儿班的男生，最爱给老师搞恶作剧。

他坐在第一排，有一次上化学课他把黑板擦藏起来了。看到戚老师找不到黑板擦了，他在底下偷偷地乐。戚老师也乐，但他装作很无奈地说："同学们，真对不起，没黑板擦怎么办？我现在只能从黑板中间找没写字的地方写了。这样写起来可就没规矩了，你们一定要看仔细了，不然找不到我写的字了。"

戚老师在黑板上见缝插针地写，同学们有意见，"老师，您写的这句是接到哪儿的呀？"

戚老师干脆说："你们找不到这句是接到哪儿的吧，不如这样，黑板上没地方写了，我念吧，大家注意听着，抓紧时间，记。"

同学们沉不住气了，声讨那个男生，叫着那个男生的名字，问他："你到底把黑板擦藏哪儿了？"

那个男生特别没趣地找出黑板擦，还一个劲地怪同学们把他出卖了："我不就放这儿了吗，您仔细找就找到了。"

跟孩子交锋，重在智慧！有一个学生，在上课时因违反纪律，被戚老师批评。他觉得面子上过不去，就不管不顾地往地上一躺，看你老师奈我何。老师要是跟他讲道理,他根本不听,还会跟老师掰扯个没完。这时候采用冷处理能收到很好的效果。戚老师说:"这样躺着多不好,千万别着凉了,别把衣服弄脏了。"他让别的同学拿报纸给他垫着。这个学生做这件事情时在观察老师的反应,老师用打太极的方式应对,不跟他急,不跟他正面交锋,就是关心,他愿意躺着就躺着,起不起来自己看着办。再一瞧,周围的同学,把他当笑话一样看,他自己也觉得没趣,麻利地爬起来了。

教育需要智慧,孩子在成长,很希望别人能注意到自己,当自己觉得没有在正面引起别人的注意时,就会采取一些方法得到哗众取宠的效果。他就是想看看老师有什么办法。在他看来,老师生气是没有能力的表现。但是你不生气,不和学生发生正面冲突,用点幽默的语言和柔软的办法,让他自觉没趣了,出格的行为就会自动终止,事后再跟他讲道理,他就会听得进去。

(九) 不要吝啬你对别人的帮助

为别人服务?关爱别人?当今的孩子大多数是独生子女,有些父母会经常嘱咐他们,少管闲事,所以他们为别人服务关爱别人的意识较差,事不关己高高挂起的为人处事原则似乎早已在他们心中扎根。

有一次,传达室通知语文报来了。刘老师走出办公室,看到小朋在楼道里。她说:"小朋麻烦你跑一趟,去传达室把语文报拿回来吧。"

小朋噘着嘴小声嘟囔:"真倒霉,怎么让我碰上了。"

为别人服务本是件好事,应该感觉到很自豪,怎么变成倒霉了呢!借这个机会,刘老师在班里分享了一篇文章:

某一个雨天的下午,有位老妇人走进匹兹堡的一家百货公司,漫无目的地在公司内闲逛,很显然是一副不打算买东西的样子。大多数的售货员只对她瞧上一眼,然后就自顾自地忙着整理货架上的商品,以避免这位老太太去麻烦他们。

其中一位年轻的男店员看到了这位老太太,立刻主动地向她打招呼,很有礼貌地问她,是否有需要他服务的地方。这位老太太对他说,她只是进来躲雨罢了,并不打算买任何东西。这位年轻人诚恳地说,即使如此,她仍然很受欢迎,随后搬了把椅子请她坐下休息,并且主动和她聊天,以显示他确实欢迎她。当她离去时,这名年轻人还陪她到街上,替她把伞撑开。这位老太太向这名年轻人要了一张名片,然后径自走开了。

后来,这位年轻人完全忘了这件事情。但是有一天,他突然被公司老板召到办公室去。老板向他出示一封信,是位老太太写来的。这位老太太要求这家百货公司派一名销售员前往苏格兰,代表该公司接下装潢一所豪华住宅的工作。

这位老太太就是美国钢铁大王卡内基的母亲，也就是这位年轻店员在几个月前很有礼貌地护送到街上的那位老太太。

在这封信中，卡内基夫人特别指定这名年轻人代表公司去接受这项工作。这项工作的交易金额数目巨大。这名年轻人如果不是好心地招待这位不想买东西的老太太，那么，他将永远不会获得这个极佳的晋升机会了。

奇迹？发生在你不经意的言行之间，一句亲切的话语，一个友善的致意或一项小小的援助计划，都能让对方体会到你的爱心和真诚。这个故事只讲述了那个年轻人的一个小小的举动——搬一把椅子让老妇人坐着避雨而已。可是，为什么其他人就做不到这一点呢？这可能就是做人的差距吧！

然而，就是这么微不足道的差距，却决定了一个人品质的高尚与否。一个人的思想品德并不是非得在大是大非中才能体现，往往一些让人不屑一顾的小事，更能表现一个人的道德修养。

自那以后，刘老师注重在班里营造赠人玫瑰手有余香的氛围：

那个考试考得不好就撞坏了厕所门的男孩就很有为别人服务的意识，有一次刘老师和他谈完话，两人准备走出办公室，他主动先走，把门打开，然后扶着刘老师走。刘老师教过的少儿班的学生还没有这样做的，她大力表扬了他。

一个同学胃不舒服，在教室里吐了，另一个学生赶紧拿笤帚簸箕打扫，丝毫没有因为呕吐物难闻而放弃打扫。刘老师也大力表扬了他。外出上自然体育课，有的同学体质弱，身上再背着个书包，实在吃力。小虎身强力壮，主动帮着书背包，他一个人背了四五个书包。刘老师不放过这个契机，大力表扬了他。这些都会在学生心中激起无声的波澜。

教学处通知教科书送来了，刘老师在班里说："这次我不指定谁去取书，谁愿意去为大家服务谁就把书抱上来。"教室里瞬间不见一个学生，全都跑到教学处了，一分钟后，教学处给她打来电话，"刘老师，干吗呢，来几个学生就够了，您班来了一群学生，打狼哪！"

就这样，大家都爱做这样的好事，在班里形成了关爱他人为他人服务的氛围。学习好的帮助学习不好的，一个同学病了会有好几个同学帮他记笔记和补课，同学们外出时身强体壮的帮体弱的背包……有一次刘老师出差了，班长和团支书外出时遇到为贫困家庭孩子捐助的活动，他们捐了款。捐款要有捐助人的名字，两人一商量，"写咱们班的名字"。刘老师回来后听说了这件事，她认为孩子们做得很好，能尽自己微薄之力帮助贫困家庭，她跟同学们说，等他们毕业之后她来资助这个孩子。刘老师说到做到，学生毕业之后她和儿子定期给捐助的男孩汇钱，有时给他寄东西。

学生们为他人服务的意识也影响了家长，曾经说过"轮法功"万岁的男孩考上了清华大学，他的妈妈老说，"我们都不知道能为少儿班做些什么。"每年招生的时候，有一千多人报名，总有家长主动来帮忙。一次他妈妈主动来帮忙，门口保安说不许闲杂人等入内，她急坏了，给老师们打电话。她说："我太感谢少儿班了，孩子成长当中的一些问题我们觉得特别无奈，这些麻烦和问题全都交给了少儿班，结果你们把孩子培养得这么好，我能帮少儿班的也就这么点忙，希望你们不要拒绝我。"

很多学生的家长也像这位妈妈一样，发自内心地一心想着为少儿班多做点事，以此来感谢老师们对孩子的培养。

（十）走出妒忌心理

青少年在成长当中会有各种各样的脾气、性格、情绪表现出来。学生进少儿班后，玩的花样特别多，从楼上往楼下倒水，把人家淋了一身水。老师批评他，他说是为了试试水的速度，还有的同学叠飞机，飞得到处都是，又不及时捡回来，弄得这里一团纸那里一团纸。

孩子毕竟是孩子，你说他一回，他这回记住了，下次不倒水，改为干别的事了，因为他好奇，老师们允许他好奇，但前提是不能给别人制造麻烦，更不能伤害到别人。

生物老师给学生带来好几盆瓜苗，老师故意给这盆花弄得缺了花心，给那盆花弄得缺了叶子，生物老师让学生们观察缺少了这些元素后，瓜苗能不能健康成长，能长成什么样。

过后，老师又让学生自己栽种瓜苗，让学生观察生长过程。学生们明明知道这只是一个实验，但是看到别的同学的瓜苗长得那么好，心里很不满，把别人的叶给掐掉了，就是不希望别人的长得比自己的好。因为他们一直生活在唯我独尊的环境中，在小学学习好，老师宠着，在家里父母更是宠着，他们会觉得没有人比我强。所以，看到别人的瓜苗长得比自己的好，他的嫉妒心就出来作怪了，他不找找长不好的原因，最直接简单的方法就是给别人使坏。

班主任王老师听生物老师反映的情况后，准备了很多资料给学生们开了一节班会。

"瓜苗为什么被损害了，这是因为有的同学产生了嫉妒心，这一方面反映了个别同学的心理要求，他想上进，上进心每个人都有，但是怎么发挥正面的作用，这需要学生们思考。最基本的原则是不能损人利己，不能靠破坏别人来达到自己的目的。"

王老师让孩子们自己思考破坏了别人的瓜苗的后果，学生们也能自己想出后果来：老师不信任我们了；以后有这样的实验不让我们做了；同学们互相不信任，再想让别人信任自己就很难了；影响了团结；班级凝聚力受到了破坏……

王老师接着说："有些同学在原来的学校是鹤立鸡群，是在表扬声中长大的，不允许别人比自己强，突然来到咱们少儿班这个'鹤立鹤群'的环境，内心产生了一些波动，有些嫉妒心是可以理解的，这是有上进心的表现。一个人不可能在任何一方面都比别人强，要看到自己弱的一面，然后补上去，但有的学生没有在提高自己方面下功夫，而是搞一些小破坏，嫉妒心起到了负面作用，不但不能互相促进，还使别人受到伤害，使班集体受到老师的质疑，让老师认为我们班太差太乱，损害了班集体的荣誉。如果别人知道是谁破坏的，以后谁还愿意跟你做朋友。同学们，信任就像一张纸，皱了，即使抚平，也恢复不了原样了。有谁愿意自己在别人心目中是那张皱了的纸呢？"

这样的事情发生了，不能只是在班会上讨论就了事，班主任虽然不公布破坏者的名字，但对当事人要择机谈话："你的动机不纯，想破坏人家，动机不纯本来就是件坏事，做坏事的结果必定很糟糕。你的同学和班集体对你的信任是你的财富，你一定要珍惜。"

在少儿班，老师经常跟十岁的孩子讲些道理，有的人问，孩子们能听懂吗？老师们将道理用他们能理解的语言表达出来，他们当然能够领会。有些大道理，无论老师还是家长，都应该在孩子很小的时候就慢慢渗透。

（十一）玩没有错　但要守规矩

下午，王老师准备外出，她父亲在人民医院动手术。

刚吃完午饭，几个男生就来到王老师办公室问长问短。

"王老师您一会儿去哪儿？"

"到医院去看看我父亲。"

"那您还回来吗？"

"可能不回来了。"

"王老师您吃饭没有，要不给您泡碗方便面。"

"不用了，谢谢你们了。"

王老师和学生们聊着，心里特别感动，"这些孩子长大了，知道关心别人了。"等学生们都走了，她把办公室的门锁上去了医院。

看望了父亲后，时间已经很晚了，王老师打算直接回家。想想，又觉得不对劲，学生们平时对她是挺关心的，但中午几个男生一起对她的嘘寒问暖，这还是头一次，这事有点蹊跷。

走出医院后，王老师没有回家，而是回到学校。还没进办公室，她就听见里面发出悉悉窣窣的声音。难道是进小偷了？不可能，学校安保工作做得很好，不可能进来小偷。难道是……

王老师猛地推开门，竟然是住校的几个孩子在玩电脑游戏！

原来，午饭后的聊天是假的。当时一部分男生跟她聊天转移她的注意力，一部分孩子把门上面气窗插销打开了。王老师一走，他们就派一个人从门上的窗户爬进来，把门打开，其他同学全进来了。

"学生私自进老师办公室，开老师的电脑是不应该的。虽然你们只是想玩电脑游戏，不存在恶意行为，但玩也要合理合法合乎规矩。"王老师在班会上用了一段时间来分析批评这件事。学生们对老师的批评心服口服。

（十二）要学会控制不良情绪

那年开学时，刘老师在上海学习。第二年她回来，龚校长急忙找她，说："这一段时间，班里出的问题太多了，有说"轮法功"万岁的，有说申奥没门的，纪律也散漫，你必须出山，接这个班。"

这个班的原班主任刚从大学毕业，没有带班经验，班里出了很多问题。刘老师接了班后发现，学生们散漫惯了，有些行为习惯纠正起来确实非常难，刘老师只得一个一个的管。陶陶同学是出了名的主儿。那天，由于计算机课临时调成数学课，招致陶陶不满。他特爱上计算机课，不能看着计算机课改成数学课，于是，他在黑板上写下"打倒王某某"五个字，王某某是数学老师。王老师很生气，他对学生们特别好，怎么还有学生要打倒他呢！课是因计算机老师出差调的，跟他这个数学老师又没有关系。后来知道了原因，数学老师哭笑不得。

刘老师听说了这件事，一直想找个机会说说。机会来了，那天她提前布置写作文，有些学生最怕写作文，不愿意写。

刘老师走进教室时，黑板上又不知被谁写下了"打倒刘某某"五个字。她假装没看见，喊了声"上课"。

"起立""坐下"后，有学生举手问："老师，表示古代城市平民的房地的'廛'字怎么写？"

刘老师告诉他们笔画，但就是不在黑板上写，也不看黑板。学生觉得特别扫兴，尤其是陶陶，这五个字是他写的，他想气老师，岂料老师是蒜臼子打水——不摆。快下课时，又有同学提醒刘老师，"老师您看黑板。"

刘老师说："我不看，下课。"说完侧身走出教室。很快有女生告诉刘老师，陶陶写的"打倒刘老师"，刘老师随口带点幽默地说："打倒就打倒吧，打倒我再爬起来。"话是这样说，但学生们不能只要不高兴，为了发泄就想打倒谁就打倒谁！调查显示，青少年情绪不好时，主要通过五个渠道发泄：有人故意损坏东西，但这种行为容易养成其长大后难以抑制的破坏欲望；有学生有随意花钱消费的行为，通过非理性购物弥补自己被压抑的"心灵"；甚至有学生还会通过与人吵架，将不良情绪传染他人；也有学生通过眼泪排解心中不良情绪和委屈；通过倾诉，正确疏导情绪的占少数。

学生们要面临学业压力，情感压力、攀比压力、亲情关系和人际关系等方方面面的压力，他们如果以非积极的态度对待不良情绪得不到纠正，将来走上社会，就不会自我排解不良情绪，采用非理性行为，就会对个人和社会造成一定的危害。这个问题必须让他们重视起来。刘老师给同学们讲，"什么事都有合自己意和不合自己意的时候，合自己意的时候高兴，不合自己意的时候呢，想要发泄？可以！但是不能把火发在老师身上，尊师重教是一种美德，不能想打倒谁就打倒谁，火也不能想发谁身上发在谁身上！那么心里的郁闷如何缓解呢？同学们要学会控制自己的情绪，当不合自己意的时候，如果实在发泄不出来，就上六层。"

当时六层是一块露台，同学们都问："上六层干什么，跺脚？还是拿铅笔盒摔？"

刘老师笑了，"这是消极的做法，不能从根本上解决问题。如何正确排解自己的情绪，你们可以找老师谈话，可以唱支歌，可以跟好朋友倾诉，可以找同学开个玩笑，或者到操场跑一圈，这些都是很好的缓解情绪和压力的办法。如果这样做了，情绪还没缓解过来，可以去学校的心理咨询室找心理老师帮忙疏导，心理咨询室的老师可以辅导你们的心理卫生，以各种方式帮助你们提高心理健康水平。你们放心吧，老师们会对你们的述说内容保密的。如果心理老师还没有帮你们解决问题，你可以在宣泄区缓解和释放压力的情绪，宣泄区铺有地毯，还有宣泄器材、充气人、大皮球等，实在不行可在地上打滚。不过老师还是相信大家能够控制自己的情绪的。"

"控制不好怎么办？"有同学故意问。

"控制不好情绪伤害的可是你自己的身体。"刘老师说。

"不可能吧。"

"怎么不可能，科学研究证明，愉快、欢乐等积极健康的情绪对人体有好处，它可以引起心脏输出量增加，促进血液循环，使人精神振作，大脑工作能力增强。而伤心、悲痛、愤怒、焦虑等消极情绪往往会引起多种疾病的发生，如高血压、胃溃疡，以及心理障碍等。"

"这么严重？"

"所以，同学们要培养自己具有乐观的生活态度。无论晴天还是雨天，无论喜欢还是不喜欢，都要乐观积极地面对，同学们还要善于控制自己的不良情绪，不要苛求社会与他人满足自己的一切愿望。"

同学们听了低头不语。陶陶也低着头，他想反驳刘老师，但没有找到反驳的理由。他认真想了一下，也许刘老师说得是对的。

淘气学生的情绪不好比较能让人理解，但像徐平这样的学生出现了极端情绪似乎让人有点意外。徐平平时考试考得都不错，是公认的好学生。在很多人眼里，好学生不太用管，因为他们学习好，学习习惯好，知道怎么能学得好。事实上，好学生的心理也需要特别关注。

有一次，徐平考试考得不理想，可能是考试前家长给他施加了压力，一拿到发下来的卷子，他的情绪就控制不住了，跑到男厕所以头撞墙，用手打厕所的格子门，同学们都吓坏了，怕他出事。

赵老师路过洗手间，听到"咣咣"地响。赶紧过去看，徐平撞得额头都红了，手也打得通红。他这是跟分数较劲呢，跟分数较劲是好事，说明他对自己不满意，可是他的做法太极端了。赵老师又心疼又生气，拉过他来问："你怎么回事？"

他低着头，"我没考好，不该错的错了，我心情不好。"

赵老师说："没考好，撞墙有什么用，把卷子拿来，我们分析看问题出在哪里。"

徐平屁颠屁颠地去拿来试卷，这时候他的情绪已经不那么激动了。

赵老师说："你没考好是吧，没考好就得分析错在哪里，要正确对待，你找原因没有？"

他说："还没有。"

赵老师说："没找原因，下回你还丢分。撞墙是撞不出好成绩的，你把头撞破了又有什么用，这分就能上来吗？"

赵老师摸摸他的头，"这么撞能不疼吗？"心疼地说道："你发脾气是没用的，你可以有情绪，但是你要学会理性对待问题。关键是找原因，学习不像赌博一次输了好多钱，别人不会还你，也不像赛球，一次没踢进整场就输了，没法挽回。试卷是干吗的？试卷就是拿来让学生出错的，做错了，找出原因，把知识漏洞弥补了，就达到了考试的目的。一张试卷如果学生都不出错，这张试卷就白出了。做错了题不要紧，关键是总结经验教训，改进学习方法不就能赶上去了吗！考试没考好的人如果能找出知识漏洞，补上去了，比考试拿了高分就沾沾自喜，不去弥补漏洞的人要聪明得多。"

赵老师继续说:"聪明的人善于总结经验,愚蠢的人只会去责怪别人或责怪自己,或者找一些理由为自己开脱。聪明的人善于发现自己的长处和短处,知道哪些该发扬哪些该克服。你的长处是聪明,学得快,但是不够扎实,忘得也快。以后你要发现知识漏洞及时弥补,做完题还要再想一想有没有更好更简捷的方法,学完每一章自己主动总结一下,这才是聪明人该做的。但光做聪明人还不够,要做有智慧的人。"

他听赵老师一说,兴趣来了,问:"什么才是有智慧的人?"

赵老师说:"聪明和智慧是两个截然不同的词。聪明的人就是你对某些事情反应敏捷,别人没得出答案,你得出来了,做某些事做得很快很好。智慧的人,需要的不仅仅要有聪明的大脑,反应事情敏捷,还要对自己有一个长期规划,能够正确看待自己的人生,知道自己总的方向是什么,应该怎样做,这样就不会因为一次失败而丧失信心,不会因为一次成功而沾沾自喜。"

他领会到赵老师的意思,不再跟自己较劲。既然徐平已经明白了其中道理,其他话无须多说。赵老师也没刨根问底地让他做自我批评,让他表态。

男生高高兴兴地走了,他已经意识到不应该因为考试不理想而发那么大的火,不但撞得自己头疼,情绪失控还影响到周围的人。

一次两次这样的说服并不能立刻改变一个人的情绪,但起码孩子会看到老师没有因成绩不好看不起他,也没为这件事责备他,老师还表扬他的脑子好使学得快,只要他不断总结经验,不但能成为一个聪明的人还能成为一个有智慧的人。有了这样的想法他就不会越来越情绪化,陷进自责的情绪中不能自拔。后来,他再也没有出现过因考试成绩而情绪失控的情况。

(十三)抓住小事做文章

班级是一个小集体,一般不会发生天大的事,日常生活中都是一些小事儿,王老师比较善于抓住小事儿做文章。

校会广播,有的老师让学生好好听,可自己却在那儿批作业。因为校会内容老师早已知道。但王老师每次都会认真听,决不干其他事情,她知道她必须认真听,她必须让学生看到老师是多认真。班主任要求学生做到的,首先必须自己做到,否则没有说服力。

升旗的时候,王老师特别严肃认真地站在那儿,看到有学生说话,她并不当场指责,但是回到教室她会教育他们,"刚才升旗,有的同学在那儿说话,我站在那儿看见了也不能马上去说你们,为什么?我心中有对国旗的尊重,对国歌的尊重,所以我只能回来对你们提出批评。"

这无形当中就是一种教育，是施教者对于被教育者提出的要求，老师首先要做到，学生看到你这样做了，他才可能去做。如果老师在批评学生的时候自己都没底气，这种批评还有什么作用呢！

马卡连柯说：威信是要自己来创造的，要利用生活中的任何机会来树立威信。在好的集体中威信是不可能被破坏的，集体本身就是支持它的。王老师非常认同这句话。她认为班主任的威信必须得在班级树立起来，但威信不是严厉和压服得来的，威信是靠老师的率先垂范建立的。老师必须要有一种气场，让学生感觉到你不但始终在关注他，对他的优缺点都心中有数，而且在他心目中你是一个既亲切又威严值得尊敬的人。王老师始终认为，每一个人的脑子都会有一个天使，也有一个魔鬼，老师要做到的是让学生心中的天使始终占有压倒性的优势。

王老师带的学生还有一年就参加高考了，相对于其他班级的学生来说，她的学生已经是大哥哥大姐姐了。

王老师说："现在我不但要负责咱们班，开会时还得负责其他的班，让我特别欣慰的是我教了你们三年，你们长大了越来越懂事了，都已经是学弟学妹们的榜样了，我现在已经有足够的信心，在咱们班和其他班一块儿活动的时候，我可以不管咱们班，我可以把更多精力放在别的班上。"王老师的目的是通过信任，把学生心中的天使释放出来，希望他们做得更好。大多数学生能领会老师的意图，严格要求自己，有时一些学生又对自己有所放松。

一次，学校请社会名人×××到八中给学生做报告。坐在报告厅前面的是少儿班两个低年级的班，他们在这种场合显得更活跃，王老师需要在前面时时地提醒他们注意听报告，无法照顾到自己的班。

报告结束后，王老师在班里进行了小结，"今天我心里挺憋屈的。"

教室里哗然："为什么？"

王老师说："大家都知道请×××来做报告是很不容易的，他的社会责任特别多，要参加好多活动，时间很紧，能到咱们这儿来非常难得。我特别想踏踏实实听他做报告，但我从头到尾都没坐着听，为什么？低年级的学生年纪小，自制力差，需要我站在前面给他们更多的关注和提醒。而之前我说过，我相信咱们班的学生，你们很懂事，能让我放心，所以我主要把精力放在低年级那儿，我想你们在重大场合的表现应该能体现咱们少儿班的水平。但这次报告会别人对咱们班的评价可不太高，每次我站在前面提醒低年级的学生时，咱们班有的女生聊得特别欢，坐在最后一排左边的几个男同学说话声也很大。可为什么当我走到咱们班时，咱们班就鸦雀无声？我那么信任咱们班的同学，但你们只是因为我走到咱们班时才好好听，你们只是想得到我的肯定和表扬才这么做的，你们不是遵守原本就应该遵守的纪律和秩序，而是把这些应该做的事，把好的一面只做给我一个人看，我心里真的挺难受的，我多失败啊。"王老师发自肺腑的话句句说在点上，同学们都低下了头。平时，王老师经常表扬学生，但总是表扬，弊病也就随之而来。她记得苏霍姆林斯基说过"如果只有表扬才能够给儿童带来欢乐，那就潜伏着一种危险。这种危险就是引发学生的虚荣心，让他只是为了受到表扬而去做好事。"她担心学生有为了得到她的表扬才在她面前表现得好的倾向，真要好好反思一下自己的班主任工作了。

路遥在《平凡的世界》里说："权威是用力量和智慧树立起来的。"老师光有力量没有智慧，学生就不肯信服，老师只有智慧没有力量，学生就不懂得服从。而遵守纪律，服从法制是一个理智的现代人应有的品质。王老师经常用这种语气跟学生交流，没有严厉的批评和指责，只是充分表达了内心的感受和对学生的殷切期望，跟学生坦诚以待。一次两次，无数次，蕴藏在这些小事中的教育因素逐渐显现出来，学生们慢慢地有所领会，有所改变。

也有人说，王老师对待班里的这些事太大惊小怪，哪个班的学生开会时没几个说话？只要正常的学习不受影响，在集体活动时说几句话不算什么大事。但王老师对这种说法持反对意见，班级日常管理就是这些芝麻绿豆大的事，学生的品质就是在日常小事中逐渐形成的。一个负责任的班主任肯定都是认真对待日常小事，这样班级管理才能有成效。如果芝麻绿豆大的事不去管，学生对错误的行为习以为常了，将来纠正就困难了。

（十四）人人都当志愿者

学生到了十三四岁，徐老师有意地引导他们有更高的追求，有自己的理想，有自己的志向，做一个能为别人着想的人，做一个愿意为别人服务的人。他经常鼓励学生参与学校的志愿服务活动。志愿者的精神就是服务社会、无私奉献、团结互助、完善自我。让孩子在亲自参与的活动当中为别人着想，去付出时间、精力去为别人服务。

少儿班在6楼，一到饭点，同学们都飞奔下楼抢着去食堂。徐老师开玩笑说："要是你们拿出吃饭时百米跑步的速度还怕体育考试不过关吗？"少儿班的学生希望早点吃饭，其他班的学生也想早吃饭，去晚了，就要排在队后，食堂里会有因为插队而吵起来的事发生。

如何让学生有为他人服务的意识？如何让学生认识到插队是不文明行为？

徐老师想到了办法，他在班里征集为食堂维持秩序的志愿者，学生们纷纷报名。徐老师提出要求：作为食堂值班的志愿者，站在那儿就得有一定的风度，讲究仪态仪表，要面露微笑，虽然不要求有奥运会志愿者露八颗牙齿这么严格，但起码得微笑服务，因为与别人交往沟通，表情和肢体语言很重要。值班时遇到学生违纪，你要文明礼貌，要想办法引导和管理，不能抓着人家的胳膊不让人家跑，不能硬把插队的学生拽出队伍，你要告诉他跑的危害，告诉他插队影响了其他同学，插队是对其他排队同学的不公平。

着急打饭的同学一路小跑，一脚踩过两个台阶，少儿班志愿者的声音响起："哎，同学，别跑，小心摔着。""慢点，跑得再快，你也多吃不了两碗米饭。"

在食堂打饭，有学生插队，矛盾有时也因此而起。

"同学，插队是不文明的，请遵守秩序。你到后面排一下队吧。"志愿者丙劝说。

"你管得着吗，我早就排在这儿了，刚刚是去了趟厕所。"插队者辩解。

志愿者无凭无据，只得作罢。回到班里，他们问徐老师怎么办？徐老师建议，可以想办法让他体会别人插队给他带来的影响。

第二天，昨天那个插队者来排队打饭了。

志愿者甲从后面挤到他前面，"哎，你怎么插队啊？"

"我没啊，我刚去洗手了，我早就到了。"志愿者甲说。

过了一会儿，志愿者乙来了，站在了甲前面，昨天的插队者看不下去了，"有的人真不自觉，就知道插队。"

"我本来是排在甲前面的，不信你问他。"

志愿者甲点点头。昨天的插队者恨恨地看了他俩一眼。这时志愿者丙出现了，把志愿者甲乙拉出队伍，"我都看见了，你俩是插队的，插队是不文明的行为，影响了排队的人打饭，是对排队者的不公平，如果你排队的时候，别人插到你前面你心里是不是也不舒服，如果大家都插队，这队伍就会特别乱，打饭也特别慢，食堂乱糟糟的，哪还有心情吃饭啊。"

志愿者甲和乙乖乖地排队了，昨天那个插队者不好意思地对丙说，"昨天你劝我，我还说你管闲事呢，实在是不好意思。"

学生处的老师遇到徐老师说："你们班的孩子形象好，站姿好，语言文明，成了食堂的一道风景线了。"

任课老师也反映少儿班的学生平常也更守秩序了。徐老师高兴地对同学们说："任课老师反映，最近咱们班的课堂纪律很好，大声喧哗的人少了，我想知道为什么？"

"都是当了志愿者后的改变。"

"食堂里人多，你一言我一语，到处都是喧哗声，我们需要提醒大声说话的人小

点声，有时他们不听，我们得反复说，真累啊。这时我们想到老师上课时我们大声说话，老师也在不断提醒我们遵守课堂纪律，老师挺不容易的。"

"我们应该换位思考，老师在为我们奉献，我们要尊重老师的付出。"

"自从当了志愿者，我也不好意思再插队了。"

学生们在食堂志愿者体验中的收获很大：学会了互相帮助，助人自助，学会了奉献，学会了理解和宽容别人，学会了换位思考，增强了自己为他人服务的意识。在参与志愿服务中使自己的能力得到了提高，同时促进了班级的进步，这是自我教育所产生的作用。自我教育作为德育的一种方法，帮助受教育者树立明确的是非观念，在自身践行中，培育自我认识、自我监督和自我评价的能力，让受教育者自己教育自己，自己管理自己，使他们不断成长为一个更好的自我。

（十五）男生醉酒后的教育契机

春节期间，一家欢聚时，有的家长就逗孩子，"你也尝尝，喝点吧，喝点吧，不会醉的。"有的孩子就喝上两口。

这年寒假回来，小涛和小正在男生宿舍互相吹牛，说春节期间喝了好多酒，都没喝醉。同学们听了开始起哄，让他俩比比看谁喝得多。两人谁都不服谁，打赌买瓶酒试试看谁喝不醉。

男生们凑钱买了瓶白酒，小正把瓶盖一拧，说："小涛你敢喝吗？"说完他就喝了一口，这酒辣得不行了，他直伸舌头。

小涛听了赶紧抢过来喝，也辣得不行。

两人抢着喝酒，不一会儿都醉了。小涛吐得厉害，醉得话都说不了。程老师听到学生报告后蹬着板车把小涛送回家了。

小正没吐，但醉得很厉害。龚老师用板车把小正送回家。小正拉着她的手说："龚老师你千万别走，你一定给我爸解释清楚，要不然我这顿毒打是跑不了的。"

小正和小涛的家长是两种教育方式，小涛的父母是绝对不会打他的，他们会先让他休息，等酒醒后再进行教育。小正的父亲暴脾气，龚老师赶紧做他父亲的工作，"他就是小孩心理，老师说酒精能醉人，他要试试能不能醉。他就是想尝试一下，不是什么品质问题，还有学生到了化学实验室，直接拿强酸往舌头上放，就想尝尝强酸是什么滋味，幸亏被老师及时制止了。这回他肯定受到了教训，您可千万别打他。"

两个孩子喝醉后很难受，也是受到了教育，以后不再喝酒就没事了。但龚老师不这么认为，醉酒事件恰恰是一个教育契机，值得全班同学反思，她要把坏事转变为正面的教育契机。龚老师回来决定在当天就在班里讨论酒精的危害。

她说:"你们现在处在青少年阶段,这个阶段是生长发育时期,各个组织器官的发育还没有完善成熟,而喝酒对正常的生理功能及发育会带来严重影响。"

"真的假的,喝酒对身体会有影响。"

"当然了,比如,酒精进入身体后,要靠肝脏解毒排毒,青少年的肝脏功能发育得还不完善,会给肝脏带来很大压力,造成肝脾肿大;青少年的胃肠功能较弱,在酒精的刺激下可能会引起胃出血而危及生命;还有对神经系统伤害,容易引起周边神经病变;你们的大脑发育还不健全,喝酒容易引直大脑皮质萎缩影响智力。"

两个当事人感受到了酒精的厉害,其他人感受不到,龚老师的一番话把女生吓哭了,"他们俩要死一个怎么办啊?"

有一个男生哭着说,"当时我起哄,让他俩比赛看谁喝得多,要是他俩出了事,可怎么办呀?"

另一个男生也说:"老师我们以后再也不敢了。"

龚老师说:"从同学们的表现来看,女生很有同情心,起哄的男生有承认错误的勇气,这都是值得肯定的。他们俩虽然喝醉了,倒不至于死一个,你们也看到了小正和小涛喝酒后的表现,晕头晕脑的快不省人事了,明天你们看到他们,他们肯定会头晕、头痛,还会注意力涣散、情绪不稳、记忆力减退的。所以,你们以后不要随便学习大人的样子,大人喝酒未必是正确的,大人有的时候还能做错事呢,你学了错的,你不也错了吗!"

同学们听了默默地点头。

小正和小涛这两个当事人在家里睡了个长觉,酒是醒了,但酒精的副作用还没有消除。第二天,小涛回到学校见到龚老师说:"龚老师我现在看你还是两个影呢。"小正的头也头痛头晕得厉害,上课恍惚了一天。

第二天,龚老师又让小正和小涛谈谈喝酒的感受,他俩如实说来。同学们一听,跟老师说的一个样,老师没骗他们。

那以后,男生宿舍再也没出现喝酒事件。

三、家校一体的教育

教育的效果取决于学校和家庭的教育影响的一致性。如果没有这种一致性,那么学校的教学和教育过程就会像纸做的房子一样倒塌下来。让我们共同努力,引导我们的孩子走上幸福之路!

——苏霍姆林斯基

（一）我们是个大家庭

学生们来自不同的家庭，条件肯定也是不一样的。家庭的社会地位和经济上的差别，会在学生间产生不平衡。为了解决学生因为家庭条件不同而带来的不健康的心理，老师们也有办法，在班级里，不管你家庭条件怎么样，对他们的要求是一样的，穿一样的校服，吃一样的配餐，不许出去私自买零食，外出活动有统一的要求，不让他们的家庭条件的差异在校园中显现出来。

对学生统一要求也需要做家长工作，因为有些学生家庭经济条件很好，家长认为孩子吃好点、穿好点，多点零花钱没什么不合适，甚至个别家还以此自傲，认为可以抬高自己孩子在老师和学生眼中的地位。他们不清楚这样无形中形成了孩子的优越感，对孩子的成长十分不利。

如果家庭经济或社会地位的差别在班级内过分凸显，无论对哪类学生的成长都会产生不良影响。最直接的就是如果形成了攀比的不良风气，会助长学生的虚荣心，在日常生活的潜移默化中会使他们对物质层面、对外在的东西的追求大于对精神层面、对内心充实的追求；会使他们看重或羡慕家庭的权势、地位和金钱，而忽视或不懂只有自己的努力、人品和学识才是人生的成功之道；会使他们只知索取而不知奉献和感恩。同时，学生间的攀比，也会对一般家庭在经济上形成困扰，更别说对清贫家庭的影响了。

少儿班营造的教育环境是不允许这种差距凸显出来的。所以学生在校一律穿校服，不允许学生把贵重物品带到学校来，中午一律在学校食堂就餐，不允许带零食；外出活动时的穿戴基本统一，需带的食品也由学校统一准备，一般情况不允许带钱乱买东西，如果外出时间较长需要带钱也规定每人最多只能带 50 元钱，如果多带了，只要是被老师发现，就没收，回来后交给家长。有的家长不理解，老师们需要劝解，既然家长们都想让孩子成才，就一定要知道成功的人比起一般的人来，一定要更能吃苦耐劳，更加努力，更加勤奋，他们做得也要比别人更多更好才行，这需要他们从小磨炼，不能从小就太优越。家长们听了老师的说明后都能配合学校的工作。

仅有这样的教育环境还不够，还需营造一个比努力、比奉献、比互相帮助的团结友爱大家庭的氛围。在这样大家庭中成长的孩子才能成长为品格高尚的人。

为此，少儿班的老师们不但处处留意做学生工作，还利用一切机会和家长沟通及交流教育孩子的理念和方法。家长们普遍水平很高，非常赞同少儿班的教育理念和方法，他们不但在对自己孩子的教育上按学校的要求去做，还关心整个班集体，关心每个孩子的成长。

有一年，少儿班要外出进行社会实践活动，往返路费和食宿等需四百多元。小光家庭经济比较困难，父母的工厂转型，两人都下岗了，四百多元对这样的家庭来说不是个小数目。小光的家长就告诉家长委员会说他家孩子不参加班级的外出活动了。

小光的家长对老师说，小光不参加活动了，因为姥姥病了。老师努力说服："这是集体活动，对孩子成长很有好处，如果不是什么太大的事，还是尽量参加吧。"家长还是说不参加。老师从家长委员会那里了解的情况与小光家长说的不一样，原来是经济原因，家长顾及面子，不希望老师们知道自己家庭困难。

家长不希望老师知道自己家庭困难，老师则不希望小光因经济问题参加不了集体活动。赵老师请示了龚校长，校长特批给小光补助。老师和家长委员会商讨活动细节时，家长委员会提出想法，学校财政也很紧张，也不好下账，就不用给小光补助了，我们的班级是个大家庭，应该互相帮助。每个家庭都帮一把，多出一点钱，四百多块钱就解决了，关键是不能让一个孩子落下。这让老师们非常感动，都为有这样好的家长群体感到高兴。

小光高高兴兴地参加了几次社会实践活动。回来以后，小光的家长谢绝了学校的补助，也没接受家长们出的钱。他说，大家都这么好，都这么关心我的孩子，我再困难也得自己拿钱，我知道参加活动对孩子有好处。

小光的家长不接受大家的帮助怎么办？他家生活那么困难，家长委员会提议找有能力的家长想办法解决小光家长的工作问题。有的家长帮忙找了临时性工作，对他说，先委屈你了，将就一段时间，有机会再换合适的工作。后来经过家长们多方努力，帮小光的家长找到一份体面的工作，工资也比较理想。

家长委员会的力量就是这么大，解决了小光因为贫困离群的难题，也帮一个家庭改善了经济条件，对孩子的成长更有帮助。小光有了这样的经历，感受到大家的善意和关怀，长大了，他心中能没有爱吗？

家长们的友情和默契，使得少儿班的孩子们得到更多的关怀和疼爱。家长们都成了朋友，家长们所做的一切都是为了孩子。他们有了共同的愿景，才会拧成一股绳，这股绳不会因为孩子们上了大学而散开，不管孩子们多大，是在国内还是国外，直到现在，学生间、家长间都保持着密切联系，在事业上、生活上互相帮助，相互提携，也许这就是所谓的人脉吧。

学生的健康成长是老师和家长的共同愿望，班级是学生家庭间的纽带，班集体成员不仅有学生和老师，还有全体家长。当家长们把自己的爱心从自己孩子身上散布到全班时，善良、友爱的光芒将照亮所有孩子的心田，这会使孩子们终身受益。

（二）摔破了别人的碗要自己赔

现在有的孩子很多东西来得太容易，他们要什么家长就给什么，导致他们不珍惜东西。每个学校里都会出现这样的情况：操场上，同学们把外套一脱，往操场边上一扔，就冲上去打球了。打完球，嘻嘻哈哈地走了。因为天太热，把脱掉衣服的事给忘了。

老师们经常把落下的衣服拿到教室，问这是谁的衣服。有的同学主动说这是我的，个别同学根本不承认是自己的衣服，怕老师批评。其实有时老师知道衣服是谁的，但没人领，老师只得也不作声，拿回办公室。学生不领衣服，好办，老师给家长打电话，如果这个学生要家长买新衣服，家长坚决不要给他买，就说家里没那么多钱，让他自己把衣服找回来。现在的孩子是只花不挣不知道家长的辛苦和付出，大人必须得让他知道钱不是那么容易到的，买的衣服就要好好穿，生活用品就要仔细用，造成了浪费和无谓损失就应自己负责。

中午，同学们高高兴兴地拿着餐具去打饭。有个男生带了一个仿瓷的碗，那时候买一个这样的碗要二十多块钱，而当时一般人的工资一个月也就一百多元。前面的学生转身把后面同学的仿瓷碗摔到地上了，碗立刻就摔裂了。前面学生还不算完，抬起脚来使劲踩。

后面学生半天才反应过来，"哇"的一声，哭着跑到赵老师的办公室。

这事怎么解决？

赵老师把摔碗的学生叫过来，问他："为什么摔别人的碗？"

他紧握双拳，瞪眼盯着赵老师，看来他的火气还没消。赵老师伸出手费了好大劲帮他把握紧的手打开，他手心里都是汗。

赵老师说："你别较劲了，你把别人碗弄坏了，还这么较劲。松开手，放松一下。"

他把手放松了，赵老师又问他："为什么弄坏别人的碗？"

他想了一会，才从嘴里迅速蹦出四个字来："我讨厌他。"

赵老师问他："为什么？"

"上课他在后面老吧唧嘴。"

赵老师一下子笑起来，"人家吧唧嘴跟你有什么关系？别人的一点小细节你都不能宽容一下？"

"我讨厌他，我不爱听他吧唧嘴。"

显然，他俩之间原来就有矛盾，但当务之急是先解决他由着自己性子损坏别人东西的事，不能眉毛胡子一把抓。

赵老师说："你呀，人家上课吧唧嘴，你下课跟他说一下，让他以后注意点不就行了。你看，你现在把别人东西损坏了，你知道《法律》是怎么规定的吗？"赵老师提到《法律》只是为了让他对这件事情引起重视，让他知道这样的事情看起来小，但是如果演变成大事就要触动法律。

没想到，他倒理直气壮地说："我赔不就行了。"

他倒是明白损坏别人财物要赔。但这话，怎么那么不对劲啊！

"你赔？是你赔吗？"赵老师反问他。

"是我赔啊。"回答得还是挺理直气壮。

赵老师摇了摇头，意味深长地看着他："不对吧？是你赔吗？是你的家长赔！你现在天天在消费，一分钱不挣，你是纯消费者，你拿什么赔？！你又凭什么让你的家长赔，你的家长又没犯错，家长又没把人家的碗摔破。"

他不说话了。但也不承认错误，继续狡辩，"是他先吧唧嘴的。"

因为是午餐时间，赵老师没再听他解释，让他先去吃饭。

事后，赵老师赶紧找到孩子的家长沟通情况。在此之前这个同学跟别人发生矛盾，拿起铅笔盒就拧，弄得同学见了他都怕他，有新东西也不给他看，怕他给弄坏了。

家长听了后也很生气，说要回去好好教训他。

"怎么教训？是只是说他？还是打他骂他？打骂不是好办法，也会破坏你和孩子的感情。只是讲道理吧，我相信以前有这样行为时你们也没少说他，效果不大吧？"

"是啊，他脾气暴，以前有过，也说过，这不又犯了。"

赵老师说："这次我们用个新办法试试怎么样？"

"什么办法？"

赵老师说："他对别人的财物一点都不知道爱护，不拿别人的东西当回事，我们应该让他真正体会到随便损坏公家和别人财物的后果，要让他对自己的行为负责。一定要让他吸取教训。"

家长很配合，问该怎么办？

"要不就扣他零花钱赔碗，让他知道要为自己的行为承担后果。"赵老师建议。

可是家长说平时不给他零花钱，每次他想要什么，家长确定了有用，家里经济能承受得了，就会给他买。

赵老师问家长，这个学生喜欢吃什么玩什么。家长说，这个孩子不喜欢吃肉，特别爱吃清蒸鱼，每个星期天家长都会给他做。

这是一个好契机,赵老师建议道,"你扣他两三个星期的清蒸鱼,他提出要吃鱼,你就说,没钱买,赔人家碗去了。"

尽管家长心疼孩子没吃上鱼,但为了孩子长远发展,他们还是很配合地这么做了。周末的餐桌上,孩子没看到鱼,放下筷子了,不高兴地问:"怎么没有鱼?"

家长按照事先设计的话回答他。那孩子赌一口气不吃饭了。家长好言相劝:"你损害了人家的东西,当然得赔,你也跟老师说了,你要赔的。可咱们家没那么多钱,别的钱又不能不花,可不就得从鱼里扣嘛!你自己应该对这件事负责。"

那孩子一听,家长说的还在理,又没有打骂自己,就乖乖地吃饭了。他为了赔同学的仿瓷碗,几个星期没能吃上清蒸鱼。就是这一次教训,以后他再也没损坏过别人的财物。因为他已经知道了,损坏了别人的东西,自己是要负责的,是要付出代价的。

孩子犯了错,大人不要纵容,要让他在能承担的能力范围内承担责任,付出代价,受到心灵的震动,明白伤害别人就等于伤害自己,这才是真正的爱孩子。

(三)"顺毛驴"的孩子更要管

每个班有几十个孩子,每个孩子生活在不同的家庭,家长们接受的教育所处的环境都不一样,他们对孩子的教育方式也不一样。有一类家长时刻想袒护孩子,只要两个孩子吵起来,一定是对方的错,只要老师批评了孩子,一定要为孩子辩护,老师坚持自己的意见就认为是老师有问题,对他孩子有偏见。他们以为自己这样做是爱孩子,实际上却是害孩子。

有一次,李方的妈妈来学校找赵老师,李方不知道怎么跟妈妈说的,他妈妈一见赵老师就埋怨:"我那孩子昨天被××踢了三脚,小小的孩子能不疼吗,还不如踢我三脚了。"说着说着,这个当妈妈的就哭了,并要求处理××。

家长说的问题,赵老师已经处理过了,对情况了解得很清楚,李方的妈妈实在太袒护孩子了。赵老师心里就笑了,这样的家长平常是怎么教导孩子的,她一定常跟孩子说"你在外面不能吃亏啊","别人打你一下,你一定要还回来","你要打人家两下"等话。

赵老师跟这位家长说:"孩子间发生矛盾,有点小冲突,是很平常的事。你孩子挨人家三脚你心疼,你知道是谁先动手的吗?他打人家多少下你知道吗?人家家长不心疼吗?"

赵老师讲了事情经过后,这位家长不说话了。

家长有的时候护子心切,分不清孩子谁是谁非,这也很正常。赵老师告诉她:"打打闹闹是孩子的正常表现,你看那小猫小狗还互相打闹咬着玩呢,再说打打闹闹也是孩子成长中必须经历的体验。在这个打打闹闹的过程中，孩子也会逐渐学会如何与人相处，什么时候该忍让，什么时候该抗争，忍让和抗争的限度是什么。不能为了你踢我一脚，我就非要斤斤计较地还回来。有时吃点亏未必是坏事。"

明朝正德年间状元舒芬，作了翰林修撰后在京供职。他儿子多次写信告诉他说邻家每年都要侵占他家的墙基，并希望舒芬能修书地方官，争回墙基。舒芬看完信后在信尾题一诗寄给他儿子：

千里捎书只为墙，让他三尺又何妨。万里长城今犹在，不见当年秦始皇。

多次来信只说墙基之争，谦让对方一步又有什么关系呢？秦始皇妄想把帝业传至千万世，为此不惜耗尽民力去修筑万里长城，结果又如何呢？秦至二世而终，只有长城兀立万古是昔日历史的见证。

他这种勇于"让"的精神感动了邻居，两家互谅互让各得其所，从此和睦相处。古人尚能如此，在学生中发生的一些小事上，让一步又何妨。解决人与人之间的矛盾与冲突的方式有很多种，例如妥协便是其中的一种，退一步则会心平气和，海阔天空。在社会上与人相处是对等的，你对别人宽容，别人对你也会宽容，你跟别人斤斤计较，别人也会同样计较你。

赵老师要传达给家长的信息是，没有必要为一点儿小事计较，认为自己的孩子不能吃亏，吃亏了心里就难受得受不了。家长计较孩子必然会计较，孩子现在计较，长大了也一定会养成斤斤计较的习性。你对周围的人斤斤计较，周围人对你也会斤斤计较，最终难受的是自己，家长要让孩子看到家长宽容和豁达的一面。同时也提醒家长要把对孩子的爱从一种单纯的本能升华到一种人类理智的对孩子的爱，不要只顾着护孩子，忘了教育孩子、正确引导孩子成长的重任。

许洋的家长曾经跑到校长那里告状，认为赵老师对他家孩子有偏见。许洋的父亲留过洋，母亲是某厂厂长，都是学历很高的人。他们两个一个在国外，一个忙于工作，没时间照顾孩子，就把他放在姥姥家。孩子的姥姥在"文革"中受到过伤害，心态不是很健康，从小就把他带在身边，总对他说别人不好，总要他提防别人，不让他跟别人接触。长期下来这个孩子对别人的一举一动都是从恶意方面来理解。

许洋入学后几乎天天跟同学发生矛盾，老师们要天天解决矛盾。说他两句就哇哇哭，回家就告状，一点亏都不吃，还总认为老师不公平。

赵老师跟家长说："孩子问题很多，很多都是自己引起的，总是恶意理解其他同学的行为，人家无心把他的本子碰到地上了，他就认为人家是故意的，一定也要把人家的书弄到地上。上课他举手要回答问题，老师没叫他，他就认为老师不喜欢他，故意不理他。"

许洋的爸爸说:"我那个孩子是个'顺毛驴',你别批评他,表扬他就好,表扬他什么就都听你的了。"他还介绍原小学班主任的办法:除了上课,每天课间都把孩子带在身边,减少他跟同学接触的机会,因为他太任性,老跟别的同学发生矛盾,搞得很头疼。老师还在班里宣布一条纪律,所有同学都不许惹他,谁要跟他发生矛盾,不问原因,谁跟他发生矛盾就是谁的错。于是孩子就很听老师的话。

"这样处理孩子的问题,会害了孩子的!"赵老师说,"我是无所谓,他的毛病不改,老跟其他人发生矛盾,我顶多难受四年,你们可要难受一辈子。他到大学到社会上,如果没法跟别人相处,最难受的可是许洋和你们呀!"

许洋的家人认为赵老师对孩子有偏见,要求转学。赵老师说:"如果因为对我们的教育方法不认可,我们配合转学,少儿班允许转学。"

半个月后,许洋的家长又来找赵老师。他们找了一圈学校,没有一所学校是他们满意的,有的学校了解到他家孩子在小学的情况也不敢接收他。许洋的爸爸说:"我们看了几个学校,对比后觉得八中少儿班对孩子的教育是全面的,我们能不能还留在少儿班?"

赵老师说:"我们做老师的不会因为孩子的问题而对他另眼相看的,如果老师这么狭隘,就不配做老师。既然你们愿意许洋继续留在少儿班,也明白他的问题所在,咱就得一起配合教育他,请你一定要相信我们。"

家长同意了,以后再遇到同学矛盾,家长比较配合地说:"别总以为别人是故意的,你自己不也有无意中犯错的事吗?""人哪有不吃亏,太计较了,哪像个男子汉啊。"

老师们也经常择机找他谈话,告诉他要多看到别人的长处,别总是以为别人是恶意的,要与同学和睦相处。你将来上了大学,毕业后从事研究工作,没有一项科研项目是一个人独立能够完成的,讲究的是团队合作,你要是跟这个也不和跟那个也不说话,以后人家会离你远远的,不愿和你一起研究,你还怎么成就事业?怎么在社会上与别人共处?

许洋非常聪明,在少儿班进行的一个美国数学天才少年的测试中,他的测定结果为数学天才少年。尽管他非常聪明,但还是不停地出一些小事,经常跟老师生气,跟同学生气,矛盾纠纷困扰着他,所以学习成绩也不稳定。但在老师们的竭力关注和引导下,四年下来,他心态好多了,逐渐跟同学们能融洽相处,心胸也豁达多了。

许洋上大学时自己办了一个网站,点击率特别高。大三那年,他自己联系了一个自费留学的名额,他把网站卖了,用卖网站的钱去了国外留学。回国后自己开了公司,并且很经常和同学们联络,对帮助别人解决问题也很热心。现在他回八中老同学相聚时非常活跃，跟刚到少儿班时与人格格不入截然不同。

很多家长知道不应该溺爱孩子，但发现了孩子的问题，自己怎么教育都可以，总是怕老师因此看轻了自己的孩子，不太愿意与老师坦诚相待，对孩子的问题或是遮遮掩掩或是为之辩护，这样对孩子的教育效果会大打折扣。家长要充分相信老师，毕竟老师在教育孩子上是专业的，是有经验的，而家长大多只有一个孩子，没有经验。当孩子回家诉苦告状时，不能只听孩子的，一定要找老师了解实际情况，这样才真正能帮助孩子摆脱困境。当家长意识到孩子的问题时，不能只一味责怪他，更不能操之过急粗暴对待，要与老师坦诚相待密切配合，选择恰当的方法，一起来教育孩子。孩子的教育问题单纯依靠任何一方都不会取得好的效果，最有效可行的方法应是三位一体的教育，即：家庭，学校，社会三方面形成合力来教育孩子。现实中我们无法左右社会，但家长和学校的密切配合是可以做到的，这是孩子健康成长的基本保障。

（四）从拧巴孩子到孝顺孩子

周末，刘老师家的敲门声又响了。一听这敲门声，刘老师断定，这又是孩子家长来诉苦了。

"刘老师，不好了，我家大健又跟我顶着干了！"大健的妈妈站在刘老师家门口。自刘老师当了大健的班主任以来，他妈妈老是往刘老师家跑，他气他妈妈的事太多了，他妈真可为他着急。

大健同学经常跟同学打架，被同学拉开之后跟人家吵嘴，他吵不过对方，抓起人家的小黄帽塞到厕所坑里。那时候学生上学都戴小黄帽，小黄帽比较醒目，有利于交通安全。大健性格特别拧巴，在班里经常跟同学产生矛盾，动不动就哭闹，有他在班里就不得安宁。刘老师思忖，大健的这些不良个性应该与家庭有一定关系，她要找个时间好好了解一番。

"发生什么事了，您慢慢说。"

星期天大健睡懒觉，妈妈喊他吃早饭他假装听不到，妈妈生气地批评了他一顿，他也不理。妈妈无奈，把洗衣间的洗衣机设定好，洗上了衣服，随后出去买菜了。回到家一看，不得了，家里发大水了。洗衣机的排水管不知被谁搁到了地上，客厅里满屋子都是洗衣机里流出来的脏水。

"大健，是不是你干的？"

"不是我干的。"

"不是你是谁，肯定是你干的，就因为我批评了你，你不服，你就用这种方式来跟我顶着干？"

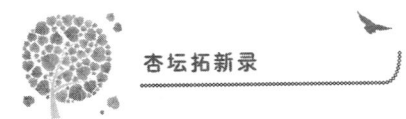

"不是我干的，就不是我干的。"

刘老师找来大健，尽量心平气和地跟他谈，起先大健咬定"不是我干的"，刘老师就问，"妈妈出去买菜了，家里只有你一个人，不是你干的，难道家里进小偷了？就算家里进小偷，也只能是偷东西，怎么可能动洗衣机的排水管呢？是你干的你就大胆承认，男子汉做事就要敢作敢当对吧？"

大健跟刘老师交了实底，客厅里的脏水确实是他弄的，因为一大早妈妈就因起床的事批评了他，他不高兴。"爸爸妈妈老是说我，他们不喜欢我，原来我住在姥姥家，姥姥对我特别好，只有姥姥喜欢我。"

在接下来的沟通中，刘老师了解了大健的家庭情况，他从小跟着姥姥、姥爷住在大杂院，他姥姥就怕和普通百姓家庭接触沾染一些不良的作风，所以小时候一吃完早点，姥姥就把她放在车上推到天坛公园玩，中午在外边吃饭，完全不接触同龄的孩子，也从来没上过幼儿园。直到上小学，他才回到父母身边。父母发现他存在很多问题，非常任性，不能和同龄人很好的相处，凡事以自我为中心，老是看别人不顺眼。为此，父母经常批评他，这也做得不对，那也干得不好。时间一长，他心里认定父母不喜欢他，只要父母一批评他，他就跟他们顶着干。

刘老师帮他分析，"这件事确实是你错了，妈妈平时上班那么累，好不容易周末能休息一下，你弄这么多脏水到客厅，妈妈得花很长时间打扫。再说，妈妈让你起来吃早饭是为你好，我们要养好良好的生活习惯，不能因为周末就放纵自己，就睡懒觉，想怎么样就怎么样。"

到最后，刘老师和大健的谈话变得比较融洽。送走了大健，刘老师拨通了他妈妈的电话。刘老师给大健妈妈两点建议：第一，得多看孩子长处，多发现孩子优点，他有一点长处你就表扬他，拉近你们母子的距离。比如你之前跟我说过，你有一次在沙发上睡了一会儿，他给你盖了床毛巾被，这说明他很想拉近跟你的距离，你对大健要多一点表扬。有的孩子就是这样，你给他一点鼓励，他可能就更好。即使要批评也要讲究方式方法，别老是简单生硬。第二，要降低对孩子的要求，他从小没有跟着你长大，感情也不是特别深，你对他要求又特别高，你老看不上孩子，孩子能跟你交心吗！冰冻三尺非一日之寒，对孩子的问题不要太着急，要一步一步来。

刘老师有机会就与大健的父母交流家庭教育经验，她反复对他们说，孩子们年龄小比较好教育，要对大健有信心。听了她的劝说，大健的妈妈先有了改变，接着，大健也有了些改变。随着大健年龄渐长，他也慢慢懂事，懂得从别人的角度思考问题，也学会体贴父母。有一年他妈妈过生日，他买了生日蛋糕，回家后把房间精心布置了一番。他妈妈看到这一幕，简直不敢相信这一切。

（五）分数不是学习的目的

家长会后，小然的妈妈找到赵老师："小然的学习怎么办呀？他在小学每次考试可都在前5名以里，现在怎么到15名开外了？"

"我们没有排名次啊！您怎么知道小然排到十名以外了？"赵老师问道。

"这是别的家长告诉我的，他们排的名。"

在考试分数和成绩排名问题上，家长的焦虑最甚。少儿班不会公布学生名次，但总有学生或家长会去收集分数排名，然后把自己孩子与同学比较，以此为根据去衡量孩子的学习水平并督促孩子的学习。由于升学的竞争压力，使家长对孩子的学习成绩格外敏感，甚至到了变成对孩子的唯一要求的程度，这无形中对学生形成了巨大的精神压力，不利于学生的学习，更不利于学生的各方面的协调发展。

一些家长对孩子的学习成绩过于苛责，成绩低了，"你看你！考得比×××还差，还不知道努力！"成绩好了，"×××考得比你好，你还是用功不够！"成绩排名本来就已靠前，"怎么回事？上次你是第三，这次怎么落后了变第五了？没好好用功！"对孩子成绩的敏感使家长始终处于焦躁不安的精神状态中，这种焦躁不安的情绪往往会加倍传递到学生身上，极大地影响学生的精神状态。

其实学生的学习成绩或在班级的排名不可能一直不变，孩子的精神状态、身体情况、前一段学习的具体内容、其他同学的努力程度以及试题的难易和老师出题的意图都会影响到学生的分数或排名。大多数家长只看分数值或排名是对学校一般过程性考试的糊涂认识或错误理解。

赵老师就遇到过不少这样的家长。面对这样的家长，要反复对他们做工作：分数既要看重，又不要看得过重，考试只是学习过程中老师的一种检查手段，一是检查学生学得怎么样，二是老师检查自己教学中对孩子们的要求是否得当，方法是不是还需要改进，这是教师对学生学习水平和对自己工作的检查，是一个过程中的检测。

小然的妈妈说："小然在小学一直是尖子生，考试从来没低过97分，她们班谁要是考得低于95分，在班里就是倒数的了。怎么上了少儿班就学不好了呢？"

赵老师说，"您这个看法不全面，我讲三条意见，您看有没有道理。第一是少儿班的课跟小学不一样，学生学的内容比小学要难一些，课堂的知识密度比小学要大，一些学生可能一时还不适应，老师们会尽可能帮助他们适应，但需要一个过程，所以您不用着急。从以往的经验看，学生进少儿班后绝大多数一学期就能适应，小然很聪明，他肯定能很快适应少儿班的学习的。"

"那考试分数怎么这么低？我听说全班的平均分还没过九十，在小学全班平均分要是九十一二分可就算差的了。"小然妈妈纠结于分数。

"这就是我要讲的第二条，考试分为两种，一种是选拔性考试，比如中考和高考，那是国家按一定标准的考试，来区分学生适合上哪类学校，另一种是学校内部教学过程中的水平性考试，普通班的水平性考试是根据学生的实际学习水平学校自己命题，少儿班的教学内容和进度特殊一些，所以由少儿班老师自己出试卷。"

赵老师继续说："卷子是老师出的，评分标准是老师自己定的，卷子也是老师判的。题出的难一点，整体分数就低，容易一点整体分数就高，再说少儿班对学生的要求和所学知识的复杂程度都不是小学能比的，考试分数当然会比小学低。按正常学制上来的普通班分数也会比小学低，这是普遍现象。这类考试的目的一是检查一下学生的学习水平，让学生了解自己对所学知识和能力的掌握程度，会对学生起到督促和激励作用，二是老师也可反思自己的教学哪些方面还要改进，哪些方面还要加强，对后进的学生怎么去具体的帮助，总之老师出题是有目的的，这是教和学过程中的一种检测。分数固然重要，但更重要的是考后的分析，所以您不要过于聚焦在分数上，如果想要分数高一些，下次考试出题容易些，班级分数马上就会上去，对老师来说容易得很。"

"那其他学生呢？他们怎么能考好？是不是小然不用功啊？"。

"那也不是，每个学生都是不一样的，各有各的特点，有的适应快些，有的适应慢些，还有其他种各样原因都会使他们考试分数有差别，这一阶段张三分数上去了，下一阶段李四又超过他了，成绩起起落落很正常。"

"我还是觉得小然不用功，上少儿班后，每天晚饭后他总要看电视，看完电视才去做作业，而且一会儿就做完了。让他再看书吧，他说老师没留，我们也没办法。老师留的作业太少了，应该多留点，省得他吊儿郎当没事干。"小然妈妈要求道。

赵老师笑了，说："你们家长怎么那么奇怪，看到孩子空闲一点就难受，难道孩子整天做作业顾不上别的就好吗？"

"也不是，邻居的孩子原来和小然在同一年级，他的作业就多，他妈妈说每天都差不多要做到11点，我是担心小然的学习跟不上。"

"这是我要讲的第三条意见。孩子现在正处于长身体，心智快速发展的阶段，这一阶段孩子的身心发育，心理的发展对他一生都很重要。所以我们要关注他们的各方面协调发展，不能仅仅注意孩子的学习。你看，少儿班安排这么多体育课就是要保证学生有充足的运动锻炼时间，同时也有利于保持他们良好的情绪。学生的作业在我看来已经不少了，少儿班的学习讲究的是效率，您孩子很快做完作业说明他做作业的效率高，这是好事，腾出时间来做他愿做的事，看他爱看的书，这多好，这对他开阔知识面，增长才干很有好处。何必老盯着他做功课，搞得家里大人孩子都紧张都不高兴呢？"

"这倒是这么个理，可他看的是跟功课无关的闲书啊！"

"学生在学校里就学这么几门功课，孩子将来到社会上这点知识是远远不够的，一些闲书，比方小说吧，里面有很多人生的经验，待人处世的方法，遇到问题怎么去处理，还有书中人物体现出的真善美和假恶丑等道德精神都会使孩子获得间接的人生经验，对他们的社会化很有好处，我们是提倡学生多读书的。当然有些书还是他们这个年龄不应读的，这就需要家长把把关。另外孩子如果鼓捣点事，比如做个车模船模，比如研究个电脑程序甚至做个玩具，只要没有危险性，家长都应支持，这对培养创新精神，提高动手能力很有帮助。"

小然妈妈说，"老师还是比我们想得周到，这么说，我就放心了。"

赵老师说，"最后我要强调的是，孩子上学，分数可不是学习的最终目的！学生的学习成绩固然重要，但仅是一方面，最重要的是使他们德智体协调发展，成为身心健康、品德高尚、有良好行为习惯的人。我给您提三条建议供参考，一是你们除了学习成绩更要关注他的学习习惯和情绪，如果这两方面发现有什么不好的苗头要及时和老师联系，我们一起来帮他解决；二是培养读书习惯。节假日，周六日可带他去逛逛书店或书市，和他一起挑选一些他喜欢的书，另外家长也可买一些科普类的书或是适合他看的文学名著，家里最好有一些藏书，营造一个文化氛围，有的书暂时不看没关系，说不定哪天他会对某本书感兴趣自己去读了，多读书会使他精神充实，开阔眼界也会增加修养。三是小然这个年龄正处在逆反期，闲暇时家长要有意识地多跟他聊聊天，可以聊聊他读过的书，也可聊聊学校或家里的事，也可以共同做点家务，这样不但使家庭氛围更加温馨，家长对他也会了解得更多。这比老是督着他学习让他心烦要好得多。"

少儿班一年级学生的家长会产生焦虑，在以后的学习过程中家长也会因学生的学习成绩产生焦虑。学生成绩不好有各种原因，有的是因为贪玩，有的是因为确实在学习时遇到了障碍或困难，有的是因为遇到烦心的事学习时精神不集中，还有的是学习方法有问题等等。家长因焦虑和经验不足往往会对学生埋怨、斥责和施压，这样做只是家长自己释放了情绪，却增加孩子的思想负担，不但不能解决问题，反而会使孩子产生抵触情绪。这时少儿班老师首先要做的工作是要给家长减压，主要说明，学生学习成绩的好坏是相对的，少儿班的特点是年龄小，上课知识密度大，进度快，他们现在学的知识内容其他同龄人要二、三年后才能学到，现在能学成这样已经相当好了。老师会问家长，你在跟孩子相同年龄时学过他现在学的知识吗？少儿班课程的原则是要有挑战性，让学生需要努一把力跳起来才能够得着，有些课程在深度、广度及能力要求比普通班还要高些，所以具体分数上看，似乎低一些是不足为怪的，分数相对差一些不说明他不优秀。

至于名次问题家长不应去排名更不应纠结于此，任何一个班级中学生成绩总有前后之分，在少儿班成绩排名在后的学生如果放到普通班他的名次说不定就在前几名，就好像一个在市运动会得了冠军的选手到全国运动会上可能连名次都拿不上，在奥运会连预选赛都过不了关的选手却是某个国家的冠军，这是一个不同参照系的问题。家长没有必要纠结成绩在班中的排名，因为这不但没有意义反而会影响孩子的学习情绪。家长应注意的是孩子的心态，只要孩子有自信心，对学习有兴趣，遇到困难不退缩，自己要想办法去解决，就说明孩子有良好的学习状态，这正老师希望看到的。

家长需做的是首先自己放松下来，要相信老师的教学水平，相信少儿班学生整体的学习水平，相信自己孩子的学习能力。孩子如果学习上真出现问题，应该和老师配合，和孩子一起分析原因，针对问题所在给予具体的帮助和鼓励，决不能采用篮球赛中全场紧逼盯人的办法，去逼迫学生去达到暂时没有能力达到的目标。

对于成绩好的孩子也不能一好遮百丑地一味表扬，要对学生成绩做具体的个别化客观分析。在长期实践和研究中少儿班独创了一项"发挥系数"的分析方法，即是根据学生个体的优势、特征和以往的学习状况，在每次考试后可用软件分析出这一阶段学习中学生是否发挥了自己的优势和潜能，无论成绩的高低，只要是发挥了应有的水平，就给予表扬和鼓励，没有发挥应有水平的，就和学生一起分析原因，找出进一步努力的方向。在这样精细化管理和个性化的指导下，各类学生基本都能建立起正确的学习观念，保持良好的学习心态。

少儿班整体教育中贯穿有一个隐性的目标，就是让孩子在整个学习过程中最后能够建立起来一种本领：能够正确分析自己，对待自己，能够正确分析他人和环境，正确对待别人和环境的本领。否则，把自己看得过低就会自卑，把自己看得过高就会狂妄，少儿班要培养孩子有自信，但不能狂妄，要自谦，但不能自卑。这个目标必须要在学习中，在日常教育的摔摔打打中才能达到。学生有考得不好的时候，也有考得好的时候，能正确对待分数，正确对待自己，就会获得成功的喜悦，这样将来才能客观地对待人生。

老师们长期观察得到的经验表明，家长对学生态度的影响是直接的，明显的：在学习问题上，家长多一分冷静，孩子就多一分清醒，家长多一分鼓励，孩子就多一分信心，家长多一分耐心，孩子就多一分努力，家长多一分信任，孩子就多一分自觉。

由于高考竞争的压力，几乎所有家长在孩子的学习成绩上是极度的敏感，一些成绩相对落后学生的家长更是如此。所以正确看待考试分数的问题老师不但要在不同时期的家长会上反复讲，对成绩相对落后学生的家长更要反复做工作，使家长放松下来才能使他们对自己孩子有客观清醒的认识，才能有一个家校一致的较为宽松的学习环境。

教育最忌讳的是急功近利，俗话说"过犹不及，欲速则不达"，这句话无论对家长还是学校来说都是如此。对学生要有爱心、耐心、宽容之心，教育从本质上说是心灵的浇灌，是人格的陶冶，是卓越的追求，绝不是单一的"分数"，分数不是学习的目的。

少儿班的学生学习目的明确，求知欲旺盛，自主学习能力强，都能有一个积极向上的健康心态，总能满怀信心地面对挑战，总能不挠不屈地去克服困难，均得益于学校和家长共同创造的一个宽松学习环境。在这样不以分数为目的环境中学习的孩子们能较好地发挥潜能，在短短四年内顺利完成八年的学业，毕业时总能以高于北京市一本录取线一百多分以上的班级平均成绩升入重点大学，应该是顺理成章的事。

（六）厌学只是阶段性的情绪表现

方敏杰年龄比较小，他很聪明，但抗挫折的能力不强。方敏杰原来在小学学习上没有遇到过问题，课堂上的知识一听就会。到了少儿班，学习的知识密度和难度都比小学的大，从听懂到理解到掌握都需要过程。他的文科偏差，语文和外语的要求又不能放松，老师抓得很紧，所以他听着听着就烦了，不愿意学文科了。

有一天方敏杰的妈妈给班主任王老师来电话："今天方敏杰说什么都不上学了，您看怎么办？"

王老师说："你无论如何都要把他弄到学校来。"

方敏杰的妈妈陪着方敏杰来到学校，两人左劝右劝，他就是油盐不进，打定主意不上学了。

王老师不放弃，仍旧劝说："方敏杰，你应该知道，什么能量的人干什么样的事情，你这么有能量，这么聪明，应该好好学习，将来为国家做事。你现在遇到点困难就放弃了，就不努力了，要知道现在你刚从小学来到中学，算学历最高也就小学毕业，将来怎么工作？总不能去扫大街吧！每个人都应该努力！我见过一个清洁工，他每天收垃圾袋，我特别佩服他，虽然他是一个弱智，手脚都不协调，但是他很努力，他能自己养活自己。"

方敏杰把话听拧了："清洁工也是为人民服务的，你不要歧视清洁工，更不要歧视弱智，我就当清洁工怎么了，我就小学毕业了，怎么了！"

"我不是这个意思。"

"您就是这个意思。"

王老师说一句,他顶一句,总有话给老师堵着。你有来言,他有去语,就是劝说不动。

针对他年龄小还幼稚的特点,王老师只得使出最后一招:"方敏杰,你不上学,我也没办法了,顶多你不来上学,我和你妈犯了法,让警察抓去。"

他愣了一下,"你们犯什么法?"

"我们犯的是《义务教育法》,《义务教育法》规定你必须得接受教育,这是你的义务和权利,你不上学,我和你妈就违反《义务教育法》,明天派出所警察就得找我们来,会把我们抓进去。"

这孩子一听,说:"那我还是来吧。"王老师觉得这孩子挺善良,对老师有感情,他的厌学情绪只是一时想不开,和家长共同做做工作,过段时间就好了。

有一次,王老师又到家请他去,因为暑假作业没完成。王老师要求没完成假期作业就要用平时中午和下午时间补做。他不想做,又想躲避老师的追问,就以不想上学为由逃避补暑假作业。王老师又到他家去做工作,给他宽限了时间,他才来上学。之后,王老师跟语文和英语两科老师商量怎么帮助他克服对文科的畏难情绪,针对他的特点,先降低点要求,逐步提高学习兴趣,树立信心并加强辅导。同时也向家长说明了老师采取的措施。解释道,孩子年龄小,学好文科需要慢慢积累,不能着急,更何况男孩子在文科方面要比女生开化的晚。孩子进步有一个过程,家长要有耐心,不要总对他指责,不要总拿他的成绩跟别人比,不要总是跟他唠叨文科成绩这一件事。家长首先要对他有信心,要看到他的长处,对他的每一点进步都要鼓励,还举了一些例子来证明。方敏杰妈妈在老师的开导下克服了急躁情绪,改善了教育方法。在老师和家长的共同努力下,他过了厌学的坎,再也没提过不上学的事。四年下来,成长为一个知道努力学习的阳光男孩,最后考上了理想的大学。

孩子的厌学有各种各样的原因,有人总以为是因为学习负担重导致的,岂不知厌学只是阶段性的情绪表现,真正的原因,也就是左右其情绪的是对学生而言最重要人的态度,即家长和老师对他是否有耐心有信心,是否容忍他某阶段学习暂时落后,是一味指责还是给予期望和具体帮助。每个孩子都有巨大的潜能,学好基础教育阶段这点功课不成问题,学习上的暂时困难不应成为厌学的理由。孩子最应该得到的是家长和老师的正确态度和精神支持,这是他们克服任何困难的强大动力。

（七）帮学生缓解焦虑

高考前，学生焦虑，家长也焦虑。有的家长找到班主任赵老师，"现在的孩子脾气特别不好，发牢骚，动不动就发火，孩子太不孝顺了。"这位家长说他不敢在家里说孩子，一说孩子孩子就发火。

高考前，孩子焦虑，不管少儿班还是普通班的孩子，都会出现这样的情况，这很正常。赵老师跟孩子家长说，孩子要高考了，肯定有压力，特别是复习中对自己不满意时会有焦虑情绪，这说明他对复习效果很在乎，对成绩有预期，这是好的一面。家长要对孩子多一分理解，不要老追问成绩和排名，因为就算成绩不理想家长也帮不上具体的忙，反而会增加思想压力，徒增烦恼。首先家长自己不要过分焦虑，要明白两件事，一是对孩子高考要有充分的信心，少儿班学生有比较扎实的功底和潜力，就算目前在班里成绩相对靠后，如果跟外面学生比那也是高分的优秀学生，更何况离高考还有一段时间，成绩还有很大的提升空间，家长不应太着急；二是现阶段孩子有压力，冲家长发火是因为知道家长是爱他的，可以容忍他发脾气，这跟不孝顺，不把家长放在眼里，完全是两码事。现阶段家长要做好两件事，一是一定要保持家庭里的平和气氛，让孩子能够平心静气，专心致志地去复习，无论孩子成绩怎样，家长千万别总是唠叨催促，一定要表现出对他的充分信任，要鼓励他、相信他一定能取得好成绩，这是最重要的。二是要保证每天至少八小时睡眠，考前复习讲究的是效率和实效，绝对不能耗时间，睡眠不够脑子就不清醒，白天学习效率肯定低，还影响健康，得不偿失。如果孩子发火就等他平静下来再跟他好好谈谈，主旨是给他信任和理解，舒缓情绪，实在不行可跟老师联系，一起来做工作。

家长缓解了焦虑情绪，心态平和了，对孩子的学习有了信心，明白了在备考这一特殊时期应该怎样去做，对孩子减少了催促和唠叨，孩子的心情自然平和下来，能心无旁骛地复习，成绩自然会提高。果然，这个学生的情绪变好了，顺利渡过了备考阶段，考上了理想的大学。

开家长会的时候，赵老师跟家长说，备战高考是非常时期，必须要跟孩子深谈一次，说明备考的重要性，需要有坚强的毅力去面对各种各样的困难，有些业余爱好要暂时放一放，只要专心致志地复习肯定能取得好成绩。这样让他有思想准备，事先打好预防针，就会避免很多不必要的干扰和麻烦。戚老师在儿子高三那一年，就跟他儿子说："在这一年里，老师家长不管以任何方式跟你谈到这些事情，都是为你好，会给你一些建议，这时你不要不接受建议，不要我行我素，你千万别说，'我不考了，你考去吧。'或者说'我就要报这个学校，你不同意，我就不考了'这种话。"他儿子说："行，我不说，我听你们的建议。"戚老师又跟他家孩子约法三章，"到时你心情再不好，都不能发火，咱们好好谈。"

他儿子有时心情不好，刚要发火，戚教师就跟他说："当时咱们怎么说的，说好不发火的，坐下来好好谈谈。"他儿子想到以前的谈话，就冷静下来了："那好，我不生气了。"

在高考期间学生焦虑的事，王老师遇到过很多次。那年高考先考的语文，大鹏学习成绩不错，但语文发挥得不好，一出考场情绪特别低落。王老师看到了这一幕，忙嘱咐他妈妈："千万别提考试的事，等所有的科目考完再说。"

大鹏妈妈按照王老师说的做，忙着照顾他吃饭喝水。中午回到八中休息，但情绪仍旧不太稳定。王老师理解他，他的父亲已经不在了，家里比较困难，如果高考不理想，对他来说是一个打击。眼下要先稳定他的情绪，让他打起精神继续考试。

王老师轻松地对大鹏说："下午考的科目都是你强项吧，好好考。"

"老师我不太舒服，上午考得不太理想。"

"我看出你不太舒服，但我肯定你没什么大事，就是有点儿中暑，吃点儿藿香正气就好了，语文考得不理想怕什么啊，少儿班不是有好几个语文考得不理想，其他科考得好，把分给提上去了吗。再说没考好是你的自我感觉，其实不一定，以前就有学生自己感觉某一门没考好，结果成绩一公布，分数还真挺好的，你别想那么多，好好地把接下来的考试完成就行了。"

"真的吗？"

"当然是真的，老师不会骗你，下午的考试你肯定能发挥好。"

下午王老师把大鹏送进了考场，后边的考试他都正常发挥。他考上了北大。他妈妈特别感激，"在这样的情况下，您能把他稳住了，让他平静地参加下午的考试，我真是谢谢您。"

很多人认为学习成绩好的学生不会焦虑，这是错误的。任何人都有焦虑的时候，成年人遇到一些事情的时候都会焦虑，更别说孩子了。学习成绩好的学生要保持原来的学习成绩，要不被其他同学追上，照样会焦虑，小佳就是其中一个。

所有的老师对学生学习状况都是心中有数，考后会找一些学生做工作，但决不会考试后公布成绩排名，以免产生负面影响。老师不排名，学生或家长会收集分数自己去排出名次，第一个学期小佳排在24名，这个成绩让她非常焦虑。要知道她在小学可是几乎次次考第一的。她妈妈问王老师，"是不是得给她补补课？这样下去可就完了。"

王老师说："不用，她适应了新环境后，自己能追上去。"

"真的吗?"

如王老师说的那样,过了一段时间,小佳逐渐适应了少儿班的学习,成绩稳步上升。她数学成绩原本很不错,可是到第四年上半学期,她连着几次数学成绩都不理想,开始怀疑自己的能力,常常失眠,学习也静不下心来,老觉得教室里空气不好,憋得慌,常常扔下书本就去开窗。

"你数学一直挺好的,最近不太理想,是不是没有用心思学呀?"王老师问。

"我用心了呀!"她答。

"你根本就没全神贯注,你一会儿嫌这屋太憋得慌,你都顺上不来气,别人怎么没有这种感觉,只有你非要开窗。如果你静下心来,把注意力放在解决一道数学题上,你肯定不会觉得这也不对,那也不好。再说笨吗?你不笨啊!你以前学得那么好,现在就会不好了,不可能!我不相信你学不好,不就是几道数学题嘛,所有老师都觉得你高考绝对没问题。"

小佳需要的是理解和放松,她需要老师的肯定,来减轻内心的焦虑。经过王老师的几次谈话,她的情绪渐渐平稳,恢复了以往的信心。最终以高分考上香港大学。

(八) 你不知道钱上有细菌?

家长是学生的第一任教师,家庭的教育环境,家长的人生态度行为准则都是其子女的示范,某种意义上讲家长对学生的影响比学校的教育影响更深刻久远。因此要取得好的教育效果,学校和家庭双方必须一致、密切配合,才能取得教育的最佳效果。

少儿班学生虽然在智力优秀,但在其他方面跟别的孩子一样,仍会有各种各样的行为上、认识上的问题,有的甚至还很严重。

笔找不着了、笔记本丢了,带来的小玩意儿不知哪去了,这种事在任何班级都会发生,这一般都是自己不在意随手一放,过后忘了放在哪儿了;也有同学恶作剧把甲的东西放到乙的桌子里,让你找去吧!这些都是一些小孩子的把戏不用大惊小怪,给予适当的教育和引导就行了。但如果学生放在书包里的钱丢了,就是大问题,是一定要追查的。

刘老师带的班有一次就发生了学生丢钱的事情。她到班里找线索,发现张晓不敢看她的眼睛,像是躲闪着什么。刘老师把他叫到办公室,经过简单的询问,他说了实话,拿了同学的钱去买吃的了。

刘老师把家长请到学校,因怕家长着急对孩子过分严厉,谈话开始时还做了铺垫,说了学生在其他方面的一些优点,然后她介绍了这次的情况说:"这次张晓偷拿了同学的钱,虽然不多,但……"

没等刘老师说完，张晓的妈妈打断了刘老师的话，转头质问张晓："你不知道钱上有细菌啊！那钱脏不脏？"

刘老师一听这话，特别生气，她之前对张晓的妈妈有一些了解，每次交班费或外出费用时，他妈妈都把钱放在信封里，让他把信封交给老师，从来不让孩子的手摸钱。

张晓拿了别人的钱，妈妈的第一反应不是孩子的行为出现了问题，怎样跟老师配合进行教育，反而说是钱上有细菌不该拿。家长的这种意识，让刘老师打心里着急。

刘老师让张晓先回教室，随后，她严肃地说："张晓妈妈，他是你的孩子，你重视他的身体健康，怕他染上细菌生病，但孩子偷拿别人的钱这一行为你却不重视，这怎么能行！孩子还小，虽然我们不能因这一次行为就认为他是小偷，但如果不加以教育，养成了习惯后果不堪设想。"

听了刘老师的话，张晓妈妈才意识到孩子的问题。接下来刘老师就孩子的教育问题与她进行了长谈。

两人达成共识：不在班上公开这件事，钱由刘老师退给丢钱的学生，因为是初犯且孩子还小，还分不清偷和拿的概念。但张晓偷拿同学钱的事一定要认真对待，要让他认识到问题的严重性，一定让孩子明白，未经他人允许，决不能随便动别人的东西，更不能据为己有。接下来俩人商量了教育的办法。

送走了张晓妈妈，刘老师把张晓叫到办公室，对他进行了教育。张晓知道了问题的严重性，表示以后决不会犯。他很感激老师对他的爱护和帮助，不在班里公开这件事。最后刘老师对他说："我相信你的决心，人都会犯错，只要认识了错误，改了还是好学生。"

"以后你要是实在想买一样东西，又克制不了自己，就来找我。如果我不在，你自己判断要马上买的东西是必需的，合理的，老师在抽屉里放了点钱，你可以来拿，事后告诉我就行。"刘老师知道学生不当行为问题的教育，不仅要堵，更重要的导。无论堵还是导，其中情感因素有很大作用，保留他的自尊，多给一些信任，多一点关怀，更能使学生增强自我约束能力，更有助于学生自动地向好的方向发展。

刘老师在班上对同学们说，"丢钱这件事现在已解决，拿钱的同学已主动把钱送回来了，他只是临时借用，本来就打算还的。他的错误是事前没得到人家的允许就私自去拿，这个同学认识到自己的错误，已经很不好意思了，大家就不要再追问是谁了。"就此还对未经允许就随便乱动别人的现象进行了分析和教育。

过了一段时间，看到张晓在纪律和学习方面都有进步，为了强化教育效果，还刻意让他管理班费。张晓看到老师不但没有因为他拿同学的钱而对他另眼相看，反而仍旧这么信任他，各方面表现更好了，班费账目记得清清楚楚。刘老师抽屉里的钱也从来没少过。

有些家长只关心孩子两件事，一是身体，二是学习，对于思想意识和行为上的问题要么盲目自信："我家的孩子能出什么问题？"要么不在意"这事没什么，树大自然直。"这种想法其实是停留在对3岁以前孩子教育的认识上，随着孩子年龄的增长，思想上的教育和引导，行为习惯上的养成会越来越重要，毕竟他们要走向社会，要在社会上立足，要成为一个受人尊敬的堂堂正正的人，所以"学做人"应该是青少年学习阶段的核心任务。良好的思想意识和行为习惯的养成需要日积月累聚沙成塔般的去完成，需要大人们在学生的日常生活和学习中时时注意引导和培养，如果忽视了，等到不良意识和行为成了习惯再去纠正，则无论是家长还是孩子都会付出痛苦的代价。

少儿班有位老教师曾对青年教师这样说："我们培养出的学生如果身体不好就是残品，学习不好就是次品，如果思想品德不好就是危险品。我们培养出来的应该是德智体全面发展的优秀学生。"相信这句话家长们听了也会引起深思。

学生的天职是接受教育，白天大部分时间在学校度过，所以全方位教育中学校起主要作用，是组织者，但是家庭在孩子成长中起着学校不可替代的着重要的作用，在有些问题上甚至是决定性的作用。两者一定要密切配合，共同携手教育好孩子。

（九）让孩子了解家长

在当今中国，孩子似乎成了家庭的中心，在大人围着孩子转的家庭模式下，一些孩子心中只有自己，认为别人对自己的关怀是理所当然。他们往往不会想到家长的感受，但这却不能全怪孩子，造成这种现象的根源在于家长只是一味满足孩子外在的物质需求而忽略了他们心理上、精神层面的需求，其中家长和孩子间沟通和相互了解，是心灵交往和感情维系最重要的渠道。事实上很多家长对孩子不真正了解，孩子对家长更不了解，尤其是十多岁进入逆反期后，最直接的感受是家长管得太多了，觉得烦，表现出不听话甚至有顶撞家长的行为。这阶段家长除要注意教育孩子的方式方法外，更要注意多和孩子交流。在交流时不要只围绕着孩子的问题谈，也要多谈谈自己的工作，自己的奋斗道路，事业和人生理想，自己的快乐和烦恼，甚至生活上、工作上遇到什么困难自己又怎样去克服解决的都可以谈，要让孩子了解自己。平等的交流，敞开心扉的谈话，会使孩子感到家长对自己的信任。家长的信任会使孩子把自己的定位从被教育被照顾的对象提升到是家庭重要的一员。有了对家庭事务的参与感，会使他们在不自觉间建立起对家庭的责任感，这会在很大程度上改善孩子的认识和行为。

在现实中,许多家长往往忽略孩子心理和精神层面的需求,总认为住在一起对自己有什么不了解的?孩子还小没什么可谈的,只要他好好学习就行了。这造成很多学生对家长不了解,甚至家长做什么工作,有什么爱好特长都不清楚。有一个例子让老师们深有感触。一次少儿班组织去慕田峪长城的亲子游,午岁后休息时开了个小小联欢会,学生老师家长都可来个即兴表演,一个家长在别人的鼓动下唱了一首歌,歌唱得确实不错,赢得了阵阵掌声,在大家要求下接连唱了好几首。没想到的是当同学和老师对小铭夸奖他父亲歌唱得好时,小铭说"我从来没听过我爸唱歌,我没想到我爸唱歌这么棒!"可见,学生对家长是多么不了解啊!

家庭是社会的基础,和谐稳固的家庭对孩子健康成长至关重要,其中家长和孩子间的亲子关系尤为重中之重。学校教育不仅要关心学生的在校生活,还要关心学生的家庭成长环境,要尽可能地挖掘家庭教育的积极因素,这是素质教育的应有之义。

少儿班的老师们认为学校教育要和家庭教育实现无缝对接,保持一致才是好的教育。为此采取很多措施,例如在学生十一二岁也就是进入少儿班第二年的时候,让他们回家观察家长的一周,把亲眼所见的家长一周的情况详细地记录下来。经过一周的观察,孩子们看到了家长们的辛苦,妈妈早上要比别人都早起准备早饭,爸爸常常在跟孩子聊完功课后还要为自己的工作忙碌到很晚。有的家长为解决工作上的问题常常学习到深夜,有的家长一心扑在工作上,周六日都放弃了休息。如果家里有老人生病,家长就会更累,一边照顾孩子还要一边照顾老人。孩子看到父母虽然很忙很辛苦,但对待工作那么努力认真,还取得了成就,内心自然产生了敬重和崇拜。

经过一周的观察,每个孩子都要写一篇感想。以前学生对父母的辛苦,往往是熟视无睹,现在去有意识地观察,就会深有体会,在写的时候往往会想到以前自己没想过的父母的优点,文章写得有血有肉很有感情。在教育学生要体谅父母,知恩感恩时不能总是空洞的说教,要让学生学会去观察,自己去了解,自己去体会,自己去得出结论,这样学生才会有真实的内心触动。

学生在写感想的时候,老师会进行引导,"你们看到的只是父母一周的生活,而实际上,他们任劳任怨,日复一日年复一年地这样为你们操劳。"这样孩子就更能体会到父母的辛劳,拉近了亲子间的距离。在此基础上再引导学生进一步思考,"除了体会父母为你们的付出,知道感恩,更重要的是去发现他们的优秀品质,作为子女要认真思考怎样才能继承和发扬光大。如果能做到这点,就是对父母的最好报答。"在老师的引导下学生从简单的观察,肤浅地了解到进行深入的思考。这样会使学生从对家长的单纯感恩之情,上升到对家长的佩服、尊敬,强化了家庭影响的积极因素,从心理和精神层面上加深了亲子关系。

我们来看一篇孩子写的文章。

敬业的老爸
王××

儿童时代的我，天真、幼稚，心中的偶像就是——爸爸！他高大的形象，呵护着我和妈妈，于是在我小小的心灵中立下可笑的志愿——长大要和爸爸结婚，像爸爸一样！而今天，十年过去了，爸爸在我心中的形象、地位依旧没变，只是，对爸爸更多了一份敬佩、尊敬，高大的形象也不再只是表面，而更是他敬业的精神。

爸爸是很敬业的。创业阶段，他早出晚归，在公司有时只吃一盒方便面当晚饭。有一次我夜里一点多起来，不经意间看见爸爸还在写着，写着……

还有一次，爸爸在东北照顾生病的爷爷，北京的公司里出事了，他接到电话立即放下照顾爷爷的事情，要赶回来。可一个星期之内的飞机、火车卧铺硬座都没有了，无奈之下爸爸还是东奔西走，终于买到一张软卧，在第二天赶回了北京。要知道爸爸是个很孝顺的人，可为了工作，他还是先放下私事。

很多次，我、妈妈和他约好要一起出去玩，或者已经在半路上了，一个电话，他就又急急忙忙赶回去了……在工作和私事间，爸爸一次又一次地选择了工作。他的敬业精神一次又一次影响到我。

我开始更加努力读书，想着爸爸还在他的岗位上奋斗着，就全身充满了力量。每当我要放弃，想偷懒的时候，想起爸爸的敬业精神，就会重新振作起来，鼓励自己要坚持，要向爸爸学习。

我很感谢爸爸，他教给我，要敬业。如果没有像爸爸这样敬业的人，我们就不会有现在的生活。爸爸努力地工作着，无怨无悔，成了我最好的榜样。尽管他因为工作耽误了许多，但为了更多人的利益，值得。因为爸爸的影响，我更加努力地学习，更加努力地做好我应做的事。

十年后，渐渐懂事的我，在心中再次立下志愿——以后要向爸爸一样，做一个敬业的，有利于他人的人！

学生的文章很短，朴实无华，但道出了孩子的真实感受，父亲的优秀品质在孩子眼中从一件件具体的事情上升到了精神层面，在内心深处产生了由衷的敬佩，不仅能

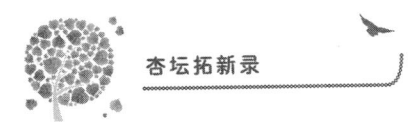

强化学习的动力,而且会照亮孩子今后的人生道路。

父母在看了孩子写的感想后,感觉到孩子长大了,有思想了,懂事了。这不仅会增进亲子关系,也会促使家长在孩子面前的行为举止有所约束,尽量展现自己优秀的方面,尽量用正确的教育方法从正面去影响孩子,对形成学生乐观、积极向上的心态和正确的价值观和人生观有很大的作用。

学生的健康成长需要有一个良好的教育环境,这不仅是物质环境,还有他所接触的所有人给予他精神层面的环境和营养,老师的责任是要在力所能及的范围内为学生创造一个优良的成长环境,包括学生的家庭。少儿班的老师们多年来始终把家庭教育环境看作学生教育的重要一环,不但有对每个学生家庭教育环境和亲子关系的调查,还会择机适时的开展一些活动,让学生观察父母一周再写感想就是其中之一,历来都会收到良好的效果。

托马斯·阿诺德说过:"父母的言行就是无声的老师,自觉或不自觉的榜样,强有力地发挥着潜移默化的作用。"

(十)男女生的交往不是错

"我爱他!我就是爱他!"办公室里传出一个女生的喊声。怎么回事?原来班主任龚老师正在和一个女生谈话。女生为什么如此激动呢?事情是这样的:

小健是个白白净净帅气的男孩,小欣很喜欢跟他接近。小健呢?没任何这方面的意识,没感觉。时间长了,小欣很烦恼,以至于她看到哪个女同学很小健说话时间长一点就会生气,就要找各种理由找那个女生的麻烦。这一次是因为小健做了件错事,被龚老师批评了,小欣知道后跑到办公室质问龚老师:"你为什么说小健?他有什么错?"

龚老师说:"小健犯了错误,老师当然要批评他,他也承认了错误,事情都过去了。难道是老师批评错了?"

小欣不语。"你找不出说我批评错了的理由,对吧。那你为什么来质问我呢?"小欣还是不说话。"你总得讲讲反对我批评小健的理由吧!"龚老师又问道。

"我爱他!我就是爱他!"小欣突然喊道,她爆发了。

学生自己都这么说了,给人的印象是小欣恋爱了,她还不到14岁,早恋了!龚老师可不这么认为,十三四岁的孩子刚要迈入青春期,他们开始对异性感兴趣,被自己好感的异性吸引是正常现象。这个时期由于受到一些影视和书籍的影响,往往分不清友情与爱情的区别,误把对某人的好感当爱情,其外在表现又会因性格而异或无意间去模仿一些书籍或影视中的情节。小欣的性格脾气龚老师心中有数,她对小健有好感也已察觉，只是设有机会做小欣的工作，这次机会上门了。

"你是爱她吗？我看不是，你只是对他有好感而已。"龚老师首先否认了小欣口中的"爱"。

"我不反对咱们班男女同学的交往，同学们不管男生还是女生，相互间交往、有好感这很正常，这是同学间的友谊，很珍贵。每个人在一个集体里都有几个人谈得来走得近一点，对另几个可能交往少一些，这也很正常，不是错。你对小健有好感，想跟他接近不是什么坏事，但你看小健对班上所有女生态度都一样，他没想到要和你成为更要好的朋友，你这么做有意思吗？"

小欣没说话，龚老师继续说："除了同学间的交往外，想跟一个人的友谊更深一点，也得看别人愿不愿意呀！你说对吗？你今天这么做，值得吗？"

小欣这时已经完全平静下来。看到她已经恢复了常态，龚老师知道今天的谈话到了适可而止到时候。

"你回去想一想，好吗？"龚老师让她走了。

对这类问题要冷处理，不能大惊小怪，工作要一步一步做，不能着急，欲速则不达，这是少儿班老师的共识。

龚老师非常了解小欣，她的性格比较细腻又比较拧，什么话都敢说。女孩子又比男孩早熟些，对男孩有好感不值得奇怪，而今天的事虽不说明小欣就是"早恋"了，但还是要引起警惕。

龚老师把情况告诉了她父母，他引用一位教育家的话说，当一个人处于青春期，大脑就像一个安全措施不到位的生物化学实验室，随时都可能导致行为上的混乱与无序。他建议父母对小欣不要过于严厉，漠视不行，太过着急也不行，要慢慢引导。

男女孩子间交往是有规律的，孩子很小时没有性别意识，在他（她）们眼中没有男女的差别，摸爬滚打在一起也没什么。稍大，通过大人的态度和兴趣爱好的不同，相互间拉开了距离，男孩和男孩一起玩，女孩们聚在一起玩，开始知道男孩和女孩是有区别的，这是性别意识的萌芽。再大，产生了对异性的好奇，互相吸引，互相接近，开始进入青春期，这大约在十三四岁，而女孩一般情况下比男孩子要早些。现代社会孩子的营养比过去要好，社会生活比过去开放，孩子们的青春期的来临又要普遍比过去要提前一二年，正值小学高年级和上初中的年龄。这一阶段正是培养学习习惯，认识世界，树立人生观的关键期，也是充满幻想，好奇心强，容易冲动，自我约束能力差，易受外界影响的时期。如果在这一阶段过于沉溺于异性的交往，必然会影响学习，进而影响高中、大学的升学和进一步发展，因而有人把初中阶段称为学生的危险期。一些家长甚至老师见到两个男女生交往密些就认为早恋了，惊慌失措之下用

严厉斥责，严加管教，甚至限制行动自由的办法来解决问题，这是不可取的。

处于青春萌动期的孩子内心充满希望和幻想，对未知世界充满好奇，被异性吸引，想要交往和了解是正常的人性使然，是他们成长过程中人际关系的不可或缺也是不可替代的一部分，也是孩子在努力探索自我，走向成熟和独立的过程。要尊重孩子的这种自我探索情感独立的要求，做有针对性的引导，避免他（她）们受社会上不良风气的影响而不能自拔。

龚老师后来跟小欣聊了一次，谈话主要意思是人的一生中不同的年龄就应该干不同的事。你有很好的天分，也有自己的理想，学生时期是正处于努力学习，打好人生事业基础的时期，现在不把主要精力放到学习上怎么能成就自己的理想？老师找你谈话是因你年龄还小，阅历还浅，同学们日常相处很有感情是好事，但错把对别人的好感当爱情就是一个误区，你们走向社会的路还很长，将来各人的发展会各不相同，比如可能会上不同的大学，比如会有不同的兴趣爱好，比如每个人的脾气秉性等都可能发生变化等等。现在你看问题还不全面，你可能只对他某一方面的长处有好感，将来呢？可能就会有变化……

谈话不能太多，点到即止，要表现出老师并没把此事太当回事，这实际是一种心里暗示，"这不是爱不爱的事，只是一时的冲动而已！"与此同时，也对喜欢议论此事的学生做了工作，要求他们不再议论这件事情。

工作起了作用，小欣的心态慢慢发生了变化，逐渐不再专注于小健，她的兴趣点投向了班上的各种活动。

后来小欣情绪稳定，发展很好，顺利地考上了北京大学。现在她有了自己幸福美满的家庭。

有一个故事：

一个六岁的小女孩，一直有"收集"的癖好。

其实她的收集，多为大人眼中的"垃圾"：糖果纸、饼干盒，甚或一些小纸头，都在她收集之列。大人为免太扫她的兴，于是给她一个大盒子装"宝贝"，但以此盒为限，若满了便必须自行清理、取舍。

有意思的是，每次她清理盒子时都会丢出一些东西，当初万般心疼地收藏的宝贝，才经过一两个月的时间，就被毫不留情地丢进垃圾桶。连她自己都说："好奇怪！我怎么会喜欢这个？"

这是一个老师讲的故事，讲完问学生，你们是否也有类似的经历？大多数学生会回答"是"

讲这个故事的老师是要告诉同学们，他们正在学习人生的路上，沿路的风景都很新鲜美丽，眼下看上去是好的东西会随着学识的增长、品位的提高、阅历的丰富而会有所变化。一个人不能太固执已有的一些爱好，把握人生的大方向，懂得取舍，区分轻重，学会放弃，才会得到更新更美好的东西。放弃是需要勇气的，但却是精彩人生的必备能力。

这个故事并不是针对所谓"早恋"讲的，但其中的道理确能对学生起潜移默化的作用。学生的处事能力其实是被思想意识所支配，正确的思想意识是由孩子生活经历中耳闻目睹的点点滴滴小事汇聚而成，教育工作者和家长们千万别忽略了小事所能提供的精神营养。

老师、家长们要给孩子们成长的时间和过程，对异性有好感是孩子成长中的自然属性，大人要尊重他们的成长规律，尊重他们的感情，要帮助他们走过这一敏感阶段，而不是一味地把他们成长中的宝贝扫地出门，在他们还当成是"宝贝"的时候，你越扫地出门，他们越觉得是"宝贝"，最好的办法是引导他们，让他们自己取舍学会放弃。

"王老师，您看这个，这可怎么办呀！"小丽的家长递给过来一个纸条，这是她在小丽的铅笔盒里发现的。纸条是一个男生写的，内容是他怎么佩服、喜欢小丽，想跟她交朋友。

小丽妈妈讲，小丽对这很生气，她根本没想跟这个男生交朋友。家长还要求老师想办法把那个男生和小丽隔离开。

遇到这种事，家长往往会忧心忡忡，怕孩子的学习受干扰，怕孩子会早恋。王老师告诉他没必要太着急，要正确看待男女生间的交往，发生这种递小条的事说明小丽有很多优点，让男孩子佩服，男孩子的行为也是他幼稚的表现。再说孩子不是没接受男生的要求吗！家长的焦虑反而对孩子形成压力，影响她的情绪。家长要夸奖孩子在这件事上很有自己的主见，和老师一起让孩子放松下来。

接下来王老师又成那个男生谈话，告诉他想和女生交往不是错，但一定要有分寸，要尊重别人，别给别人造成麻烦和苦恼，做一个平常的朋友不是挺好吗。

当然，王老师也会对男孩讲类似龚老师做小欣工作时讲的话。这件事就这么不动声色地解决了，两个孩子的情绪没受到太大影响，在班里仍像跟别的同学一样相互正常交往。

社会学家梅志罡教授认为，"早恋"本身就是个伪命题，对于小学生而言，即便叫上"老公""老婆"这样的称呼，也只是基于彼此间深厚的友情、懵懂的好感，在模仿大人的行为，与恋爱本身没有关系，但是用恋爱的形式伪装表达出来。因而说孩子"早恋"，本身就是对恋爱的一种误读。

男女同学之间的正常交往是一种纯洁的友谊，只要加以正确的引导，对青少年心理的稳定和人格的完善有着一种不可估量的积极作用。大人们对孩子间这种可贵的友谊应该小心爱护，别因为一些幼稚的行为而过分紧张，大动肝火。即使两个男女生间交往密切一些，家长认为有了"早恋"的倾向，也要征求老师意见做好疏导工作，因为青春期的孩子不但对异性好奇，会相互吸引，还正值力图摆脱束缚的叛逆期，两人好像是弹簧的两端，你越想用强力使其分开，两人间靠拢的力量就越大，结果反而适得其反，甚至会影响家庭亲情，伤害孩子心灵。

教育家马卡连科说："爱情是不能禁止的。"对于个别孩子，经过家长、老师确认，他的确处于恋爱状态，大人们应当在第一时间进行自我反思，孩子是不是缺乏家庭的温暖、在校受到的关注较少？是不是生活过于单调枯燥，没有使孩子感到兴奋有兴趣去投入的有益活动？以上情况都容易让孩子将兴趣和情感转移到经常接触的同龄人身上，形成对异性的"高度情感依赖"。家长也不必惊慌失措，粗暴对待，而应跟老师密切配合，改善教育环境、改变教育方法，拉近和孩子的心理距离，心平气和地和孩子谈人生之路，引导他理智对待，规范行为。家庭教育和学校教育相结合，就会有益于帮助孩子情感的健康发展。

有一些孩子虽非本意，由于性格使然会有一些容易令人误会的言语或举动，要在适当的场合和时机给予善意的提醒。例如有一个女孩子生性开朗活泼，到少儿班四年级时还没有太多的性别意识，经常和一些男生打打闹闹，不分你我，在少儿班虽没引起什么太大误会，但老师觉得应该在适当时候提醒她。这届毕业生高考完，在联欢会后，老师对她说："我印象特清楚，你进到少儿班，几乎每天追着男生打闹，男生就一个劲地跑。"

她说："老师怎么这么说，我就是爱玩。"

老师说："这没什么不好，女生有点男孩子气质多好。但是现在你要上大学了，是大姑娘了，就不要这样了，要学着稍微内秀一点，在大学追着男同学到处跑，就不好了。"

同学们和她都笑了，她自己也在这笑声中明白以后要内敛一点。老师们认为：老师有责任巧妙的提醒学生，让学生不觉得尴尬，又能认识到自己的问题。

现代社会的高度开放，孩子们很容易接触到一些在他们这个年龄不该接触的影视文学作品，社会上一些不良风气也会对他们产生恶劣影响，这会对学校教育产生很大冲击。曾有一篇讨论如何应对小学生"早恋"现象的文章提到一所小学五年级学生自创的打油诗："一年级的小偷二年级的贼，三年级的美女没人追，四年级的帅哥一大堆，五年级的情书满天飞，六年级的夫妻一对对。"且不论学生对"情书""夫妻"

理解的错误，仅就现象来说足以让人震惊！足以让人领略外界不良思想和文化现象对学生影响的巨大！

少儿班学生虽然经过测试智力优秀，但也是来源不同层次的小学，家庭条件也各有高低，入学时学生的思想意识、行为习惯也是参差不齐。他们不是生活在真空里，外界的不良影响同样存在，上述的两个学生的例子在少儿班30年历程中是不多的个案，真正所谓的"早恋"从未发生过。这不仅是因为孩子年龄小，最根本的原因少儿班老师们知道学生的任何不良倾向和行为都不会是单一因素造成的，都是各种因素的综合结果。认识到环境对孩子们的影响是巨大的，在成立之初就把创造一个适合超常儿童最佳发展的教育环境作为奋斗目标，清楚地认识到学校教育决不能碎片化，应全方位地考虑和设计。因此有，教育教学要讲究整体效应，对学生的教育全体老师要齐抓共管，成立以班主任为核心包括所有任课教师的工作小组（现称班级工作研究组-简称班研），探索实现社会、学校、家庭三位一体的教育，每月一次的家长会，每周一次的班级工作研究会，开展自然体育，开展各种社会实践活动，开展各种动手动脑的课外活动，鼓励学生超前学习，鼓励学生提出质疑，老师要学习心理学知识等等一系列教育理念和做法。

优良的教育环境不仅是时间上纵向的四年教育规划和空间上横向的家校密切配合，也不仅是引人入胜具有挑战性的课堂教学和丰富多彩吸引学生的各类活动，具有优良专业素养的教师更是不可或缺的基石，是教育环境具有生命力的原动力。在八中"师生双向成才"思想的指导下，在和学生斗智斗勇中已磨炼出一支既各有鲜明个性，又具有正确教育思想，了解学生心理和成长规律，工作得法，令学生可亲可敬的教师队伍。

学生们生活在这样一个环境中，挑战性的学习令他们兴奋，智力和体力的各类活动令他们向往，困难和失败时受到鼓励和帮助，进步和成功时得到夸赞和表扬，老师和家长的关怀、同学间的互助友爱使心灵受到抚慰，对理想的追求和努力后的成功使信心充满心田。学生们追求的是学业的精进，向往的是具有高贵品质的典范，攀登的是将来能为人类做出贡献的人生事业高峰。

此情此景中，求知欲得到满足，青春活力得到释放，人生目标明确，道德意识强烈，行为规范有据，怎么会去寻找与年龄不符的额外的情感慰藉呢？

第四章　超越因材施教

我小学的时候一度厌学，我觉得上学真是太无聊了，每天要写作业，明明早就学会了还得写他个十遍八遍。所以我想尽一切办法逃学，装病、装瘸、装脑残。我妈忧心于我再这样下去人生无望了，遂报名少儿班。

然后我就爱上了这里。

同样的知识点只教一遍，同样的解题思路只讲一遍，同样的题型只做一遍。每一天都充满新鲜感，每一课都充满挑战性，太酷了，太刺激了，这才是我热爱的学习状态。如果说从八年到四年，时间是如何节省下来的，很重要的方法减少重复性的教学。

少儿班的教学很快乐，老师们注重提高课堂质量，培养我们独立学习能力，让我们拥有质疑精神，建立了对科学问题的好奇心，对问题的钻研精神和学会找初步的方法。举个简单的例子，我们上课上到一半，就会有老师用微波炉开始爆爆米花，爆完一袋又一袋。然后我们边食用这些糊了的爆米花，边听老师讲函数：微波炉工作时间和爆米花爆开个数的函数关系。

再举个简单的例子，我们上课上到一半，就会有同学高喊着"老师您这解题方法简直是废废！！您别讲了让我来！！"然后他冲上了讲台。然后老师自觉地坐到了该同学的位置上。

从少儿班毕业之后，我再也没有经历过如此惊心动魄的课堂和课余生活,再也没有找到一个能够如此包容我们个性发展的地方。

这是毕业生小梅写的回忆录。她的感受也是众多少儿班毕业生的感受。毕业生大伟在回忆录里写道:

在少儿班,只要你愿意,学生可以向老师提各种问题,质疑他是对的还是错的,不需要考虑这个东西在不在教学大纲上。如果你觉得自己超过老师,甚至可以直接到讲台上来讲课。

我非常清楚地记得在化学课上,郑老师最经常说的一句话就是:"同学们,今天这个课呢,我不知道怎么讲。因为讲得快一点呢,怕有些同学跟不上,讲得慢一点呢,很多同学又吃不饱。"

人和人的学习能力不一样,差异化是非常重要的东西。理解任何人之间的差异,并且接受这种差异,研究这些差异,是对每一个孩子最好的事情。相对'一刀切'来讲,这种差异化的教学更有挑战性,每个人的空间也会更大。

在少儿班,只要你努力,你可以不受限制的接近你的上限。如果你不求上进,也不会有人待在原地等你。和传统教育比起来,每个孩子在这个班里的"地位"绝对不会和你以前在小学时候是一样的了。

少儿班的毕业生在网络论坛上很活跃,毕业生阿朗论坛里写了一篇关于少儿班的教学方式的文章:

关于教学方式,我觉得这个问题非常不好回答,我觉得就是……老师们讲的快了一点儿啊?同学们答出问题的速度快了一点啊?考试题难了一点啊?

但是怎么说呢,虽然我考得每次都非常惨烈,但确实没有感觉老师讲课讲得有多快。唯一一个能够记起来的"讲得快"的案例是,数学王老师有一次一节课飞快地掠过去48页书本内容。当时被我班奉为,用现在的话说"超神了"。

但是后来想想,少儿班的理科其实是用飞快的速度搞定那些基础的看书自学能学会的东西,然后上课讲那些必须得靠"点"才能点明白的深层的高级的东西,这就要求学生有很强的自学能力。

我们的实验课一节不少甚至更多。往试管里吐唾沫看唾液淀粉酶、解剖猪心看瓣膜、打点计时器50Hz,化学闻氨水什么的一样不落,第一年计算机课每周上机学VB……。

文科方面的话,英语当时用的是 Look Ahead。啊,那个谜一样的英语听力还带八国口音的而且还加环境噪音,加上每周限时背两篇 NCE。

语文记不清了,史地政音体美一样没少上。

是的，像小梅、大伟、阿朗写到的那样，少儿班学生智力超常，有些科目一看就会，他们还特别有个性，质疑教材，质疑老师，讨论问题时别人根本插不上嘴，他们自己甚至连吃饭喝水都忘了。这样的学生怎么教啊，靠压缩教材，靠题海战术，他们才不吃这一套呢！老师要是讲得不好，他们能去告你状，并想尽一切办法为难你。少儿班成立之初，这个问题就摆到老师们面前：是让学生适应老师的教学，还是让老师的教学去适应学生。少儿班老师的观点是——应该是老师适应学生，而不是简单地让学生对老师就范。这是少儿班一直提倡的"对学生的求知欲因势利导发挥学生主动性"的教育原则。少儿班要尽可能多地为学生提供具有混合性、开放性、交互性、灵活性、智能性、人性化的课堂教学。

苏联教育家巴班斯基指出，教学活动的一个典型特点是它不容许有千篇一律的现象，教学中最禁忌在课堂教学的结构方面，在教学和教育的形式和方法的应用方面的教条主义和死板公式。因此最优化教学不是一种抽象、凝固的模式，而是教师根据所教内容、学生的特点以及当时所具备的条件，精心选择的最有利于学生智能发展和可以使师生耗费最少的必要时间和精力而收到最佳效果的教学程序和方法的教学。少儿班教师享有最充分的教学自主性，无论是长期的教学计划的安排还是短期的教学方法的选择都由教师根据本学科教学内容和学生情况而定，从来没有发生过跟风和摆花架子的情况。老师们钻研业务、更新观念、学习新理论新方法，可以在教学实践中对打破常规的教学程序和方法进行实验，这些都得到校领导的充分支持和鼓励。

以上是少儿班成立之初就提出的教学理念，在教育不断发展的今天更显得具有前瞻性。当前，网络可以让人获得丰富的信息资源，这对教育者提出巨大挑战。

两千多年前，孔子的教育思想中就有"因材施教"的育人原则，因材施教就是要求教师在教学中尊重差异，区别对待，量体裁衣，对症下药。但因材施教突出了老师"教"的地位，而忽略了学生"学"的重要，单纯刻板地强调因材施教，容易忽略学生的主动性和探索创新精神，及研究意识的培养。陶行知先生曾说，"好的先生不是教书，不是教学生，乃是教学生学"。美国心理学家罗杰斯在其经典短文《我对教和学的思考》中，更强调"学"的重要性："我终于感到，唯一能对行为产生意味深长影响的学习，是个人发现并把它化为已有的知识。这种化为个人所有并同化到个人经验中的自我发现的知识，不能直接传予他人。"

少儿班在教学中，既重视老师的"教"，又突出学生的"学"，不再是老师教什么，学生就学什么，而是老师必须了解学生需要什么样的教育，老师可以给学生提供什么样的个性化的教学，老师必须从知识传授者转型为依学生个人特质做知识提供的辅助者，学生也要从被动接受知识转型为以主动、积极的态度来进行自主性学习的学习者。这正是少儿班的办学目标，即为培养在世界范围内具有竞争能力的一流人才打基础。为学生打好知识基础，培养他们的创新精神是少儿班的教学重点。在青少年时期打好必要的知识基础，对一个人的长远发展非常重要。有了一定的合理的知识结构，才能更科学主动地去自主学习。各科教学的原则是：以教会学生自主学习，培养创新精神为基本目标，创立充分发表自己的见解、鼓励批判性思维，研究型学习的氛围，打好知识基础和能力基础，培养学生严格要求自己的高动机水平的学习责任感。

少儿班的教学本身，已经超越了因材施教。

一、教育源于生活

生活教育是生活所原有，生活所自营，生活所必需的教育。教育的根本意义是生活之变化。生活无时不变，即生活无时不含有教育的意义。生活即教育，教育是从生活中来，从生活中展开。

——陶行知

（一）一起去看流星雨

"陪你去看流星雨，落在这地球上……"这是电视剧《流星雨》的主题歌，这么浪漫的事，少儿班的老师可是做过，他们是陪着全班的孩子看流星雨，当然不是为了那首歌。

那一年，教地理的丁老师听新闻说某日夜晚天空会出现流星雨。他可不能错过这个好机会。在征得学校同意后，他和少儿班的其他老师带着学生们来到了昌平。

照相机、摄像机、摄影架，同学们带的设备还真齐全。为了保证照片清晰，丁老师还特意跑到首师大地理系请教专家如何拍出更好的照片。

坐在去昌平的车上，同学们兴致勃勃地聊着四处搜到的关于流星雨的信息，聊得水都顾不上喝。然而，到了目的地，流星雨却迟迟不来。丁老师利用这段时间给同学们讲了流星雨产生的原因等知识。

夜里，降温了。天空突然出现了云层。同学们等不及了，纷纷问，"丁老师，怎么流星雨还不来？""不会不来了吧？"

丁老师心里也打鼓，这么好的学习机会，流星雨可千万别爽约啊！他赶紧打电话给气象局的同学，同学告诉他流星雨到来的时间比预报要晚一些，只要对准了方向等着，流星雨会来的。

听到这个消息，丁老师兴奋地让同学们定好罗盘方向。一听流星雨会来，同学们

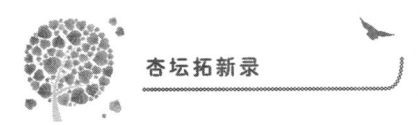

立刻都静静地等着。

等啊等，等啊等……

"快看，那儿！""还有那儿！""流星雨来了！"

学生们一边说，一边抓着自己的照相机按快门。

"怎么就这么点流星雨，说没有就没有了。"

"太少了。"

"老师，流星雨的标准是什么？是不是像下雨那么多才能称为流星雨啊？"

"老师，我知道流星发光是因为和大气摩擦生热产生的，会不会升高地球的温度啊？"

"在地球的其他地方也能看到流星雨吗？"

"流星雨隔多长时间发生一次？"

看来孩子们对流星雨很感兴趣。丁老师高兴地说："同学们的问题非常好，但是今天时间太晚了，明天早上我把答案告诉你们好吗？"

同学们也都累了，纷纷回去睡觉。丁老师趁这个工夫赶紧给专家们打电话，把所有的问题都弄明白了才去休息。

第二天一早，在回学校的车上，丁老师结合实际把昨晚学生们的问题都做了解答。岂知，隔了一晚，他们又有了很多新的问题。"流星含有那些物质？会影响地球上的环境吗？""流星是很小的小行星落入地球形成的，那会不会有地球上从来没有的物质呢？""我知道小行星带是在火星和木星之间，那怎么会被地球吸过来的呢？木星可比地球大多了啊！"

丁老师说："你们问的一些问题有的是我了解的，有的是我不了解的，等我们回到学校一起把它们弄明白吧。"

学生们对丁老师的"不了解"不但没有反感，反而更喜欢他了。因为丁老师与他们坦诚相待，会跟他们共同探讨各种奇奇怪怪的问题。

学生喜欢老师的课，对老师来说，这本是件高兴的事，但学生的喜欢却让丁老师的心里不踏实了，原因在于：在科技大发展和网络发达的现代社会，学生们获取知识的渠道太多了，过去是要给学生一杯水，教师必要有一桶水，现在是教师即使有几桶水也满足不了学生的求知欲，必须要不断地扩充和完善自己知识结构。

虽然那晚的流星雨并不多，但同学们拍的照片很精彩，那晚的流星雨让他们终生难忘。

（二）新疆的哈密瓜为什么这么甜

"同学们，假期都去哪儿旅游了？"

开学后第一节地理课，丁老师一上来就问暑假旅游的事，这可问到同学们心里了，他们的心还沉浸在假期里呢！

"我去浙江的绍兴和溪口了，一个是鲁迅的故乡，一个是蒋介石的老家。"

"我去江苏的苏州和南京，苏州有园林，南京有雨花台和总统府。"

"同学们都玩得挺好啊。八月份我去了新疆，走在路上，我穿的塑料鞋都快化了。"丁老师教的地理课包括自然地理、天文地理……他经常结合生活实际将所见所闻融入课堂中，这不，假期回来的第一节课他就将话题引到了假期旅游上。他还很喜欢"打水漂"式的提问，把石头轻轻抛入水中，接连溅起的一片片水花就是一个个问题，这些问题紧密相连，像水洇到宣纸上一样，把各种知识点连成一片。

同学们对丁老师的话题很感兴趣，"塑料鞋为什么化了？"有的同学甚至开始在笔记本上做记录。"我讲的这些不用记在笔记本上，需要记的时候我会跟你们说的。再来说塑料鞋为什么化了呢？因为天气太热了呗，地面温度太高了，40多度啊，哈密瓜的瓜秧都蔫了，叶子都耷拉下来。"

"白天温度这么高，比北京可热多了。"

"树荫下有点凉风，不过那儿虽然热，但身上却不会汗漉漉的。"

"为什么呀？"学生问。

"因为天气干燥，出了汗蒸发得很快。那天下午有人给我们送被子。我们当时还在嘀咕，这么热的天为什么给我们送这么厚的被子呀，我们当中有人把被子抱到了院子里晒着，到了夜里，你们猜怎么着？"

"怎么了？"

"发生了什么？"

学生的兴趣又被勾上来了。

"夜里我们又把被子抱回来了。"

"啊，为什么？"

"因为太冷了，夜里温度都到10度以下了，冻得我们直打哆嗦。"

"白天和夜晚温差这么大吗？"

"当然，去了新疆你就知道了。这也正是哈密瓜为什么甜的原因。"

"为什么？"

"因为新疆纬度高，白天日照时间长，阳光又特别强烈，哈密瓜的叶子趁这个时候快马加鞭地进行光合作用制造养分，并加紧把养分转化成糖分保存到瓜里，到了夜里，气温又特别低，植物新陈代谢比其他地区缓慢，消耗养分很少。你们说，哈密瓜白天把糖分积累在瓜里，晚上又不怎么消耗养分，能不甜吗？"

"老师，是不是昼夜温差越大哈密瓜就越甜？"

"是的，目前来说昼夜温差越大就越有利于糖分的积累。以后同学们要是从事科学研究，能不能研究如何在北京也能种出特别甜的哈密瓜来呢。"

同学们听了，似有所悟地点头。丁老师热衷于将所见所闻融入课堂，结合生活实际把知识输送给学生。

有一年，距离高考还有四个月，他被学校派到位于广东石龙的手拉手学校石龙中学教地理。

这一天，天气晴朗，丁老师带着学生们在石龙两平方公里的区域中走了一圈，他让学生一边走一边用画地图的方式记录下石龙的标志性建筑。学生们发现自己的家乡虽然地方不大，却有啤酒厂、水厂、电厂、电镀厂、养老院、幼儿园、学校等设施。

回到学校，丁老师给学生们布置了一道他结合实际自己编的作业题：根据广东的气候条件，为石龙设计一个理想的建设布局图。

看到学生们交上来的作业，丁老师哭笑不得，有的学生忽略了广东经常吹南风，把幼儿园放在了电镀厂的北边，"三五岁的孩子要是天天闻到电镀厂的味道，还有家长愿意把孩子送到这个幼儿园吗？"有的学生把养老院建在了电厂旁边，"发电机器有噪音，拉煤车川流不息，我们的老爷爷老奶奶晚上可怎么睡觉呀！"

经过丁老师的点拨，学生们重新设计了石龙布局图，电厂、电镀厂、啤酒厂相对较集中，位于养老院、幼儿园、学校的北边，水厂设置的离水源地较近，离居民区较近，有的同学还发散思维，在布局图上设计了政府部门、派出所等单位。

巧的是，那年广东高考地理题就是根据已知的风向、气候等地理条件设计一个城市布局图。从考场出来，同学们乐得合不拢嘴，"丁老师，你是不是之前的某个夜里跑到出题办公室偷了题啊？"

那年广州市地理平均分最高的学校是石龙中学，丁老师功不可没。

（三）红旗车为什么起步慢

用生活的经验来教育学生，是学生最容易接受的方式，也是教育效果最好的方法。西方哲学家胡塞尔也认为，教育源于生活，本应与生活联系在一起，然而人类在建构教育科学世界的过程中，偷偷地取代并遗忘了生活世界。生活世界被教育遗忘了，不仅带来教育科学的危机，也带来了人类文化的危机。为消除这种危机，他发出了"回到事情本身"的呐喊，并提出了"回归生活世界"的建设方案。

缪老师在每节课上都能联系生活，让学生们知道马上要学的知识在生活中是有用的，但缪老师有一个特点，课本上有的一些例子他不讲，因为都太平常，即使老师不讲，学生看看书也能了解，对着教材照本宣科的课堂没有学生会喜欢，老师要挖掘在生活中所接触的看上去跟教学不搭界的故事，老师心中的素材一定要比教材广得多，老师一定要舍得下功夫从生活中寻找素材，把素材里的问题抛给学生让学生思考。

缪老师有个学生叫大军，现在在夏威夷，前不久他专门带着夫人回来参加师生聚会。他往缪老师旁边一坐，就说起上学时候的事。他说："缪老师，您当年讲过的课您还记得吗？您在课堂上讲，第一个跟咱们国家建立外交关系的资本主义国家是英国，但是没有驻中国的大使，只能称为代办，只有法国是大使级别的，当年黄震是驻法国的第一任大使，他经常开会；开会的时候要提前到达，因为中国是一个大国，这说明中国的大使对法国的尊重，也有利于咱们国家开展其他的外交。"

缪老师想起了这节课，当时他给学生讲了一个故事：黄震大使坐的车是国产红旗，国产红旗最高时速120迈，跟当时西德的奔驰最高速度相等，但是当亮红灯的时候，黄震的红旗和其他外交官的奔驰都停在同一条起跑线，在绿灯亮起时，他们的汽车在相同的时刻启动，没有几秒钟西德的奔驰就蹿到前面去了，红旗车落下了，到会场也比人家晚了。黄震大使给外交部打报告要求换车，为了国家的形象外交部同意换车。

"为什么红旗车的最高时速和奔驰车一样，却比人家晚了呢？这说明红旗车的加速性能不好，起步太慢，为什么起步慢，这要用到我们的物理知识解释这个现象，这是我们要讲的启动的性能。为什么启动后在相同的时间里他走的距离比你的大，这里有加速的问题，牵扯到车辆的性能，其中最关键的是发动机的功率……"真实的故事和引出的问题把学生们深深地吸引住了，他们急于知道问题的答案。

这一堂课，学生们不但学到了功率等物理知识，还学到了有关汽车性能等课本上没有的知识。

（四）妖精与雷电无关

"我给你们讲一个新中国成立前发生在边境小山村的故事。"

"老师您快讲吧。"

"小山村对面有山，背后有山，可是这个小山村的村民祖祖辈辈不敢过河到对面山上去砍柴、打猎，因为从祖辈流传下来说对面山上有妖精。祖辈是怎么知道对面山上有妖精的？因为下雨的时候，对面山上一个劲的打雷，但后面山上却很少打雷。"

这是缪老师在给同学们上物理课。故事讲到这儿,缪老师在黑板上写下"前山多霹雳,后山不打雷",其实打雷跟霹雳意思是差不多的,为了不重复用词所以用了两个近义词,一下子学生就记住了这十个字。他继续讲,在人们对一种自然现象没法做出科学的解释时,会产生各种猜测,其中肯定有很多迷信的成分。

小山村解放了,来了一队人马,管它对面山上有没有妖精,他们涉水过河上山了,回来后对村民说"对面山上不但没妖精,还发现了一个矿藏。"

"矿藏?什么矿藏?""怎么知道没妖精的?"同学们对故事充满着期待,急于想知道答案。

缪老师笑着说:"今天咱们要讲的是电场中的导体和电介质,导体的特点是有大量的自由电子,天上的云彩由于空气的对流,使云层带负电,对面山的下面是铁矿,铁矿石是导体,导体里有大量的自由电子,因云层负电的作用,山顶上就出现正电。当电荷积累到一定程度的时候,云和山之间形成的强电场就会把空气击穿,天地间产生放电就是闪电和打雷。而后面山上是一座石头山。石头是什么?是电介质,电介质几乎没有自由电子,在电场的作用下,电介质分子只能产生极化。分子中原来正电荷的作用中心和核外电子云负电荷的作用中心是重合的,因而分子呈中性。所谓极化就是因电子没法摆脱原子核束缚仍在绕核运动,但是在外电场的作用下,正负电荷的作用中心偏离了,就变形成一端正电性另一端负电性的极性分子,这个过程叫极化。分子无法自由运动,所以虽然由于云层负电荷作用,石头山顶上也显正电荷,但正电荷数量非常有限。没有那么多电荷,形成不了强电场,不会把空气击穿就不容易发生雷电。"

缪老师讲的故事在课本上没有,就是学生们日常生活中见到过但又不知道其中奥秘的自然现象。

学生们津津有味地听着,看着缪老师一边讲一边在黑板上画的分析图……书本上平时学起来枯燥的电荷、电场等知识变得生动有趣起来。

二、别浪费孩子的天赋

教育的目的在于按照自然的法则全面地、和谐地发展儿童的一切天赋力量。

——瑞士著名教育家裴思泰洛齐

(一)为学生构筑新知识的生长点

"教聪明的孩子很容易,只要把八年教的内容压缩成四年教就行了。"这是少儿班的数学王老师刚到少儿班时的最初想法。然而现实给了他重重一击。

王老师压缩了数学教材，但这些学生上课基本不怎么听他讲课，他批评学生为什么不好好听讲，学生反驳他说都会了，对他讲的书本上的知识不感兴趣。于是上课时，他讲他的，学生们在下面干自己的。这样的数学课怎么教？他想起他上学时，老师说理科要想提高分数，做练习题是必不可少的。于是他像他上学时老师要求的那样不断让学生做题做题做题。四年后，他教的第一拨学生参加了高考，数学成绩很理想。

高兴之余，王老师又觉得哪里不对劲。学生高考分数高不代表他们学到了有用的数学，学生不应是做题和考试机器，当学生的兴趣点跟老师的兴趣点不一样时，老师有没有必要去关注学生关注的东西？有没有必要从学生的兴趣点出发，进行差异化教学？

王老师辗转反侧，以上的问题回答是肯定的。但矛盾还是存在，是眼前的分数重要？还是对孩子长远的影响重要？学生们都要参加高考，高考最需要的是分数，多做题对提高分数很有帮助。把大量宝贵的时间用在习题演练上是不是一种浪费？学生时代学到的思维方式、创新精神难道不是最重要的吗？但无论是学校还是家长，在应试教育下还是以高考成绩为标杆，以分数论成败，忽略了教育的真正内涵。

怎么办？鉴于现状，王老师两手抓，既要保证学生眼前的分数，又要为他们的长远发展考虑。根据学生的特点，他把初高中教材内容进行梳理整合，同时挑选合适的内容带着学生做研究性学习。每次研究性学习王老师都要求学生写出论文，期中期末考试都是笔试加论文。除去高考前的备考期间为了提高学生分数进行的反复演练不用写论文，前三年里每位学生至少写了12篇论文。

小溪同学现在从事研究工作，她12岁不到就能在阅读资料的基础上自己确定研究课题并撰写出不错的小论文。她在少儿班时逐渐积累了一些想法与经验，曾写过一篇质量很好长达30多页的数学论文，受到老师的称赞。她妈妈后来跟王老师说："孩子在少儿班期间最少写了12篇比较有质量的论文，这对她的后续发展非常有利，国外选拔学生的重要条件之一就是研究的能力，看是否有独创性。"

事实上，少儿班的有些课上得像大学的课。老师就像一个导师，给学生一个课题让他们去研究；学生也可提出自己感兴趣的问题去进行研究，由老师给予必要提示和帮助。

老师们认为，知识本身就可以再提出问题，学生在解决问题的过程中学习，收获的不仅是知识，还有更重要的科学思维方法和研究方法。衡量一个学生的水平，不仅要看你掌握了多少知识，还要看你是否具有发现问题和解决问题的能力。

毕冉和陶陶，这两个孩子个性比较鲜明，老爱惹事，让老师很头疼。但王老师没有因此而疏远他们，反而认为有个性的孩子如果引导得法会成为有用之才。一次，王老师在课堂上讲三角形全等判定条件，学生们掌握得很好，但是课下毕冉和陶陶问他："老师，四边形全等怎么判定？"

对于大学生来说提出这样的问题很自然，但是中学生提出这样的问题为时过早，王老师不太愿意回答这样的问题，因为回答这个问题比较复杂，而且这个问题跟高考没有关系。学生随便提一个问题，老师都要跟着走下去，那老师得同时研究多少问题啊！再说没有那么多课时，教学计划怎么完成啊！

王老师跟同学说："这些问题上了大学老师会讲的，到时候再研究吧。"但是过了几天，他们拿着一沓纸来了，他们说："老师，我们已经研究得差不多了，我们知道四个条件不能证明四边形全等，还找到了几个反例，但是为什么不能证明呢？"

王老师暗自佩服他们，数学研究就是这样，正反两面只要找到证明就行，当出现一个问题时，你要是认为对的就要证明它，你要是认为错的，就要去找反例，这是数学研究的基本方法。学生找到了反例，知道只有四个条件是不行的，还要再找第五个条件，第五个条件特别难找，有五十多种情况，他们还没有搞清楚。他们问王老师："老师，你能不能帮帮我们？"

学生们的研究进行到这个份上了，如果还不管这个事情，他作为老师就太说不过去了，一件事情可能影响不大，但是两三件事情以后，学生会觉得老师无能，也不愿帮助他们。学生和老师的感情疏离了，教育效果就会大打折扣。

当这两个学生把二十多页的草稿递到王老师手上时，他已经看到这二十多页草稿的价值，这个价值不在于是否研究出了成果，而在于他们具有独立思考，发现问题的能力和试图去解决问题的积极态度。

经过了解，王老师发现参与这项研究的还有好几个同学，这让他欣喜若狂，学生们这是在做学问啊！

梁漱溟25岁时已经是北大教授了，1928年他在广州中山大学做了题为《做学问的八层境界》的演讲，他指出：简而言之，所谓学问，就是对问题说得出道理，有自己的想法。想法似乎人人都是有的，但又等于没有。因为大多数人的头脑杂乱无章，人云亦云，对于不同的观点意见，他都点头称是，等于没有想法。我从来没有想过要做学问，走上现在这条路，只是因为我喜欢提问题。提得出问题，然后想要解决它，这大概是做学问的起点吧。

梁漱溟分八层来说明他走的学问之路：因为肯用心思所以有主见（形成主见）；有主见乃感觉出旁人意见与我两样（发现不能解释的事情）；此后看书听话乃能得益

（融会贯通）；学然后知不足（知道不足）；由浅入深便能以简御繁（以简御繁）；是真学问使有受用（运用自如）；旁人得失长短一望而知（一览众山小）；自己说出话来精巧透辟（精辟通透）。

那次讲座的最后，梁先生向诸位郑重声明的：我始终不是学问中人，也不是事功中人。我想了许久，我是什么人？我大概是问题中人！

国家需要的正是问题中人啊！需要的正是有能提出问题并着手去解决问题的人！

这些学生不就处在做学问的起点上吗！

王老师在数学课上郑重地宣布，课本上的内容暂不讲了，接下来的时间大家共同研究四边形全等的条件，什么时候研究出来什么时候继续正常上课。他给班里的学生分了组，强弱搭配，让每个学生都有事儿做。

毕冉和陶陶，这两个提出问题的学生非常自豪，老师停了数学课让大家研究，说明老师对他们的重视，班里同学的积极性也调动起来，一上数学课，同学们总要讨论得热火朝天，不亦乐乎。

一晃，两周时间过去了。让学生们停课用两周的时间去做一件与课本知识无关的事，看起来实在有些疯狂。有些人甚至不能理解，正常的数学课停了，教学进度怎么完成？有家长也提出意见，怕学生数学成绩下降，毕竟这段时间干的是跟课本和考试无关的事。王老师这样解释，"做题是学习，搞研究也是学习，做题只是一种知识的重现、再现，搞研究不但能达到做题所达到的效果，还能达到做题所达不到的更好的效果。学生们是在探索一个新的东西，论证过程中的头脑风暴让他们不断提出问题，解决问题，再提出问题，再解决问题，他们在这个过程中对知识有着更深刻的认识。""我希望孩子们是因为数学自身的魅力而喜欢它，而不是因为能考到高分去喜欢他。"

跟王老师一样，少儿班的很多老师在教学中不但注意让学生打好知识基础，培养学生的兴趣，还注意为学生构筑新知识的生长点。

赵老师在讲物理课时，总会向学生们强调，当前所学的知识是前人研究的成果，是人类智慧的结晶，非常重要必须掌握。但这些知识也不一定是百分之百的正确，人类对自然界的探索永无止境，有些现在看起来是正确的，可能随着科学的进步将来就会发现是不完善的甚至是错误的。真正热爱科学的人在学习知识时就要多思考多追问，善于发现问题。

在讲气体性质时，赵老师讲了理想气体的等温等压等容的状态变化和气体的状态方程。讲了这些就完成教学任务了，但赵老师没有停留在此，下课前他说，"我们学习了从宏观的角度研究的理想气体状态变化的规律，那么从微观的角度看气体压强究竟跟什么因素有关呢？真实气体的状态变化又是怎样的呢？"他向同学们提供了一些线索，并提议有兴趣的同学课下可去思考研究。

下课了，同学们呼啦啦围上来，争先恐后地与赵老师探讨推导真实气体的状态要考虑那些因素，从微观角度出发怎么去研究气体的压强等问题。赵老师看着他们，心中暗自高兴，这种再向前"点一下，留一手"的方法对他们真管用。遇到合适的内容，在讲授知识时特意不把知识全讲出来，只讲一部分内容，但却吸引着学生在已知基础上自主地向纵深学习。这在少儿班叫给学生一个"新知识的生长点"。

赵老师认为，不要认为学生们年龄小，基础知识有限，学会当前知识就行了，实际上他们的求知欲极强，所差的是不知道怎么去探索，这就需要老师给他们引导，帮他们找到探索的方向，让他们知道知识是没有穷尽的，真理是需要不断探索的。千万别把课本知识讲死了，决不能让学生产生一个课本知识百分之百正确的错误观念，要培养学生勇于去发现问题，勇于在现有的知识基础上去探索新知识的精神。这正是少儿班教学一直以来坚持的，也正是当前教育所亟须的。

打开一扇窗，可看到远处风景，打开一扇门，可出去走自己的路。愿所有的学生能看得更远，走得更远！

（二）用兴趣唤醒自我

任何一个班只要考试打分，总会排出个一二三四名，即使学校禁止排名，学生自己也会排出队来，这在少儿班也不例外。班里总会有几个同学，成绩不很理想，老师怎么鼓励怎么讲道理都没用，成绩就是上不去。但他们不是一无是处，有的动手能力强，有的美术很好，还有的有领导力。王子仲就是其中之一，他动手能力特别强。

赵老师组织了一个课外兴趣制作小组，凡是有兴趣的学生都可以参加，大家聚在一起做一些自己喜欢的模型。一次学生们想做一艘巡洋舰模型。赵老师自己做过小型船舰模型，但像巡洋舰这么复杂的模型还没做过。他就跟兴趣小组的同学说："我这儿没有图纸，咱们自己找吧。"

王子仲积极响应，"好，咱们就自己找。"

在师生的共同努力下，图纸找到了，接下来就是准备材料动手制作。赵老师记得特别清楚，孩子们为了做模型星期天都不休息，或者在家里自己研究模型，或者几个同学聚在某个同学的家里一起研究，他们喜欢动手制作，不休息也心甘情愿，这就是兴趣的力量。

有一天，王子仲跟赵老师说："我们以后周六能不能到学校来做模型？"

看他们这么有兴趣，赵老师答应了。

有一次，赵老师因为有事稍微来晚了一会儿，到学校活动室一看，孩子们都不在。赵老师家离学校不远，学生们知道他家住在哪里。赵老师心想他们是不是到家里找他了。等他回到家，看到家门口贴了一张 A4 的纸，上面写着："赵老师，我们来找你，你不在。"赵老师用手去撕那张纸，贴得结结实实的，估计得用了半瓶胶水。

赵老师赶回学校，一见到他们，装着生气地说："你们干的好事，门上的纸贴得那么牢，怎么弄掉啊！"但事实上，赵老师心里特别高兴，学生们的行为说明了他们想做模型的急切心情。

兴趣小组里，赵老师发现王子仲动手能力确实挺强，特别投入地研究制作模型，但他的学习成绩还是那样风平浪静没有起色。有老师提意见：他功课在班级不那么好，课下就往活动室跑，占用了大量的时间，这样会影响学习，干脆把他的课外活动停了，让他把更多的时间用在学习上，把功课补上来。千万别因为做模型，使学习成绩再下降。

赵老师不想停王子仲的课外活动，他的兴趣那么浓厚，现在停下他热衷的事，他会很不情愿，你不让他在学校里制作，他可以回家自己琢磨自己研究，这跟没停是一样的结果。赵老师倒觉在模型制作中所需的各种知识会引起他的兴趣，既然那么热衷，肯定会自己去钻研，一旦钻进去了，学习的主动性和学习能力肯定会提高，也会建立起对自己学习能力的信心。以往他学习主动性不够，主要原因是认为自己能力差，再费劲也比不过别人，有得过且过的想法。可以抓住这个机会，提高他的自信心，把他的兴趣引导到学习中来。

赵老师看到，为了制作模型，王子仲非常积极的查资料，借书，问一些问题。过了一段时间，赵老师找机会跟他谈话："怎么样？做模型过程中碰到很多的难题都解决了吗？"

"有的解决了，有的还没有。"

"你怎么解决的？"

"看书呗！还有的是我们一起讨论的。"

"你看，不用老师教，你就学了很多知识，从这儿看学习难吗？"

"不算难，我发现有的知识开始看不大懂，后来多看几遍再仔细想想就能弄明白。"

"你们的模型已做得差不多了，我听同学说你的贡献最大，你还给他们讲船舶设计要考虑浮心和重心的关系，那可是我们课本上没有的。"

"是，那是我从书上看来的。"

"你还解决了螺旋桨的问题？"

"这是我去少年宫舰模组问的老师。"

"你看，任何事情只要上心，就一定能做好，同学们都挺佩服你的。"

"老师，我知道你的意思，想告诉我学习不难，只要上心、用功就一定能学好。其实我也发现了我不比别人差，多下点功夫什么都能学好。"王子仲自信地说。

"你真聪明，我要的就是你这句话！"赵老师知道，大道理不用再讲了。

模型做好后还在学校科技节上展出，兴趣小组的同学们都很骄傲。在同学们眼中，王子仲也有了威信，而他自己学习比原来努力多了，成绩也逐渐上来了。

很多学生成绩跟不上的原因是因为自信心不足，认为自己再怎么努力也比不上别人，就会得过且过地跟着混，这样的学生往往让老师和家长很头疼。这类学生如果总是对他说要好好努力学习，甚至严加督促，强令他放弃玩的时间去做题、去复习，是起不了多大作用的。解决之道是要相信每个学生的内心深处都是要求上进的，他们表面的不在乎只是在掩盖内心的不自信，只是在保留自以为是的面子，关键是要找到一个突破口，让他能真实地领会到自己的能力不比别人差，只要努力，成绩也不会比别人差。要因势利导，在他感兴趣且又擅长的事物上给予支持，创造条件，让他经过努力取得成绩，这样他既能感到老师对他的信任和关怀，又能看到努力后的成功，无论从情感或自信心方面来说都会增加他学习的动力。

有些看似跟学习无关的事，也会成为学生建立自信心，提高学习主动性的突破口。

关键，是要去发现！

（三）在"不务正业"中焕发自我潜能

那一年，少儿班的晓溪和佳悦一同研究的研究性项目《脊椎动物进化的血液学分析》获得了由北京市科协、北京市教委、北京市科委共同主办的"北京青少年科技创新市长奖"，还进入第21届全国青少年科技创新大赛保送生名单。

那一年的5月26日，《全民科学素质行动计划纲要》实施动员大会在人民大会堂召开。晓溪作为新中国成立以来最小的发言人，在人民大会堂讲台上发言。

这两个女生经过层层选拔才进入市级的评比，最后能取得研究成果很不容易。她们是偶然参加了学校的科技活动接触到这个研究的。理科生都知道，进行研究性项目会对以后了解科学思想科学方法有帮助，于是她们在老师指导下进行了研究性项目《脊椎动物进化的血液学分析》。

在确定了要做研究性项目后，两个女孩没想到会牵扯到自己那么多精力。这个项目从区级到市级到全国级竞赛，花了近两年的时间。用晓溪的妈妈的话说，那段时间科技活动成了她的主业，学习倒成了副业。在更多人看来，不抓紧时间学习备战高考，而去研究课题，她们简直就是"不务正业"。

十三四岁的孩子去做研究，对她们来说是一个全新的挑战。因为她们不懂研究方法，不懂数据整理，不懂论文写法。对她俩来说不懂的事情实在是太多了。经过很长时间的实验、观察、记录、分析、收集数据等，开始写论文了。但她们写的论文跟流水账一样，这样文字怎么能叫论文呢！

指导老师说写得不对路，根本不是论文的格式，内容也不够充实。老师找了一些范文，让她们看看人家是怎么写的，包括问题提出，研究目的，研究对象，研究方法等相关内容都是有顺序有条理地列出来的。她俩一看傻眼了，跟她们的论文比起来，那真是一个天上一个地下。

当时距递交论文的时间只有一个礼拜了，她们没日没夜抢时间改。改完的论文拿到区里参加比赛，竟然晋级到市里，她俩有点小惊喜。但指导老师又提出了意见，又让她们查资料、找专家、做实验、改论文……直到她们研究的课题参加了全国的比赛。

那段时间里，这两个女生几乎每天晚上都要过12点才能睡。兴趣是最好的老师，一点没错。她俩越研究越有兴趣，遇到问题就越要把它研究透。面对这样高强度的作息时间，第二天她俩还能精力十足地上课，这得益于少儿班的自然体育课。在三年的时间里，学生们的身体素质有了很大提高，就算连续熬几天几夜，也没有问题。

论文最终被她俩改了几十遍，从千把字到一万字的论文，这中间的辛苦只有她们自己知道。在写论文、制展板、多次答辩的过程中，她们也不是没有动摇过。耗时这么长的一个课题，别说是孩子了，就是大人有的也吃不消。这两个女生坚持下来了。晓溪自己说，遇到的困难相当多，但现在想起来更多的是收获。通过研究，她的知识面得到了拓展，思维能力有了提高，语言表达变得更加理性和有条理，对科学事物能够正确认知，并掌握了一些研究方法，她们还学会了到大学才能学到的写论文的基本方法。她们参与的虽然只是一个课外兴趣研究，但是收获还真是不少呢。

历时两年，把研究项目坚持到底，并且取得了一定成绩，这让晓溪很有成就感，当打败研究过程中的困难后，她感觉自己是一个胜利者。但在做研究项目的过程中，她也有矛盾的时候，在研究上花了时间费了精力，势必在学习上花的时间和精力就要减少。研究的初期，她的学习成绩有所下降。三年级末到四年级的一段时间，她的学习成绩急速滑坡，从三年级班里前五名，掉到四年级的十七八名。那会儿已经距高考一模的时间很近了。班里一共就三十个学生，掉到十七八名，那是一个什么概念，属于中等的学生了。晓溪着急了，睡不好吃不好，离高考没多少时间了，考不上理想的大学怎么办！这时妈妈告诉她，"你有坚实的底子，科研课题的困难你都克服了，高考也不怕，只要找准自己的问题，这次也一定能走过去。"

是啊，科研课题的那么多困难都克服了，晓溪就不信，成绩一直排在班里前几名的她会被考试吓倒！针对她理综数学科目在选择题方面出现的漏洞，老师们帮她找原因，有的放矢地进行辅导。她的爸爸妈妈在强调其自理能力的前提下，做好晓溪后勤保障工作。一模的时候，晓溪的成绩又回到原来的位置！

离高考还有几个月时，晓溪得了肺炎，连住院带休息花了半个多月的时间。高考在即，时间多宝贵啊，晓溪沉不住气了，这样下去，还怎么参加高考啊。爸爸妈妈安慰她，"既来之则安之，相信你能行，相信你能迎头赶上，养好身体，再来调整学习的战略战术。"晓溪病好后，爸爸妈妈和她一起把握分寸，不让她拼时间，十一点前必睡觉，睡好是第二天精神饱满地投入学习的保障。如果因睡眠不足白天精神不好，靠晚上熬夜学，必定会形成恶性循环，得不偿失。

事实证明，晓溪和佳悦研究科学课题尽管花费很多时间，但她们所学到的能力对在大学学习很有帮助。最重要的是，她们还发现了自己原来能同时能兼顾研究和学习，尤其是晓溪在自己生病耽误了半个月学习时间的情况下还能考出好成绩，这说明她还有潜力，在面对困难时能沉着冷静地安排好一切。

自信心不是别人能给的，空洞夸奖构筑的自信心只是一个美丽的肥皂泡。自信心是通过自己努力和汗水在克服困难的过程中获得的。

晓溪和佳悦如愿考上了心仪的大学。当大学同学为了论文焦头烂额时，她们已经轻松地完成了，这可都是在少儿班打下的底子帮了忙。另一个班的张紫欣完全有同感，她在回记录里说："我写论文的基础能力，也是拜少儿班时期徐老师坚持要求我们写周记和最后坚持要求我们多写议论文的严格要求所赐。在研究生之后的阶段，可以明显看出我的写作比其他研究生同学更有逻辑性和整体性，因此我从研究生阶段就一直经常为别人修改论文，也成就了目前指导研究生的基础能力。"

少儿班支持王子仲这样的学生有自己的课外兴趣，支持像晓溪和佳悦这样的"不务正业"，少儿班不缺"不务正业"的小能手。小佳回忆当年在少儿班时的生活时写了一篇小文：

每个班里都会有一个写小说给全班人看的，对吧？

我们班保守估计有仨。我是其中之一。我们班的文章包括但不限于：穿越、网王死神少年阴阳师等各种另类、谍战、战争、魔幻、玄幻、诗、词、散文、日记……

我们班人民群众喜闻乐见的课余活动，包括但不限于：弹瓶盖儿、叠纸飞机、扔塑料瓶子、打乒乓球、下飞行棋、看 Happy Tree Friends、拿电教柜放音乐、偷拍老师、叠纸蛤蟆、顶瓶子、地图游戏、集体咏唱 Phantom of the opera 里那段 Where in the world have you been hiding, truly you were perfect、用各种表演流派一边表演一边在英语老师面前背诵新概念、用电教柜打百战天虫和红色警戒，我们班有一堆人加了文学社并攒了个合本，我还加入了一个军事协会……

我毕业后进入中国传媒大学，动画数字艺术游戏设计技术专业。后又拿到旧金山艺术大学 AAU Motion Picture/Television 的 MFA 项目 offer，秋天去读。预计我将会是同学当中最 low 的一个……因为我们班其他同学，各种清北，各种本专业内 Top1……

（四）接受"爱折腾"的学生

丁老师是个很外向的人，他风趣幽默，很能跟学生打成一片。学校把他调到少儿班时，他很自信，少儿班的学生聪明机灵，肯定一点就通，教起来一定很省心省力。没想到，他低估了这帮孩子。

头一天上课，一进教室他就发晕，孩子们有的站着大声嚷嚷，有的来回晃悠，这哪是课堂啊，分明就是"猴窝"啊。

开学不久，美国的一个访问团要来少儿班听课，丁老师"有幸"被抽中了。丁老师属于人来疯，人越多，他讲得越起劲，对外来听课一点都不怵。

那天他讲的是《宇宙·生命·人类》。

为了吸引同学们注意力，他一上来就提出了问题，"那么大的宇宙中除了地球上有人，别的星球还有人吗？"

教室里炸了锅。同学们纷纷高举起手臂，不等丁老师点名，已经争先恐后地答上了：

"老师，有，有一个星球上有外星人，他们长着三角脑袋！"

"老师，外星球真的有人，他们个头可高了，拿着新式武器，要跟地球人决斗。"

丁老师一看这架势，简直要没法控制了。他一开始抛出的问题只是为了提起学生兴趣，再进一步讲为什么其他星球上没有人，人类生存的条件是什么，现在，课堂这个阵地完全被学生抢夺过去了。丁老师以前去外校听课，一遇到这种情况，讲课老师就开始用语言镇压学生，"你说的不对，坐下。""就你爱出风头。""每次你都爱举手回答，没一次回答正确的。"他可不能这么做，这样做的直接后果是以后课堂就不活跃了，学生们就不响应你的问题了，课堂成了老师自己的课堂，缺少了师生的互动，课堂效率必然大大降低。

丁老师倚在黑板前，看着台下学生乌啦啦的你未说罢我登场，心里琢磨这节课该如何收场。再一看，翻译手忙脚乱地翻译，已经不能及时地把学生们的话翻译过来，教室两侧听课的来宾有的也懵了，但来宾当中竟然有人频频点头，估计是懂点中文。

这时，王天然站起来说："老师，我看的科幻书里有外星人，外星人可厉害了。"

王天然的话让丁老师看到了时机，一向应变能力很强的丁老师急忙抓住这根"救命稻草"，"王天然说得对，科幻书里是有外星人，你们说的外星人是不是从科幻书里，小说里，电影里知道的呀，你们真的见过外星人吗？有什么证据吗？有照片吗？有科学论证吗？"

台下学生哈哈大笑起来，"没有。"

"既然没有，那你们就听我说，为什么外星球到现在还没有发现人类，这是因为观察到的外星球没有适合人类生存的条件，这些条件是什么呢？"丁老师讲着，课堂已经完全安静下来。

一堂乱糟糟的课堂被丁老师重新控制住了，阵地被夺回来了。他接着讲人类生存需要哪些条件，主题被拽回了他要讲的《宇宙·生命·人类》。但整节课被学生用去了三分之一，他的幻灯片和地理课件还没来得及放映，下课铃就响了。这节课既生动活泼又有富有知识性，学生们意犹未尽，来宾们起立鼓掌。

丁老师长舒一口气，险些让这帮"猴精"给"耍"了。这帮孩子的"折腾力"真不能低估。他其实很喜欢学生"折腾"，能"折腾"的学生脑瓜转得很快，有一定想法，有一定的创造力，如果课堂氛围很闷，学生一定不会发散思维，学的时候也提不起精神来。

有的时候，丁老师明明知道学生所提的问题的答案是什么，但他偏说，"我也不太明白，你回去查查资料，我也查查资料，找个时间咱们交流一下。"他从来不把自己的位置放得很高，他充分尊重学生，他认为学生和老师是平等的，可以一起探讨研究，他更深知，过去是备课，现在得备学生，学生们从书本从网络等渠道了解的信息太多了，不备学生就被学生备了。老师业务不精，一旦被学生备了，他的教学工作将举步维艰。

正如马卡连柯所说：不论你是多么亲切，你的话说得多么动听，态度多么和蔼，不论你在日常生活中和休息的时候是多么可爱，但是假如你的工作总是一事无成，总是失败，假如处处都可以看出你不通业务，假如你做出来的成绩都是废品和"一场空"，那么除了蔑视之外，你永远不配得到什么。

（五）用兴趣和探索引领学习

中国有句俗话"师傅领进门，修行靠个人"，缪老师这个师傅怎么样把这样的小孩领进物理学科的大门呢？最有用的法宝是激发他的兴趣，一旦学生感兴趣了，接下来向他们讲授物理概念、规律、方法的时候，他们就有了积极性、主动性。

缪老师的老师是朱正元，物理教育家，浙江大学十大名教授之一，与苏步青、王淦昌等人齐名。朱教授有句名言叫作"物理要就物说理"，就是你胸中必须有这个物，也就是客观的事实，然后去追求他的道理。像众所周知的现象也要提出个为什么，要启发学生产生兴趣，进行探究式的学习。缪老师谨记这一点，让自己的课堂尽量与众不同。

缪老师讲，光在同种均匀介质中直线传播时，小孔成像是例证之一。他教学生做实验：1. 放好蜡烛、小孔屏和毛玻璃屏。点燃蜡烛，调整烛焰和屏的高度，使蜡烛的火焰、小孔和毛玻璃屏的中心大致在一条直线上。蜡烛和小孔屏的距离不宜过大。调整后，可以在毛玻璃屏上看到蜡烛火焰倒立的实像。2. 移动蜡烛或毛玻璃屏的位置，可以看到，蜡烛距小孔越近或毛玻璃屏距小孔越远，得到的像越大。同学们跟着缪老师做了实验，看到这一物理现象变化，禁不住高兴地叫起来。

"小孔成像这个实验，不是挺简单吗？日常生活中这个光现象其实有很多，只不过你们没有注意观察，没有发现而已。比如树林中树叶缝隙有各种形状，但透过树叶缝隙的阳光照在地上的光斑是什么形状你们知道吗？你们可以仔细观察，想一想这里面有什么道理？刚才的这个实验你们可以自己试着再做做，以后这样的实验还多着呢"，缪老师笑着卖关子。

当时班里最小的学生叫汪旺，他来少儿班的时候是7岁半，个子很小，坐在椅子上两个脚够不着地。下课了，大个子学生经常抱着汪旺玩。讲了小孔成像后，学生们琢磨着检验一下实验，当时学生们在老楼上课，窗外有一排茂密的树，教室光线特别暗，所以上课经常开着日光灯。男同学把他抱到窗台上，教室门外面是一个走廊，门上有"文化大革命"留下的伤痕——一个小窟窿。几个学生到走廊里面去把楼道两边的门关上，相对的成了一个暗室，再把教室门关上。教室里毕竟有日光灯，就把窗台上的汪旺照亮了，几个学生在走廊对面的墙上看到汪旺的倒像了。毛宇脱口而出，"这不是闹鬼了吗？"因为汪旺的脑袋变得抽象了。在场的同学哈哈大笑。学生们善于在玩闹中验证所学到的知识。

半年前，这拨已过而立之年的学生在北京聚会，缪老师讲着讲着学生不约而同地鼓起掌来，他讲的就是小孔成像闹鬼的事。时隔多年，师生们对小孔成像，对那些有趣的事记忆犹新。学生们为什么鼓掌？为缪老师精彩的课堂鼓掌，为当年追求检验知识的自己鼓掌。

学生喜欢新鲜的事，喜欢有挑战性的事，缪老师抓住学生们的这一特点，经常让他的课堂刺激一点，给学生们留下终生难忘的回忆。

缪老师看过一个专业机构设计的测试题，其中有个选择题是：如果告诉你某一个实验有一定的危险性,你将采取下列什么态度,一是坚决不做;二是等人家做了我再做;三是一定首先做好准备,然后再去做这个实验。

浩浩对实验很有兴趣,经常在物理课上对缪老师说:"我就想试试。"缪老师说:"这节课讲的是变压器,我们学完知识后做个实验。"他给学生们先讲变压器的构造,原线圈、副线圈什么的,然后再讲变压器的原理,构造已经介绍完了。

"课本上写的直流电不能用变压器变压,这句话是欠妥的,不太严谨。应当说稳恒电流不能变压,直流电中的一种脉动电流也可以变压。"缪老师指出课本上的问题,他告诉同学们,如果发现他有讲错的地方,欢迎同学们纠错。

缪老师拿出一节干电池,说:"这可是直流电源,谁敢摸电池的两极?"

全班同学哈哈笑起来,"肯定电不着的。"

"谁都摸过电压是1.5伏的电池两极。"

"别笑!我用这1.5伏的电池就可电着你,谁来试试?"

接下来,缪老师请汪旺当他的助手,帮他在原线圈上接上1.5伏的干电池。紧接着他说:"浩浩你不是想试试吗?今天实现你的愿望,你上来做这个实验,当然我不是吓唬你,会很刺激的,但我也相信,你不会被我吓到的。"缪老师把这个机会给了他。

汪旺已经接好电路线,变压器低压端已接上了电池。浩浩两手捏在高压线圈两端。"怎么样?有感觉吗?""没有。"浩浩满不在乎地答道。问到第三遍时,汪旺突然把电键打开,只见浩浩手一抖,"呀"地叫了一声。

"怎么样?"老师问道。

"手麻了一下,还有点疼,不过没关系。"

"你不是说电不着吗?这下电着了吧?为什么1.5V的电池能电人呢?因为接上干电池后,低压线圈流过了稳定的直流电,稳定的电流产生的磁场也是稳定的,所以根据电磁感应原理高压线圈不产生电压,你就没感觉。旺旺断开电路的瞬间,通过线圈的电流瞬间变为零,变压器中的磁场也在瞬间由有变为无。这个磁通量的变化率是很大的,在高压线圈中产生的电压也就很大,因此你就感觉到疼痛。在通电瞬间,在变压器高压线圈两端照样会产生电压。这个现象说明,变压器能变压的本质是通过的电流发生了变化,使通过变压器线圈中的磁通量发生了变化,才会在副线圈上产生电压。"

这个实验加深了同学们对变压器原理的理解,纠正了课本的失误,不但让浩浩印象深刻,也在全班同学脑海中留下了抹不去的记忆。

（六）想一般人不会去想的问题

我们的课余生活跟其他十二三岁的小孩儿没什么区别吧，动则踢球，静则踢瓶盖。下面我来谈几个少13特色的课余生活。

①倒买倒卖化学药品

某学期我班突然开始流行各种化学药品。时常有同学翘课前往东四某黑店进口药品，在教室公然制取各种小型炸药。

某次课间，收到情报的班主任Teiking集中收缴了一批化学药品，并把头目李XX叫去办公室谈话。Teiking拿出一瓶氨水，问李XX，这是what?!! 李XX微笑说，老师您自己闻闻不就知道了。然后班主任Teiking拧开氨水瓶盖，深深地吸了一口气，味真呛人。

②地图游戏

我班另一位大神人称李公。李公独创一种游戏，由他本人绘制大量（不知道哪个世界反正不是我们这个世界的）地图，然后由同学们根据李氏地图进行纸上帝国时代。突然好想再玩一次。

③各种旅行各种浪漫

少儿班会每年组织多次出游活动，玉渊潭陶然亭简直一月一会，其他的嘛，近一点有山东安徽，远一点有苏杭江南，再远还去了霓虹美帝。

哦对了，一个兰花指，即便是高三的二模考试前，我们还在Teiking的带领下，集体去了欢乐谷。

这是少13班的学生在论坛里写下的。看过2015年热门电影《少年班》的朋友可能记得一个镜头，有个少年扔了个自制的燃烧瓶，把其他小伙伴吓得够呛。实际上少儿班的孩子在中学就开始制作燃烧瓶了。

少儿班李勇和牛达明迷上了化学试验。李勇经常放学后不回家，老在学校的院子里转悠，好像在树底下弄着什么。后来被老师发现了他们拿的是化学药品。尽管老师被药品气味呛得头疼，但不得不佩服他们，十多岁的小孩能够做成这样，挺厉害。老师把李勇的化学药品没收了，明确指出必须在老师陪伴时才能在校园里做化学实验。

又过了一段时间，王老师经常找不到李勇，对他悄悄跟踪后发现，他经常去地下室。王老师来到地下室，地下室里有一股浓重的化学气味。地上有一个柜子，柜子里有好多抽屉。打开抽屉，发现全是化学药品。她怕发生危险，就把贴有硫磺等标签的化学药品拿到办公室，给她从事化学研究的爸爸打电话咨询。王爸爸的话把王老师吓

坏了,"你得可小心点,你这群孩子要做燃烧瓶,很危险的。"

王老师当然知道制作燃烧瓶是危险的,弄不好就得爆炸燃烧引起火灾。孩子们为什么要制作燃烧瓶呢?经过询问,李勇和牛达明说化学课上讲了一些相关知识,他们想试试是不是像书上说的那样真能爆炸燃烧,威力究竟有多大?

孩子们制作燃烧瓶只是出于好奇,不是为了搞破坏,只是年龄小,没考虑到危险性,所以他们的行为不能上纲上线,如果强行不让他们进行试验,说不定会转移阵地,后果更不可预期。严厉的责罚会扼杀他们的好奇心和冒险精神,而好奇和冒险正是人类创新的起点。这件事不能简单处理!

王老师和化学戚老师召开班会,充分肯定他们的积极性,好奇心,冒险和探索创造的精神,同时对于学生的兴趣、爱好进行正确引导。她把做燃烧瓶的危险一一罗列出来,并明确要求,"做任何事都必须安全第一,同学们现在知识储备不够,还达不到做研究的需要,对于做研究过程中的保护措施又不太清楚,在这种情况下,你最好还是不要独立做这些事。另外,在世界各国制造及持有燃烧瓶都是违法的。使用燃烧瓶更可能会被控伤人、纵火、误杀、谋杀等罪名。所以,如果你有想法,可以跟老师、家长一起商量怎么做,这样可以得到大人的帮助,也降低了危险性。"

戚老师在跟化学实验室的老师们商量后,宣布:"你们勇于探索的精神是好的,但有些化学实验是危险的,会造成伤害甚至闯祸。我跟实验室的老师商量了,以后你们想做什么实验,可以提出来,在条件允许的情况下,我带你们去实验室做。"

一次,六楼的水房里传出喧哗声,赵老师过去一看,原来是几个学生把装满水的可乐瓶的瓶盖上挖了个小洞,平放在窗台上用力一挤,看谁能把挤出的水砸在楼下走过学生的身上。

"你们在干什么?"

学生们紧张起来,"我们不是刚学了平抛运动吗,想试试看谁估计得更准。"

赵老师知道这是他们的恶作剧,但其中也有想验证知识的好奇心,就没有立即批评他们。

"这你们就不懂了,我们学的平抛是在忽略空气阻力情况下才成立的,水的密度不大,下落时空气阻力肯定不能忽略,再说风也会对水滴下落轨迹产生很大影响。"

"那怎么才能估计准确呢?"学生们放松下来。

"影响轨迹的因素很多,空气阻力就涉及你们没学过的流体动力学,风速的影响也很复杂,计算也需要用到微积分。你们要想砸下面的人砸得准,最好用铅球,可以把空气阻力和风的影响降到最小。"

"那我们哪敢啊!还不把下面的人砸死啊!"

"你们还有不敢的啊！水砸在人身上就可以了吗？也不想想这样做道德吗？做任何事情都不能光凭自己的兴趣，要想到起码别给他人造成麻烦，惹人讨厌。"

"老师，我们错了，以后不再做这样的事了。"

"你们想验证一下平抛，验证一下自己的估算能力是好的，但一定要记住，别给自己和他人造成伤害！科学实验也要讲伦理道德的。"

"我们知道了"

"下星期就要做平抛运动的实验了，你们不是对实验感兴趣吗？好好准备，让我看看你们的行为是恶作剧还是真对实验感兴趣。"

不出所料，这几个学生真的认真准备了，实验报告写得很认真，实验做得很仔细，误差分析符合实际。老师的话他们是听进去了。

有时，学生的看似恶作剧的行为不一定是真想给别人使坏，往往是游戏和探索混杂在一起，想不到会产生的不良后果，只要不过分，老师一定要在批评消极面的同时，充分肯定他们的探索精神，给予适当诱导，保护他们的好奇心和创造欲望。

儿童教育家陈鹤琴先生指出："儿童本性中潜藏着强烈的创造欲望，只要我们在教育中，注意诱导，并放手让儿童实践探索，就会培养出创造能力，使儿童最终成为出类拔萃的符合时代要求的人才。"

至今，少儿班老师也不会因为学生偷偷做一些有危险的试验去压制他们的，也没有把它归结为品德问题，而是因势利导，让他们敢于把自己的想法告诉老师，如果条件允许，尽量满足他们的愿望。老师们常说，不要小看任何一个孩子，说不定某一天，他们当中就能走出一个牛顿。

2015年6月1日，习近平总书记在北京会见了出席中国少年先锋队第七次全国代表大会的全体代表。他寄语全国各族少年儿童从小学习做人、从小学习立志、从小学习创造。习近平强调，要从小学习创造。人世间的一切成就、一切幸福都源于劳动和创造。从现在起，你们就要争当勤奋学习、自觉劳动、勇于创造的小标兵。

教育工作者要善于从孩子的一些"越轨"的行为中发现其求知、探索的欲望，培养学生从小学习创造的能力。正是有了少儿班这样的教育理念，少儿班的学生才会去想一般人不去想的问题。

2015年4月，凤凰创业记栏目采访了陈曦，以《38岁哥大终身教授陈曦：纳米材料重造世界》的文章呈现。

陈曦，是少儿班的毕业生，今年38岁，哥伦比亚大学终身教授，国际力学界公认的新一代领军科学家。荣获力学界几乎所有世界级的青年科学家大奖：包括美国青年科学家总统奖，还有三个不同权威协会颁发的青年力学家大奖。他是世界第一个囊

括这些大奖的人。采访者财经作家邱恒明在文章中说"之所以采访陈曦教授，感觉他有着比特斯拉汽车创始人埃隆·马斯克更大的雄心。若产品顺利产业化的话，不仅在汽车领域，在整个能源领域，都将产生颠覆性的影响。这一逻辑成立的话，陈曦实验室将会是中国的贝尔实验室，将会成为新型世界级高科技加速器。"

文章中说："电能、动能、热能三者之间的能量转换，是现代社会工业和生活所主要依赖的能源利用方式。人类百分之八十以上的能源来自碳能源（化石能源），其利用效率相对低下，严重影响到能源的可持续发展。陈曦实验室致力于创造一种革命性的能量转换理念，打造出一个使得三种能量间可以自由灵活转换的多功能、低成本、可控平台。

全世界的废热差不多有三分之二是100~200摄氏度以下低品位废热，目前没有一个合理有效的方式能够回收这一废热热能，绝大部分都通过冷却水和废气塔白白浪费掉了。热电站、核电站、水泥厂、材料厂等几乎所有能源生产和制造企业都有极其严重的废热问题。仅仅在火力发电领域，每发一度电就要差不多浪费掉两度电的热能，这是一个非常惊人的数字：一位朋友初步估算，仅美国市场就是两万亿美元的规模。

这对能源危机的当下世界来说，是一个巨大的且几乎无人问津的浪费。哪怕只有一小部分低品味废热被回收为电能，都是对能源效率和可持续发展的重大贡献。进一步说，怎么样实现几种不同能源类型间的快速且低成本的转换、回收、利用？这是前无古人的开创性工作。

作为一个学者，我选择了颠覆性创新这么一条路，挑战绝大部分人会忽视的或约定俗成的数个领域，颠覆传统的理念，创造系列新原理新机制，制定出相应的新材料世界标准，我相信自己能够在历史长河中留下一个脚印。这是多么振奋人心的事！

我是研究力学的科学家，力学这门学科怎么产生的呢？实际上是源自物体间相互接触所感受的应力。这就好像握手一样，是感知力的最基本方式。要把力学效应最大化，就必须把接触效应最大化；要接触效应最大化，就需要接触面积最大化；接触面积最大化就必须用纳米材料。这也是我选择用纳米材料作为能源转换突破口的根本原因。

……

无论是哪种能源之间的转换，都能催生一系列新产品，乃至催生出整个新产业链。作为一个科学家，我希望这个平台能够产生源源不断的创新，涌现出系统性、系列性的新产品。很多做材料的企业可能会担心竞争对手把材料买去，然后破解、仿制，但是我不会有这类顾虑。跟进者、模仿者或许有朝一日能破解了我们的原始配方和工艺，但是他们破解不了科学家的整套思维。

源源不断地进行颠覆性创新，这是最重要的。我本人并不是企业家，我需要一个商业化的团队让这些科技转化为生产力，转化成产品。对我来说，最大的快乐是通过产品，能够改变人们对一些传统思维的看法，改变人们对能源的看法，对未来汽车的看法，对材料制造的看法，等等。同时，在研发过程当中一定能够出现进一步颠覆性的创新出现。我最大的成就感来自于对新技术能够提出自己的标准，对新科学能够探索出全新的领域，并能够在某些方面帮助创新出一个全新的世界。

想想，这是一个多么让人值得期待的未来呀！"

这篇采访稿里出现了很多受人关注的焦点，比如可怕的能源危机、两亿美元的市场、纳米材料作为能源转换的突破口……对于关注教育的人来说，最关注的是倒数两个自然段里的关键语句，即：

跟进者、模仿者或许有朝一日能破解了我们的原始配方和工艺，但是他们破解不了科学家的整套思维。

源源不断地进行颠覆性创新，这是最重要的。

在研发过程当中一定能够出现进一步颠覆性的创新出现。我最大的成就感来自于对新技术能够提出自己的标准，对新科学能够探索出全新的领域，并能够在某些方面帮助创新出一个全新的世界。

赵老师看到这篇采访稿后很为陈曦高兴，但没感到特别惊讶，因为他知道这是必然的，少儿班的学生突然取得一个什么科学成果都不会让任何一位老师吃惊，因为少儿班的学生就应该这样的，只是时间的早晚而已。

早在2009年，赵老师带着少儿班学生到美国的五所大学实地学习考察，负责接待的都是少儿班的毕业生。在哥伦比亚大学，陈曦作为少儿班第一届学生，热情地迎接了赵老师一行。当时，陈曦已经获得美国青年科学家总统奖，并在白宫受到布什总统的接见，但具体内容国内媒体并未报道，赵老师很感兴趣，很想了解美国青年科学家总统奖是如何评出来的。赵老师问他，"青年科学家总统奖是青年学者在美国的最高荣誉了，你是哪个课题，哪个项目获得的奖？"让赵老师想不到是，他研究的问题竟然是柿子椒为什么是四瓣的？南瓜为什么分10瓣？

陈曦生活态度积极，兴趣广泛，在繁忙的教学和科研之余很喜欢做饭，经常周末到超市买菜。他发现一个问题，柿子椒怎么全是四瓣啊？为什么小一点的南瓜分成10瓣，大一点的南瓜分成20瓣呢？这是一般人不会去想的问题，大多数人的反应是管它多少瓣，好吃我就买，不好吃我就不买不吃了。但他有了这个问题后上检索资料库，发现没人研究过，再看有关生物学资料，只有简单一句话，是遗传基因造成的。

他又琢磨，遗传基因怎么造成的？为什么非是这样呢？

接下来，陈曦开始研究，他不是从生物遗传角度去研究，而是发挥所长，从力学角度出发研究，这是一个全新的角度。他的论文题目叫《自然界的自组装》，结论是按照力学规律，有些植物就得组装成现在这样，就跟蜂房结构为什么是六边形一样，就跟麦秆为什么长成空心一样，并不是像人类的工程那样要事先设计计算好。但是如果不发现不研究，永远不知道为什么。

一个人要想有创造力，必须要学会观察，脑子必须要善于思考问题、提出别人想不到的问题，不要老跟在别人后面走，就像陈曦说的"跟进者、模仿者或许有朝一日能破解了我们的原始配方和工艺，但是他们破解不了科学家的整套思维。"而观察、思维和研究能力的培养，应该从保护孩子的好奇心开始。

三、帮助学生成为更好的自己

学生的智力生活的一般境界和性质，在很大程度上取决于教师的精神修养和兴趣，取决于他的知识渊博和眼界开阔的程度，还取决于教师到学生这里来的时候带来了多少东西，教给学生多少东西，以及他剩下多少东西。对一个教育者来说，最大的危险就是自己在智力上的空虚，没有精神财富的储备。

——苏霍姆林斯基

（一）多看"闲书"开卷有益

少儿班的学制比普遍学制少了四年，要使这些孩子在 14 岁毕业时的语文水平、文化素养达到甚至超过 18 岁的高三学生显然是难上加难。先不说孩子们的阅历，单就教材及语文课时而言，也不可能四年内在课上讲完八年的内容。

别无他途，只有大胆改革创新，更新观念，抓住重点要点，抓住听、说、读、写的基本功训练，抓住学生思辨能力的培养，抓住学生人文素养的提高，吃透课标精神，对教材择其要义，补充精华篇章，调动学生主动学习的积极性、诱导学生放宽视野在生活中学、到社会中学。

少儿班徐老师早在 20 世纪 80 年代就树立了"大语文观"的教学观念。什么是大语文观呢？让学生时时处处，在任何时候、任何地方，不管是读书刊杂志还是看电视听广播，都有意识地注意学习语言的使用，注意语言文化的积累。

他在教学中注重教给学生全面系统的语文知识同时培养学生的人文素养，在教学中把汉字的"六书"、语法知识、修辞学知识、逻辑知识、写作知识、中外文学史、中国传统文化、哲学思想等基本内容，根据教学环节的需要，适时适当地或渗透或讲授或引导学生去自学。

徐老师认为，语文教师除了要有扎实的语文功底，还应当是一个杂家，读书要广，上到天文，下到地理，古今中外皆有涉猎。只有成为杂家，才能真正有效地实践和贯彻大语文观的教学观念。

他认为阅读是语文教学最重要的一环。青少年求知欲强，喜欢看"闲书"。老师只有博览群书，才能利用自身的影响力让学生也酷爱读书，才能正确地指导学生读好书。应结合教学内容每周向学生推荐适量的必读书目，让学生有选择性地阅读。使他们逐渐学会如何更好地阅读，知道哪些书只需快速浏览，哪些书需要细细品读；哪些书可以只读一遍，哪些书需要反复阅读。

他动员家长支持和鼓励学生多读书、读好书，建议家长和学生一起去书店、书市购书，去图书馆借书养成学生的读书习惯。

徐老师的假期语文作业之一是要求每个学生至少阅读五部以上长篇小说，有的学生一个假期读了十几部。

下面是某学生写的假期读书情况：

这个假期就要结束了，回头看一看，我确实学到了不少东西。

小说方面，我读了《二马》、《猫城记》、《子夜》、《儒林外史》、《永别了，武器》、《老人与海》等长篇小说及冰心的散文集《我梦中的小翠鸟》，关于动物的散文集《懒猫百态》，还有《中国读本》上下册所收集的二百篇本世纪优秀的作品。

我又背了不少唐代诗歌，并结合练字，临摹了颜真卿书法《颜家庙碑》。

另外，我每天都坚持读报。通过读报，不仅拓宽了我的知识面，也提高了我的文学修养。

总之，在这个寒假中，我在语文学习方面是比较充实的。我相信，在新的学期里，我会学得更加出色。

徐老师让学生列过读书书目，学生读过的书，数量之多，范围之广，完全超过了他的预期。读书真的成了学生最喜欢的"作业"。

下面是学生上少儿班一段时间之后开列的已读书书单。

一、小说：

1. 中国小说：《红楼梦》《水浒传》《三国演义》《西游记》《老残游记》《二十

年目睹之怪现状》《儒林外史》《官场现形记》《东周列国志》《呐喊》《彷徨》《故事新编》《暴风骤雨》《林海雪原》《铁道游击队》《红岩》《保卫延安》《青春之歌》《射雕英雄传》《神雕侠侣》《倚天屠龙记》《侠客行》《天龙八部》《连城诀》《鹿鼎记》《笑傲江湖》《楚留香》

2. 外国小说：《格列佛游记》《雾都孤儿》《董贝父子》《阿加莎小说集》《福尔摩斯探案集》《笑面人》《三个火枪手》《巴黎圣母院》《悲惨世界》《基度山伯爵》《巨人传》《汤姆大伯的小屋》《哈克·贝利芬历险记》《汤姆·索亚历险记》《马克·吐温短篇小说集》《哈尔罗杰历险记》《五伙伴历险记》《绿野仙踪》《战争与和平》《钢铁是怎样炼成的》《浮士德》《我是猫》《斯巴达克斯》《堂吉诃德》《好兵帅克》

3. 科幻小说：《凡尔纳选集》《飞向人马座》《蝇王》《时间机器》《隐身人》《世界科幻小说精品丛书》

二、其他：

《马克思传》《临危受命——丘吉尔》《时间简史》《时间简史续编》《原子中的幽灵》《李白与杜甫》《资治通鉴》《古文观止》

从学生开列的书单看，大都是徐老师推荐的，少量是学生自选的，方方面面皆有涉猎。有些书对普通中学生来说不要说读过，不少书名恐怕从未听说过。这充分说明只要指导得法，学生完全可以按照教师的要求来开展课外阅读的。

四年下来，学生读的书多得惊人。一本又一本图书为学生一生打下了语言文字的坚实的基础，也为学生的精神世界提供了丰厚的营养。

其他语文老师都跟徐老师有相同的语文教育理念，虽然教学风格各具特色，各有千秋，但在对学生负责，对学生的一生负责的自我要求下，都不是仅把教学目标锁定在课本上，而是放眼使学生能在生活中，在浩瀚的书海中去增长才智、去寻找人生发展的方向。

读一读下面12岁孩子的读后感，会让人真实地感觉到"书"对他们的滋养！

读《阳关雪》

王××

不过是随意翻翻，却被《阳关雪》吸引了去，便迫不及待地想写些什么。

其实我很羡慕余秋雨老先生，可以"离开案头，换上一身远行的装束，推开书房的门，悄悄出发"（《文化苦旅》自序）。而我，被现实踩在脚下，就只能在这里过过笔瘾。

　　我一直不能解释为什么他不顾"路又远，也没有什么好看的"的劝说，坚定地去找那早已不再风光的古迹，既并非为了轻松，为了猎奇，也不是为了开阔眼界，他是去干什么呢？

　　他钻到了雪中，天地茫茫。"有这样的地，天才叫天，有这样的天，地也才叫地。在这样的天地中独个行走，侏儒也变成了巨人，在这样的天地中独个行走，巨人也变成了侏儒。"本来是要写雪的，落脚却变成了人。我好像开始明白作者的用心，他所寻求的是与历史与文化的对话，在对话中体味一种个人生命力的存在。我不知不觉不再苦苦思索前面的疑问，开始坠入"款款入情抒心曲"的艺术境界中。

　　我同他一起来到枯瘦萧条的古沙场，感觉着风夹在着沙粒打在脸上，思绪飞向了遥远的历史天际。"如雨的马蹄，如雷的呐喊，入注的热血……随着一阵烟尘，又一阵烟尘，都飘散远去……终化作沙堆一座。"不禁深深地为历史的无情叹息，这是人在历史的裹胁下的某种无奈。那里的气氛虽然低回感伤但绝不是消沉，相反有一种悲壮充盈心头。

　　我不得不回到现实中了，《阳关雪》早已跳出了"西出阳关无故人"，"那一帙风干的青史"，真是"江山有待，无须会意。"

　　文人的魔力，竟能把偌大一个世界的生僻角落，变成人人心中的故乡。他们褪色的青衫里，究竟藏着什么法术呢？

两个世界同样精彩

王××

　　忘了那是怎样的一个下午，我偶然翻开了一本彩色封面的书，就好像渔人发现桃花源一样。那就是我的另一个世界——《哈利·波特》。

　　有些人一听说这个题材就显出不屑的表情，认为这是给小孩子看的，全是骗人的。那些批判《哈利》的人们认为书中强调超自然的力量是荒谬绝伦的。我想说：我相信有这样一个世界存在，至少，是在我心里。如果你是一个不喜欢《哈利·波特》的人，也不要嘲笑我的幼稚，因为我实在不愿一直到我衰老得动不了时才想起这世上还有一种叫想象力的东西，那将是我最大的悲哀。

　　想过吗？在伦敦街头匆匆忙忙为生计而忙碌，以致对破釜酒吧视而不见的人群中，是否有我们的身影？我是否也曾被施过遗忘咒，而忘记了另一个世界的神奇？不幸的，在《哈利·波特》的世界里我也只能扮演对魔法向往不已的麻瓜角色。

尽管我一直信仰的科学告诉我，那一切不是真实的，对角巷的墙会动是因为电脑特技而不是魔法，但冥冥之中一定有什么让我固执地相信，魔法世界真的存在。是对自然的敬畏？

是对现实的逃避？我不知道。有些时候甚至觉得科学和迷信是一对默契的同谋，一起躲在角落里注视着人类在现实与魔幻中迷失而暗自窃笑。

翻看那些扣人心弦的故事，抛却了神奇，剩下的，是和我们一样平凡朴实的情感。友情，在哈利的世界里被体现得淋漓尽致。《哈利·波特》告诉我们——爱是最古老的魔法，最伟大的力量！面对一切，哈利从不畏惧，他勇敢地拼搏。很少有人能游刃有余地掌控自己和内心情感，每个人都会经历一些艰难的，而坦然面对它们并从中汲取养分才是积极的。

我在《哈利·波特》中沉迷，也随哈利·波特一起成长。让我在那个充满魔力的世界里更清晰、更深刻、更带有热情地重新发现现实的魅力，奔赴那个自己的、和哈利截然不同的未来！两个世界同样精彩！

（二）跳出教材学语文

少儿班成立之初，没有现成的语文教材，普通中学使用的教材不适合少儿班。按大语文观的教学理念就不能被已有教材所束缚，需要根据学生特点和教学目标做调整。原则是突出重点，删繁就简，增加名篇，全面拓展。对提高学生文化素养作用相对不大的文章要简讲或不讲，选用教材以外的文章应该是千古名篇和经得住历史检验的名家名作，还应跟踪社会文化现象来引导学生阅读和学习。

在文化学者余秋雨最红火的时候，徐老师曾用一个多月的时间，配上音乐和学生一起朗读、简析了《文化苦旅》《霜冷长河》《行者无疆》《千年一叹》中的不少文章。

在一次学生口头表达训练时段，一个学生推荐了选读著名作家毕淑敏的获奖小说《翻浆》片断。预定时间是5分钟。五分钟过去了，十分钟过去了，台上读的十分投入，台下听得十分入神，学生们忘了时间。徐老师站在教室后面不动声色，让学生整整读了一节课。

见学生们这么喜欢，在下一节课，徐老师抛开原来备好的内容，讲了毕淑敏小说和散文的特色——贴近现实生活，有很强的社会责任感。见到学生中班掀起了毕淑敏热,他千方百计地请到毕淑敏来给学生讲座。毕淑敏讲述的自己求学经历和艰辛的文学创作之路深深地吸引了同学们,使他们对人生的意义,理想和责任有了有了更深切的领悟。最后留下几分钟让学生提问题,没想到学生们提的问题很深入,跟毕淑敏的作品很贴切,问答间不知不觉过去了一个多小时。

临走时她高兴地说,我原以为超常儿童都是一些小怪才,不会爱读我的小说,想不到他们读的这么投入,理解的这么深。

语文教学除基本语言文字知识外不用像数理化那样有着很强的系统性、阶梯性,举凡古今中外经得住历史检验的名篇佳作,都可被徐老师所用,他选文的标准一是要有历史意义,二是要有时代意义,三是要有很强的文学性,让学生爱看、爱读。他向学生提出学习语文的"四用原则",即古为今用,洋为中用,人为我用,学以致用。

(三)鼓励奇思异想　培养质疑精神

超常儿童由于智商高,脑子快,年龄小,阅历浅,常常会产生奇思异想,会提出匪夷所思的怪问题,有时也会无知妄说,固执己见,这一点都不奇怪。徐老师鼓励学生和他争论,在学术上没有高低上下之分。他常说,"尽信书则不如无书。"同理"尽信师则不如无师",不会提出问题的不是好学生,能把老师问倒的学生是最好的学生。

讲授《诗经·伐檀》时,他发现书上对"廛"字的注解有误,书上把它解释为通假字,认为通"缠",意思是"捆"。徐老师查阅了许多资料,特别是陆宗达、游国恩、郭预衡等古文专家的书,他们都认为这里的"廛"指的是"一夫之居",而不是通假字。"三百廛"不是许多捆庄稼,而是许许多多男丁打下的粮食(三百是虚指而不是实指)。徐老师参照了他们的讲法,指出了教材的失误。

少儿班的学生思维活跃而敏捷,在课堂上思想非常活跃,常有奇思异想,经常提出一些奇奇怪怪的问题。有时不等老师讲完,学生会突然提出问题,教师若无充分的准备,就会被学生难住。因此就需要教师备课时既要备好教材更要备好学生,要预想到学生会提出怎样的问题,事先要有多种预案。尽管如此,也不时会遇到一些意想不到的不好对付怪异的问题。

一次,徐老师在讲鲁迅的杂文《丧家的、资本家的乏走狗》时,学生突然提出"鲁迅骂梁实秋是资本家的走狗,可鲁迅不是共产党员,却为共产党说话,可不可以说鲁迅是'共产党的走狗'呢?"对学生提出的这个怪问题既不能简单批评责怪,也不能简单回答了事。徐老师首先从走狗的本意讲起,讲到鲁迅的思想立场,再讲到毛泽东在《新民主主义论》中说过,"鲁迅,就是这个文化新军的最伟大和最英勇的旗手。鲁迅是中国文化革命的主将,他不但是伟大的文学家,而且是伟大的思想家和伟大的革命家。鲁迅的骨头是最硬的,他没有丝毫的奴颜和媚骨,这是殖民地半殖民地人民最可宝贵的性格。鲁迅是在文化战线上,代表全民族的大多数,向着敌人冲锋陷阵的最正确、最勇敢、最坚决、最忠实、最热忱的空前的民族英雄。鲁迅的方向,就是中华民族新文化的方向。"

徐老师对同学们讲,鲁迅不是共产党员,但他的思想和奋斗目标和共产党是高度一致的。鲁迅始终是独立战斗的,如果与共产党人意见不一致,他照样不客气地批评。比如他把当时上海文化战线地下党的领导者周扬、田汉、夏衍、阳翰笙四人称为"四条汉子",在抗战的口号问题上与他们毫不退让地展开论争。鲁迅和共产党人都是为了救国救民,是在不同战线上并肩战斗的战友,谈不上走狗之说。鲁迅自称是"革命军马前卒",创作小说是为了"听将令",若从这个意义上说,从走狗一词的本意上说,鲁迅是共产党和人民群众的走狗,也没错。

一次在讲到闻一多先生的《最后一次的演讲》时,徐老师讲完时代背景,进行示范朗读后,让学生朗读课文。当学生读到"今天这里有没有特务,有特务的你站出来"时,教室里腾地站起来六七个学生,有的还用手比作手枪的模样,做出射击状。

徐老师从教以来,教这篇课文时从未遇到过此种怪事。他没有责怪学生。他们年龄太小,还不懂事,只是觉得好玩。这只能怨自己没有把当时的历史背景讲清楚,学生不清楚特务们为什么要反对民主,为什么要暗杀爱国民主人士。徐老师立即讲了闻一多先生的人品学问,进一步介绍了当时全国人民反独裁、反内战、争民主的政治形势和现场确实有很多特务,身上藏着手枪,但当时没人敢站出来,他们被闻先生的凛然正气震慑住了。闻先生讲演之后即遭到特务的暗杀。徐老师问学生,如果有人要杀害你所爱戴敬重的人,或是暗杀爱你保护你的爷爷的时候,你愿意吗?如果有人要杀害一个受人敬重的爱国者,一个为了民主正义呼号的学者,你愿意当这样的杀人者吗?学生立刻知道错了,下面的课进行得十分顺利,达到了预期的教学目标。

对学生的怪问题不能乱扣帽子,简单指责,要对勇于质疑发难的精神给予肯定,对错误思想则要循循善诱,让其澄清认识,心服口服。

徐老师一直鼓励学生在课堂上大胆地质疑发难,和他争论,而且他经常故意引发学生的争论,对学生的勇于质疑发难的精神给予高度的肯定,对他们的奇思怪想也加以保护。徐老师认为教育决不能培养掌握知识的"奴才",在权威面前唯唯诺诺,而应培养有着独立思考和开拓进取精神的德才兼备的人才。

（四）我是小小演说家

少儿班语文老师都认为表达能力中口头表达和书面表达同等重要，从应用的普遍性和人际交往能力方面来说，口头表达甚至比书面表达更重要。

现实是，在学校教育中口语教学得不到应有的重视，多年来中学教育已没有了口语教学的一席之地。由小学四年级进入少儿班的学生，虽然智力优异，但在口头表达能力上却不如人意，有的学生甚至朗读课文都结结巴巴地读不通顺，更别说能条理清晰的阐明观点或做声情并茂鼓动人心的演说了。

当今世界交通便利、资讯发达，社交频繁，沟通谈判无处不在，语言表达能力变得比以往更加重要。老师们认为，培养学生的语言表达能力和社会交往能力，语文课是重要渠道。

针对超常儿童的特点，徐老师精心设计了阶梯式九段口语教学法，从初级到高级，从简单到复杂的来训练学生口语能力，培养小小演说家。

第一阶段是利用课前的预备时间，讲笑话，让学生进行简短的口头表达训练。第二阶段是讲故事，要求选的故事要有趣味性、思想性、教育性。第三个阶段是谈见闻——讲述学生耳闻目睹的事情。第四个阶段是情境对话，让学生模拟各种生活情境，如同学间、朋友间、顾客与店员间、父母与子女间、下级与上级间在不同场情时的二人对话。第五个阶段是介绍自己喜欢的书进而到评介喜爱的文学名著。第六个阶段是进行专题评论、展开讨论。第七个阶段是专题演讲。第八个阶段是用两个课时或结合班会选一些现实中有争议的问题举行辩论会。第九个阶段是教学实践，自愿或老师指定学生充当小老师给全班讲一节指定的语文课。

王老师培养学生口语能也有自己心得，她要求学生人际交流或演讲时要语言流畅，表情自然。她将培养小小演说家分为四步：

第一步，让学生讲成语，每个学生走到讲台上讲一个成语，要把成语的音读准，把意思说清楚，讲完后其他同学可以针对所讲成语提出问题，以提高学生的语言沟通能力。第二步，让学生朗诵一篇美文或者诗歌，并要说明文章或诗歌的美意佳句，之后别人提问及答辩。第三步，进行文言文的听力、背诵及释意。第四步，对新闻报道发表自己的口头评论。

实践证明，学生对口语表达训练是非常感兴趣的。

在初始阶段有的学生就问："老师，我们说相声可以吗？"徐老师说："当然可以了！"学生不但试着说著名的传统相声，还学会了自编自演。口语训练课的谈见闻，叙事论道，情境表演更是让学生们兴趣盎然积极主动。

王老师课上学生的成语讲解，问答间的典故趣事；新闻评论的不同视角，见仁见智；散文诗歌朗诵的高山流水，文情相伴，都吸引着学生自告奋勇，争相登台。

对话、讲故事、辩论、专题演讲……语言的交锋、思维的碰撞、才学的比拼，不仅提高了学生们的表达能力，也激发了他们学习语文的热情。原来木讷者敢于人前开口，原来语焉不详者能够出口成章，原来外向多语者更加思维清晰，表达流畅。单调的课堂变成了学生们的演练场，人人能参与的生动活泼学习方式自然会得到他们的喜爱。

由于有着全面的语文素养和较强的表达能力，少儿班的学生升入大学后，普遍能很快适应大学生活，而且由于口才突出，不但从未因年龄小有交流障碍而被边缘化，反而会成为说话聊天的中心人物，成为受欢迎的人。一些喜爱文学艺术的学生在比他们大四五岁的同学当中，谈起今古文学巨匠，中外名篇佳作，滔滔不绝；议起时事政治、社情杂谈，视野广阔，判评有据，立即成了主角。有的大学生甚至说，你脑袋里怎么会装这么多东西？这么能说！

在大学期间，很多少儿班的学生担任了班里和系里的学生干部。有的大一就竞聘当上了系学生会主席，有的成了各种社团的骨干，有的在辩论大赛中被评为最佳辩手，还有的成了全校大型活动的主持人。

（五）感受"深度语文"教学的魅力

语文教学要有深度。深度课堂不是难度课堂，而是要有内涵、有冲突、有味道、有活力、有启发、有实效、有后劲。

王老师认为，要想讲一堂有深度的语文课，必须先在备课上下功夫。她备课时思路清晰，哪些重点是必须讲的，哪些是点到即止的，哪些应该延伸讲，哪些应该讨论，她都做到心中有数。学生思维敏捷，童心天然，表现欲望较强，课堂上学生的意外之举随时会发生，老师要随时做好接招准备。一个优秀的语文教师不但能够抛给学生问题并解答问题，还要引发学生提出问题，引导学生深入思考，自己去解答问题。

有一次王老师讲《丑小鸭》，同学们在小学时就读过这篇童话，再重复相同的内容实在没意思。有同学说："您不过就是想说，丑小鸭坚持不懈，经过刻苦努力终于蜕变成天鹅了。"

这样的反应在王老师意料之中，所以备课时她专门找到和当下社会有一定的衔接的切入点，从新的角度解读已经熟知的文章，目的是能引起学生们的兴趣和思考。她说："我不想重复童话里的情节，我想和你们探讨一个问题。我从网络上看到一个评论说，丑小鸭成为天鹅，跟它的努力是没有关系的，说白了他就是一个天鹅二代，就像人家说富二代、官二代似的，他本来就是个天鹅，它就是个天鹅二代，所以他注定会成为天鹅的。这个说法你们怎么看？"

学生们的兴趣一下子被王老师的问题激起来了，这个没想过的问题，可得好好考虑考虑。

有同学说："网上说的是很有道理的，天鹅二代决定了他的命运，和他的努力没有关系。"

有同学说："不对，它要是认为自己就是一只鸭子呢，它可能就真的变成一只鸭子了。"

王老师说："无论是出身于贫贱，还是生活在逆境，无论起点多低都要有理想有追求，有对美好事物的向往，比方说它追求真、追求善、追求美，那它就能向真善美越靠越近，如果他天生就是一个天鹅二代，就能成为一个出众的天鹅。如果他自己不争气，没追求，一样会沉沦，就会长成天鹅的外表鸭子的心，很可能还不如丑小鸭呢！"

"真是这样的啊。"同学们恍然大悟。

借着这个机会，王老师校正了学生们在视听当中的误区，讨论了关于理想追求的话题，这对学生来说是一个很有意义的启示。

语文教材中的课文其实都是"过去文章"，上这样的课对有经验的老师来讲是轻车熟路。但在分析教材时能与时俱进，深度挖掘思想文化内涵；能在教学的过程中，善于联系实际，设置问题，引起思考和探索；对学生的各种疑问、甚至是左道旁门的发难能应对自如，收放有度，就体现教师的水平了。

有一次，王老师讲鲁迅的《社戏》，课前学生已做了预习。她问学生："看完这篇文章之后，你们有什么问题，都可以提出来。"

同学们提了很多问题，有涉及基础的，有涉及理解的。有个孩子站起来问："这鲁迅的辈分是不是特别高？"

"为什么鲁迅的辈分特别高？"

"文章中提到那个六一公公后来给他送豆吃，称他为迅哥，这鲁迅的辈分比这个公公的辈分还高，称他为哥呢。"

这个问题王老师觉得提得很幼稚，但既然学生提了就要解答。她问其他同学怎么看待这个问题，结果其他同学也这么认为，这说明这个问题很有代表性。

王老师问："文章中为什么提到称他为哥？我想知道这个迅哥，这个迅从何而来？"

同学们马上就说："这不就是鲁迅的迅字来的吗。"

"你们再找找依据?"王老师问。

"他们生活在鲁镇啊,文章里说到妈妈带我回家归省啊。"

"鲁迅本来不姓鲁,他姓周,为什么回的是鲁镇呢?"王老师又问。

又有同学说,"他的母亲姓鲁,所以他起笔名的时候随母亲姓鲁。"

"那他小的时候就知道自己的笔名叫鲁迅了?"王老师再问。

学生们开始讨论、解答、分析,各诉己见。

有一个学生终于有所发现地说:"我觉得这个鲁迅就是鲁迅,迅哥不是鲁迅。"

"为什么呀?"王老师接着问。

"这篇文章是一篇小说啊,所以小说的主人公和他鲁迅有什么关系呀,是虚构的呀。前面您讲《呐喊》《彷徨》里面的一些篇目时讲过,《社戏》是篇小说,小说就是虚构的,我们怎么给忘了呢,"

王老师点头称赞,"你说的对极了,鲁迅出版过散文集、小说集、杂文集,小说的主人公是虚构的,小说有什么特点呢?刚才同学说了,小说的特点是虚构的,所以鲁迅跟迅哥是没有关系的。你们不但把自己提出的问题解决了,还能够把前后的知识给串起来,你们很厉害啊。"

没过多久,王老师带学生学《皇帝的新衣》。学生们提出来一些问题:"那种皇帝的新衣现象在我们生活中不也有吗?"

又有同学说:"是的,我们周围就有一些弄虚作假的行为,比方说快要检查卫生了,同学们赶紧打扫卫生,都把表面上弄得特别干净。这样做是为了应付检查,如果有同学说出这是为了应付检查的实话,还会遭到白眼。"

"有时候老师在班上可能说了一件什么事,老师下了定论,比如老师说这朵花好看,但老师看到的那一面没有缺边,同学们看到的这面缺了边,因老师认为这朵花好看,于是同学们都说这朵花好看。"

王老师总结道,"同学们思考得非常好,大家都说这朵花好看,班级表面上形成了这朵花好看的定论,但是这个定论本身就可能隐藏了一些真相。说出事情真相的人就充当了小孩的角色,老师说的定论,或者同学们应和的话实际上就是一种'新衣'。那为什么大家都围着老师的定论去说呢?恐怕就是有各种各样的原因。有的同学想,老师说了好看,我得跟老师保持一致;还有同学想,花好不好看我自个心里知道就行了,干吗跟老师对着干呢。今后,你们遇到这样的事的时候,可以大胆说出来,如果大家都不说,大家就都生活在皇帝的新衣里。"

在王老师看来,学生在学习中会产生一些自己的思考,有的思考甚至很奇怪很幼稚,但不管思考的问题严密不严密,成立不成立,单是有这思考本身就是难能可贵的。语文学习是语言的学习、文化的学习，是知识和人文素养的积累，积累到一定程度就会厚积薄发，效果就会显现出来。老师在帮助学生学习积累的过程中，要与学生的内心需求紧密联系，让学生喜欢课堂喜欢学习。他们一旦学会了独立思考，把不盲从、不跟风，理性思考作为习惯的话，那离独立健康的人格就不远了。

（六）引导学生做语文课的主人

2015年5月，新华网在探访少儿班后发表了长篇报道，报道里说到了语文教学：

在一堂看似普通的语文课上，语文老师从《资治通鉴》里选了一则古文《孙权劝学》，标点符号都去掉了，"谁来给大家通读一遍？"

已经预习过的学生纷纷举手，一位男生略带磕绊地读完了这篇古文，努力注意着读音和断句。读完了，老师开始让全班同学给他"挑错"，允许反驳。大家争先恐后。

纠完错，老师不直接讲解古文，而是要求同学们就不懂的地方提问，并请其他同学回答。除非到了都答不上来或者出现争议的时候，老师才略微点拨一下，一堂课几十个问题基本都是同学们互问互答。此起彼伏的讨论声中，下课铃声响起，大家的问题全部都解决了。

布置课后作业，不是让大家背诵古文、记住通假字、词语含义，而是写一篇文章，谈谈对这篇古文的主角——三国名将吕蒙的看法。

"老师，您的节奏是不是太快了？孩子们能掌握相应的知识点吗？"记者课后疑惑地问。

语文老师笑答："不会，这些孩子思维非常敏捷，学习能力很强，都习惯了这样的节奏。而且下节课课前我会花几分钟测试他们对这节课掌握的情况，一般没有问题。"

王老师之所以讲得这么快，还对自己和学生这么有信心，是因为少儿班老师在教学中强调：

第一，要让学生学会超前学习，即预习，目的是培养学生自主学习的能力，学生提前预习了，课堂速度必然可以加快，学生也比较容易接受。

第二，要让学生找到适合自己的学习方法，干任何事情都有诀窍，找到诀窍就会事半功倍。古人说，"书山有径勤为路，学海无涯苦作舟"说的是学习要靠勤奋和刻苦，然而这只是学习的基本态度，古人还说，"磨刀不误砍柴工"，只要把刀磨快，只要找到了方法，即使磨刀花了点时间，即使找方法时花了点时间，但在接下来的砍柴和学习时就会事半功倍。

第三，要让学生学会阶段性总结，找出重点要掌握的知识和学习规律。总结就是一个"把书读薄"的过程。适时总结适用于所有学科，所有学习阶段，也适用于工作阶段。

少儿班的教师一致认为，学生掌握知识固然重要，但是掌握获得知识的内在规律和科学方法，比知识更重要。著名教育家叶圣陶先生说过，"教是为了不教"。讲的也是这个道理。因此，学生一进少儿班，老师们就在教学中让他们认识课堂学习的主要环节是：预习——听讲——问疑发难——表达见解——复习——作业——总结提高。有的学生在刚进少儿班时凭着大脑聪明，学习确实不错，成绩确实挺高，但仅凭聪明，而不运用有效的学习方法，很难在学习上更上一层楼。有的学生也是在有深刻体会后，才开始重视学习方法的。

上面提到，王老师说"下节课课前我会花几分钟测试他们对这节课掌握的情况"，少儿班的测试和考试只是检查学习的效果，查找学习的漏洞而已，绝不是学习的目的。

说到测试和考试，王老师的语文考试由学生自己做主，这是王老师的教学特色，她会在不同阶段让学生互相出试卷，互相解答。

例如，她要求每个出题人出十个字音，十个字形，二十个默写，试题上要注明出题人姓名，出好的题交给不同的学生解答，做题人要注明姓名，由出题人评判得分。在评价环节，做题人如果挑出出题人的错误，要给做题人加分。这充分调动了学生们自主学习的积极性，他们很享受出题做题找错的过程。

不光是考试由学生自己做主，课堂有时也让学生做主。现在孩子合作意识较差，这个瞧不上那个，那个瞧不上这个，跟别人合作又怕别人抢了风头领了功。这样的孩子将来到了社会上与别人相处合作时必定存在各种各样的问题，这些问题会制约着他们的发展。为防患于未然，王老师强调以小组为单位的合作学习，她大胆选一些合适的课让学生上台讲，比如她讲了几首唐诗，学生们基本知道了唐诗具有哪些形式和特点，唐诗分哪几类，接下来她会让学生们自己选诗，做PPT，配音乐，配小视频，上台讲课。

大家常说，台上一分钟台下十年功，学生们在准备讲课的过程中所需要学习和准备的东西太多了，一个人根本完不成这个工作，所以王老师让学生们以小组合作的方式准备相关材料，她不明确分工，相关音乐、PPT，选诗、视频等的分工由小组讨论决定，谁到讲台上课也由小组讨论决定。几个组都讲完了，学生进行评选，由她宣布评选结果。

有时，针对的内容不同讲课的形式也不同。讲宋词时，王老师选了柳永、李清照等有代表性的词人，让学生抽签决定讲解哪位词人的词。如果学生抽到李清照，即使不喜欢李清照，也要给大家讲。

每次课堂学习王老师都要求全员参与，不能把谁落下，即使学生觉得自己语文学得不好，对自己没信心，也得参与。王老师是班主任，她在分座位的时候，每一组的实力都基本上均衡，不存在这组实力特别强，那一组实力特别弱的情况。班级里的好多的活动也都是以小组为单位的。她很少让学生自由组合，她给他们灌输一个观念：你跟谁碰到一块儿，不是你能选择的，既然要共同完成一件事，哪怕和你合作的是你平时最看不顺眼的同学，也要齐心协力完成。少儿班每次组织社会实践活动安排住宿的学生都不重复，目的是让班里的每个学生学会跟不同的同学相处打交道。她不希望某一项活动只有少数人参加，不能让这个舞台只属于少数人，其他孩子却得不到锻炼。小组合作充分让学生们得到了锻炼。应该说少儿班的教育理念与美国探索频道的"5E 教学法"极为相似。5E，即第一 E 是 Engage（参与），教师首先给出学习的主题——extreme weather，分发相关资料，提出引导问题。第二 E 是 Exploration（探究），将学生分为四个组——Budding Book Worm、Creative Thinkers、Fun&Exciting Science、Technology Driven。每个组都有不同的活动，通过不同的途径探究"extreme weather"这个课题。第三 E 是 Explanation（解释），学生们在组内交流讨论，进行自主探究，老师轮流对各个组的活动进行指导。第四 E 是 Elaboration（详细说明），小组探究完成后，将学生集中起来，在班内分享各自的成果。第五 E 是 Evaluation（评价），这一环节贯穿于整个教学过程。包括教师对于学生活动的指导、学生在活动中的自我评估，以及教师的总结评价。

每个班里的每个学生都有不同的行为特征和自己所擅长的学习方法——擅长阅读的（Budding Book Worm）、擅长思考的（Creative Thinkers）、擅长动手试验的（Fun&Exciting Science）、擅长搜集资料的（Technology Driven），王老师就是在自己的课堂上给予每个学生充分展示自己特点的平台，调动每个学生的积极性。这体现了学生自主探究的主体地位，也体现了教师的引导作用。

让学生自己上台讲课和五分钟课前演讲有着异曲同工之妙，对学生们来说更有挑战性，大大激发了学生自主学习的动力。学生们为每节课做的准备工作超乎她的想象。对学生来说，这样的学习是自主研究学习行为，他们从来没做过自己上台讲课的事，觉得很新鲜。

王老师经常让学生们互评作文，在有限的时间里，以四个人为一个小组，在最快的时间阅读其他三个人的作文，还要写评语，评语后面要写上点评人是谁。别看平时有的学生自己的作文写得不是很好，但他评人家的文章评得还是很中肯的，学生互评后还可以修改，最后推荐出一篇代表小组的最高水平的作文在全班展示，家长也来观摩。这充分调动学生们的积极性。

王老师越来越发现，你给学生足够的空间，学生会给你足够的惊喜。孩子们在自我成长过程中会表现得越来越好。

王老师的做法也是少儿班各科教学中，老师们在有恰当教学内容时都会采用的。少儿班优质高效教学的关键是充分发挥学生的主体作用。

（七）因人而异的教育

小合入学后的第一次语文考试，作文没写。

小合上小学时成绩还不错，也一直是家里的骄傲，这次怎么没写作文呢！家长接受不了这个事实，打电话问王老师："他在全班中语文考这么差，平时作文写得很痛苦，这可怎么办呀？他是不是不是学语文的料？"

看到小合父母这么着急，王老师觉得小合的处境很让人同情。他父母对孩子的教育特别积极，这是好事，但总是要求儿子做到最好，不容忍孩子出现问题，更不容忍学习或绩落后的心态，会对孩子产生不利的影响。

王老师开导小合的父母，"不能过多地去批评和指责他不写作文，他本身对写作已经挺害怕，对语文已经有点畏惧，如果因为作文没写出来没考好，把他劈头盖脸训一顿，他可能更害怕更紧张。"

王老师说："男孩和女孩有一定差异，男孩和女孩的大脑结构是不同的，在这个年龄段，男孩大脑的发育速度明显慢于女孩大脑的发育速度。另一个差别是，男孩大脑的左右半球之间的联系少于女孩。女孩在人际交往、情感方面发育得比较快，男孩对于动作、对于物的研究比较感兴趣。所以我们会根据男孩和女孩特点进行教育。"

王老师的做法是，"因为每个人是不一样的，有的学生遇到一道数学题就是做不出来，你把他逼死了他也做不出来，所以我允许学生遇到不会的作文时不写，而是换一篇对他来说容易的作文题目来写。老师还是要包容他，从实际情况出发，允许他小步小步走，别走得太快，不给他太大压力。"

小合父母表示愿意配合老师，在写作文方面不逼他，在生活中注重给他创造写作条件，平时多引导他去看去观察周围事物。老师对小合降低了要求，家长又帮他创造写作文的条件，双方紧密协作了一段时间后，小合的周记能够按时完成了。但凡他的周记有一点儿可取之处，王老师都会给他用波浪线圈出来给予肯定。

有一次，王老师布置的作文是写冬天下雪的场景。小合写得特别好，王老师在班上公开念了他的作文。突然从一个写不出文章的同学，变成了有范文的同学。这对小合来说是一个激励，但是他写作水平仍旧不稳定，仍是处于及格或者是勉强及格的水准。王老师认为这很正常，他对作文的畏惧心理需要逐渐打消，写作水平的提高需要一个很漫长的过程，急不得。她安慰并鼓励他，"写作水平的提高不可能一蹴而就，你能够不怵，能够写完就已经有很大进步了，如果你在少儿班第一年作文就达到理想状态，那后面几年你干什么呢，你是不是就该成为一个作家了。"老师和家长的合作起到了作用，小合对作文不再畏惧。

小合的作文有一定起色后，他又出了新情况——上课老看课外书。老师一般是给他提个醒，让他自己把书收起来，但那次看课外书看得太投入，王老师连喊三次让他起来回答问题，他都没听见。上课看课外书不好好听讲，王老师把他的书收走了。

本打算让小合反思一下再找他谈话，王老师手里也有好多事要处理，但小合看的不是闲书，是本计算机方面的书，这说明他对计算机感兴趣。既然这样，不能打击他学习计算机知识的积极性。

王老师放下手里的事，决定马上找他谈话。学生出现了问题，不管老师有多忙，哪怕挤也要挤出两分钟时间，马上解决发生的问题。也许有的老师说我接下来有课，我要开会，我没时间解决，我中午抽半个小时再跟他谈，但教育的契机一旦错过，是谈再多时间都很难弥补的。

"我没收你这本书，是因为你课上违纪，不好好讲课，你打算怎么解决这个问题，你这本书是从图书馆借的吧？你到期不还书，人家会让你赔吧？"王老师对他说道。

小合知道错了，急忙说："我上课不应该看课外书，我会好好学语文的，老师你把书还给我吧。"

王老师回他："你好好学语文，这是一句空话，你打算怎么学啊？你要有一个具体的行动，让我能够看到你的变化才行。比如你上课时最发怵什么，你就要完成什么，不然不能表明你学好语文的决心呀。"

小合想了想，说道，"我以前笔记记得不好，我打算好好记笔记，一个星期之后您看我的笔记吧，我的笔记要记得好，就把书还给我。"

王老师看他态度这么认真，就答应了，但她提出新的要求，"你说得挺具体的，咱们就这么定了，但我记性不太好，这个事儿你自己记着，我不只看你的笔记，还要看你的表现。一个星期之后，如果你的笔记很好，表现也很好的话我就把书还你，如果你不记得这件事，忘记给我看你的笔记，这本书我可就不还给你了。"

一个星期之后，小合主动拿着笔记过来，"王老师，您看我笔记记得还行吗？"

"哎呀，我真的忘了这事了，你的书我都不知道搁哪儿了。"王老师边说边打开笔记本，小合的笔记记得还不错，这一星期课堂表现也很好，她就把书找出来还给他，同时又说："你看你这笔记记得很好，下一周还按照这个路子来吧，记笔记只有好处没有坏处。"

小合认真地记了一周的笔记之后，觉得记笔记也不是太难的事，课堂上顺手就记了，有些记得不牢固的知识，翻翻笔记就能找到。他的真实体验告诉他，笔记真管用。于是，记笔记就成了他的习惯，不再是他的负担，语文课好像也变得不那么难了。

（八）吃小灶时让学生看到希望

少儿班的孩子年龄小，生活经历简单，虽然思维敏捷，逻辑思维好，学习理科接受能力强，但对需要有一定阅历的中学语文尤其是作文，学生间的差异就突显出来。

针对学生的语文水平差距大的现状，王老师决定对学习吃力学生进行个别辅导。

语文是细水长流的科目，需要日积月累，只要功夫到了，写作水平就会提高。少儿班学生中不乏写作高手，但有的孩子的作文评起来满篇红，王老师看着都头疼。面对学生写作水平参差不齐的现状，只能正视差异分层教学。一是在写作要求上，对水平比较高的、水平中等的、写文章比较费劲的三类学生区别对待，题目的难易程度有所区分，要求有所区分。二是进行针对性强的个别辅导，帮助他们提高成绩。

进行差异化教学需要对学生有透彻的了解，因此学生的作文要全部面批。面批占用大量时间，这对原本工作就十分繁重的王老师来说明摆着是自讨苦吃，但面批的显著作用及面批时和学生的有效交流使她始终坚持。

"别看你的作文才得30分，只要你在这儿稍微改一下，就能达到40分，这10分挺好涨上去的。"王老师又在辅导学生写作文了。

她对学生以表扬为主，即使对于写作文很费劲的学生，她不会指责，只是具体指导，帮助。通过面批时的交流使学生感受到老师对他的殷切希望。

有时，学生的作文需多次修改，当学生有些畏难时，王老师告诉他们，作家的作品都不会一遍成功，都是在反复修后才发表的，好文章是改出来的！

小宗是班里最小的学生，理科很好，但写作文特别费劲，王老师必须想办法提高他的作文水平。王老师对他轻松地说："你作文上升空间很大，老师也不要求你马上写得多好，但得先写足800字，作文字数太少不符合中学的要求。你现在一般只能写到六百字左右，但你看，在这儿加一段描述就多了几十个字，下面这段正好可议论一下又多了几十个字，这儿再举个例子或者加个对比，就又有一百字多字了，800字很容易就凑够了。"王老师总给小宗指出修改的具体办法，让他稍微努力就能做到。修改后的作文，重新给打分，由原来的 30 分，变成了 35 分、40 分。在老师一次次具体的指导下，小宗学好语文的信心逐渐加强，作文水平稳步上升。

高考时这个刚满 14 的孩子，语文取得了 120 多分的好成绩。

学生作文水平不高，最着急的是家长，不少家长给王老师打电话，"我们孩子作文不行，明年就高考了，现在这个水平能参加高考吗？"他们找王老师寻灵丹妙药。

王老师说："他们年纪这么小，现在作文写得就不错了，你们不要给他们太大的压力。你们不知道，这些孩子潜力很大，前几届有的学生开始连三四百字的作文都写不出来，但经过培养训练，高考分数也不低。你们要相信八中的语文教学水平是很牛的，学生语文再差也差不到哪儿去！"她知道家长最关心的是高考成绩，这是在降低家长的思想压力，减轻焦虑情绪。

"灵丹妙药我没有，但我三年多来每篇作文都给他们面批，他们的作文水平我清楚，你们不用担心，我对他们非常有信心！"

王老师给焦虑的家长们解压，提高了他们对孩子的信心。家长的信心必然会传导给孩子，学生们从老师和家长两方面得到的都是正面期待，无疑会产生积极的激励作用。这是期待和结果一致性的"皮格马利翁效应"的巧妙应用。

高明的教师把学生和家长看成一个整体，总是向这个整体中的每个人输入充满期待的正能量。

第五章　把校园和世界连接起来

未来

或许很长时间以后的某一天，当我们从脑海中浮现这些记忆，可能并不完整，也可能并不真实，但只要知道自己曾经经历过这些，就会笑得温暖而美好。

曾经

过去那么快乐，从没有想过有一天会直视"离别"这个词，但，很无奈，现在必须。

所以只能用仅有的话来祭奠所有的片断。忘掉的没忘掉的，都把它捡起来吧，然后拼成支离的相册，供我们凭吊。

·甘肃

去的时候天气很热，涂满了防晒霜可还是晒得很黑。印象比较深的就是鸣沙山了，当时不顾形象手脚并用拼命向上爬，只是为了那几个作为奖励的杏。现在如果再来一次，谁还会有当时的那般洒脱呢。

·内蒙古

依然是沙子，可是比起甘肃的要潮湿温暖一些。

在中心小学度过的那个晚上，篝火燃起来的那一刹那，我差点落泪，不知道为什么，眼泪就像小兽一样涌进眼眶，然后就是熊熊的热浪迎面而来，带着照亮周围的光芒，和舞蹈融为一体。仔细观察过那篝篝火，像一只凤凰在努力的奔向天空，身躯化作一团团的光辉翻滚着上升，然后慢慢淡去消失。可是它终究被什么束缚着，尽管在挣扎，却是徒劳。

在内蒙古我生平第一次见到如此壮美灿烂的夜空。大大小小的星星不约而同地发出四月钻石的光芒，由中心刺出无数锋利的细剑，长短不一，它们的存在组成了一颗颗绝美的星星。感谢那天月光并不那么强烈，不然真不知道这些星星将黯淡多少。

总觉得写的不是我想要表达的东西，毕竟文才有限，不能将我感受到的东西原原本本地展现出来。但是只要你那天晚上看过天空，就一定会有和我一样的渺小的感觉。

此外还有很多。挤在一张床上聊天不睡觉，那只会解鞋带的小狗，沙漠里种草的时候满嘴的沙子……还有不少已经有些淡忘了的，组成了这次内蒙古之旅。

· 江西

对于江西之行，我只有两个字形容：疯狂。

只要是在车上，就只有两件事：睡觉和打牌。前者基本上为零，所以打牌占据了绝大部分车上时间。记得最清楚的是七八个人一起玩变色龙，整个大巴都有些沸腾了，到处洋溢着笑声，好像最原始的快乐都被释放。

那几天刚好赶上世界杯，于是所有人都在为争论谁赢谁输而吵得热火朝天。碰到想看的比赛就会熬夜，我曾经有一个晚上一夜没睡，看了两场比赛，结果第二天一点也不困。房间的灯关着，只有电视机的光偶尔把房间照亮一下。周围是无声的静谧，黑暗透过窗帘缝钻进来，在房间内游走。电视的音量不敢调得太大，坐在凌乱的被子上，安安静静地享受画面。——这样安静的世界杯，一生中能有几次，或者说，能有几个人体会到？

还有就是那些数不清的大大小小的虫子了，晚上去别的屋和其他女生挤在一个房间看电视，竟然忘了关灯！结果回来的时候房间已经成虫窝了，我和其他几个女生用尽各种办法还是无济于事。在用各种东西砸了很长时间依然无效的情况下，我们只能睡在别人屋，最后那个房间竟然挤了五个人，还有睡在地上的！

疯狂的打牌，疯狂的世界杯，疯狂的虫子，总之一切都很疯狂。这种特殊的经历恐怕没有再一次的了吧。毕竟我们在长大，不会再像以前那样拥有那么单纯快乐的回忆了。

·怀念

每个人的经历可能不尽相同，不过快乐总是相同的。写这么多是为了唤起所有人关于那一段的记忆，如果没有这些，那些镜头怕是早就忘却了吧。所以请好好想一想，这四年中究竟留下了哪些深刻的画面值得去回味，不然当你以后想要重温它们的时候，就没有什么供你想象的了。

其实还有很多很多。那些可爱的名字，已经习惯到比原来的名字还要熟悉亲切，已经和自己融为一体，已经分不开。恐怕以后没有几个人能再这样叫自己了吧。所以请珍惜每一次别人呼唤你那些可爱名字的机会，很久以后你会意识到原来这是一件多么令人感到幸福温暖的事情；你会怀念他们叫自己的时候的声调、语气，和单纯的微笑；你会觉得原来他们对于自己来说是多么重要、多么舍不得的人；你会发现，原来时间过得这么快，原来我失去了那么多可以珍惜的东西，原来世界上真的没有后悔药，原来你这么想再重头过一次，再感受一次那份真实。

再比如那些我们自己的语言，别人听不懂，只有我们自己知道。能体会到这么多人一同保守秘密的快乐吗？好像那个时候，所有人的心都在一起，那种团结没有什么可以摧毁。我们在自己的世界里恣意，没有什么束缚，可以自由，可以无忧，可以创造那一瞬的永恒。

曾经的那些争吵。当时或许会想要再也不理谁，可现在呢？好好想三分钟。其实那些事情还是很美好的对不对。

……

这些所有的事情，都在脑海中印下了深深的一笔，然后生生不息，成为永恒的彩虹。

终究无法磨灭。终究永垂不朽。终究是我们的记忆。那些永远无法忘却的记忆。

上面这篇《我的四年》是考上香港浸会大学的小亚同学写的一篇文章。在这篇文章里我们不难看出四年里她在社会实践中的收获和成长。

当前，大多数家庭只有一个孩子，为了让孩子将来有出息，有些家长对孩子的教育进入了误区。一是过度教育，周六日、假期都让孩子去上各类提高班补习班，唯恐孩子学习上落后；二是过度保护，对孩子总不放心，稍有点冒险的事都不让参加，唯恐造成伤害；三是包办代替，总是替孩子安排各类事情，总是替孩子去做孩子应该自己去打理的各类个人事情。孩子仿佛生活在真空里，不缺知识缺常识，不了解社会，不了解自然，不懂得人情世故，说起来什么都懂，做起来却大相径庭。

孩子不能生活在真空当中，一定要参加社会实践。教育家马卡连柯说："在学生思想与行为之间，有一道小小鸿沟，需要用实践把这道鸿沟填满。"

学生每天都有一半以上的时间是在社会和家庭的环境中渡过的，家庭和社会上发生的事对学生都会产生积极的或消极的影响。同时学生将来毕竟要走向社会，要在纷繁复杂的社会中保持人生价值取向和道德标准，在激烈的社会竞争中保持理想和信心，就有必要在他们的学生时期就开始学习观察社会，分辨真善美和假恶丑，树立起初步的道德观念和行为准则。了解社会现实，学习大人们是如何处理错综复杂的利益冲突和交织在一起的矛盾。初步树立起不偏激的、全面、多角度、多方位地分析对待社会现象的思想方法。

少儿班主张让学生们走出去了解社会，在实践中把学校和世界连接起来。通过与社会广泛联系，充分利用社会教育资源，经常带学生参加社会实践活动，邀请社会上有影响人物来讲学做报告等开放式教育方式使学生的生活经历更加丰富，观察与思考更加主动，更加全面。学生们所关心的不仅局限于自己的学习成绩而且学会了关心他人，关心社会，关心自然环境，从而培养他们的优秀品质，强化学习的动力因素，加速他们的社会化进程。

一、走进社会大课堂

不运用社会的力量，便是无能的教育；不了解社会的需求，便是盲目的教育；学校不能运用社会的力量以谋进步，社会也没法吸收学校的力量以图改造。

——陶行知

（一）走进黄土高坡

"我家住在黄土高坡，大风从坡上刮过……"这首流行歌曲在学生中曾风靡一时，最不济的也会哼几句。但黄土高原到底是什么样？那里的人们在怎样生活？城里的学生们却几乎一无所知。

有一年少儿班决定去山西黄河边壶口去植树，落脚点是克难坡村。

克难坡，距山西省吉县县城西北30公里处，西与壶口瀑布相邻，本名"南村坡"。

1940年5月，阎锡山率部分随从离开秋林，东渡黄河，进驻吉县西北的南村坡。这是个住有6户人家的黄土山梁。阎锡山将这里定为营地后，因南村二字音近"难存"，意欲标榜克服困难，故改名为克难城，通称克难坡。经过两年多的修建，将这个弹丸之地建成为一座窑洞叠立，颇具规模，可容纳两万余人的山巅小城。阎锡山的第二战区长官司令部、山西省政府等首脑机关于1940年至1945年曾驻扎在这里，一时成为二战区的军事重镇。经历史沧桑现在只是一个黄土高原上不大的村落。

在来之前，同学们都做了资料调查，不仅知道克难坡村的历史，还知道黄土高原水土流失严重，植被破坏严重，这次来的主要任务就是植树绿化。但同学们还是很惊讶，内心被震撼了，眼前的景象超乎他们的想象！也许是正是春初，庄稼还未发芽，往远处看，高低起伏，沟壑纵横，黄色的山丘连绵不绝，没有想象中显示生命存在的绿色，只有零星的树木竭力向寂寥的天空伸展着干枯的支权；往近处看，一块块，一层层的农田裸露着翻松的黄土，只有地块边缘残存的枯草顽强的挺立着；一阵风刮来，地里的黄尘翻腾着，旋转着随风滚滚而去。大家都瞪眼向窗外观望，车厢里安静极了。怎么这么苍凉！不知谁的一声感慨打破了肃静的气氛，于是车厢里又热闹起来，各种议论和猜测纷至沓来。

到达克难坡后，第一项就是向村里的小学生捐助带来的书籍和文体用品。出发前老师进行了动员，学生们准备了不少适合小学生看的书，有的还用自己的零用钱买了书包、文具、排篮球、羽毛球拍等，在村委会办公室前的空地上放了一大堆。

村长先简单地讲了欢迎辞，村小学学校长表示了感谢后，12个高高矮矮的小学生每人抱着捐赠的物品走向自己的学校。学生们排队跟在后面去参观学校。怎么就这几个学生？队伍中有人问，老师答道，等会你就知道了。

走过村边小路，一排窑洞，一小块空地，一根孤零零挂着国旗的旗杆出现在眼前，这就是村里的小学。此情此景让同学们和老师都默默无语，窑洞教室里放着几排陈旧的长条桌和长凳，极其简陋且光线昏暗。学校只有一个男老师兼校长，各门功课都一人担任，学生只有十二个，按年龄分四个年级。老师上课是给一年级讲课时让二三四年级的学生写作业，给二年级学生讲课时，让一三四年级的学生写作业，依此类推，这是不得已的"复式教学"。学生四年级后就要每天走十几里路到乡里上学。少儿班的学生们看着，听着，安安静静，纪律出奇的好。看得出来，见到这和自己学校天差地别的乡村小学，见到眼前衣服陈旧比自己还小的学生们艰苦的学习环境，每个人都有思有想，每个人心灵中都有着微妙的感受和变化。

出发前准备会上，进行安全教育时老师给学生们讲，到了当地千万别招猫递狗，农村养的狗是看家狗，跟城里宠物狗不同，挺厉害的，到那儿你要逗它，没准就会咬你。还有老师说你们天天吃猪肉，看见过活猪吗？有同学说，看见过，在电视上看到的。赵老师说："到那儿你能看见活猪，说不定还能看到母猪给小猪喂奶。"

学生们分四人一组和一个老师一起住在一户老乡家，在跟随房东到家里去时，看到当地人住的房子大都是依土坎挖的窑洞，学生们很好奇。

问道："这样的房子贵不贵啊？"

"下雨天会不会塌？"

房东说："我们这很少下雨。跟你说吧，窑洞又便宜又好，冬暖夏凉。"

到了房东的家，窑洞很简陋，墙壁就是黄泥抹的，半边是铺着芦席的土炕，另一边有一个约两米长的躺柜。房东说去准备晚饭，你们自己收拾一下。同学们一边铺着被褥一边打量着四周。

"赵老师，猪呢？狗呢？我们怎么没看到？"有学生问。

"我也不知道，等会儿问问房东吧！"赵老师心里也觉得很奇怪。

一会儿，房东端来一盆热气腾腾的菜和用布兜着的馒头，同学们早就饿了，围炕桌吃了起来。

"大爷，您也吃吧！"学生们说道。

"不，不，你们吃，你们吃，我回去再吃。"

"大爷，怎么没见到猪啊狗啊什么的？"学生问道。

"唉，我们这接连三年大旱，打不下粮食，村里都靠国家的救济粮，哪有粮食喂猪和狗，养鸡的都没有。"

"怎么树那么少呀？"学生们没忘了来此地的植树任务。

"早年间开荒种粮把树都砍光了，还有烧火做饭也靠砍树搂草，现在不是又要退耕还林，退耕还草了嘛。"

房东走后同学们议论起来，

"我原来以为地上长庄稼和长树长草都一样呢？北京郊区都是种的农作物，也没像这儿这样满目荒凉。"

"你没听大爷讲？这里特干旱，秋天收了庄稼，地里光秃秃的，可不就一刮风就漫天黄土了。"

"黄土高原降雨量少，有限的雨水又分布不均，有时又集中下，没有树木和草皮固定的土层很容易被水冲走造成水土流失，一路上看到一条条大沟里水流冲刷的痕迹不是很明显吗？"赵老师解释道。

"表层的熟土被冲走后，露出的是生土，没什么肥料的话庄稼产量也很低。这样粮食产量少了就又要开荒，开荒越多水土流失就越严重，恶性循环造成这样的局面。"赵老师接着说道。

"那过去为什么要拼命开荒呢？"

"过去穷呗！粮食少呀！"一个同学抢着说。

"主要原因是过去没有从保护整个自然生态系统出发去科学地利用土地，在北方干旱地区荒开得越多水土流失越严重，耕地面积上去了，每亩产量却下来了，结果总产量反而减少，还破坏了环境，得不偿失。"赵老师解释道。

"我说为什么报纸上老说要退耕种树种草呢！原来想不明白好好的地为什么不种庄稼了呢？原来是这样啊。"

"看来种地也不那么简单，还要从大环境，从生态系统考虑。"

"还得考虑当地的气候条件和地理环境，南方雨水多的地方就不用这样。"

大家七嘴八舌的议论道。同学们从眼见的事实中知道了原来不甚了了的科学道理。

出发前，老师要求每个学生只带50块钱，可以买点临时之需，还要记得给父母带点土特产或小礼品。

第二天早上一起床，张晓就跟赵老师说："昨晚我想了，咱们给房东捐点钱吧，他们太穷了。"

此议一出，赵老师多少有点惊讶，近两年由于学校动员给灾区和贫困地区捐钱捐物次数较多，学生们捐助的意愿降低，张晓还说过怪话，现在怎么主动提出捐钱了呢？

"那你想捐多少？"

"带的50块钱全捐了。"

"我也捐，我也捐。"其他人附和道。

本没有这种临时捐款的计划，但看到学生们发自内心的提议，赵老师答应了。"那好，我也捐50，你们就不要捐那么多了，还要给家长带礼物呢！要量力而行。张晓，这件事你来负责吧"。

事后了解到，没有任何老师动员，其他组的同学们也都有这样自发捐款的行动。

人之初，性本善。学生们本来就有一颗善良的心，有乐于助人的本性，只是在学校里听到的只是口头的说教，看到的都是农村怎么走致富之路的报道，很多农村实际还未摆脱贫困落后的现实，他们不了解，怎么能心甘情愿地牺牲自己的零花钱呢？眼见的实际激发了内心的善良，显示了人性的光芒，同情心、责任感由此而生，这不正是希望他们具有的公民品质吗？

第二天的活动是到黄河边的山坡上去植树，同学们担着水桶，扛着树苗，沿山坡上的小路走着，看见黄河在脚下两边陡峭的山谷中间流淌。

"黄河怎么这么窄，跟想象的不一样。"

"现在是枯水季节，当然水少了。"学生们边走边议论。

种树挖树坑还好，在同学们努力下，时间不长就挖了很多，但水跟不上，要到山下很远的地方一桶桶挑上来，挑水的学生和村民累得气喘吁吁满头大汗，衣服都湿透了，但还是跟不上进度。

休息时，望着山下流淌的黄河，一个同学忽然向村民问道："为什么不用抽水机把黄河水抽上来呢？"

"太高，抽不上来。"村民答到。

"你傻呀！在一个大气压下只能把水抽到十米高，物理课不学过吗？"另一个同学说道。

"我当然知道，你说的是吸程，还有扬程呢！只要电动机功率够大，还能再向上扬很多米呢！"

"那也不够！"

"我有办法，多弄几台水泵，分级抽，一级一级地接力往上抽，不就行了！"另一同学说道。

听到同学们能把学到的知识用到实际中，老师们互相看了看，露出会心的微笑。

"你们的主意好是好，但村里没钱买水泵和水管。再说这山上也没有电呀！"

听到村民的话，同学们一时语塞，不知怎么回答了。

但班主任和语文老师来劲了，"对啊，你们好好想一想这个问题怎么解决吧！这可不是就克难坡的，全国很多地方都有这样的问题，靠捐钱你们也帮不过来啊。回去好好想一想，把答案在周记里写出来吧。"

"老师，你这是难为我们吧。"

"不是难为你们，经济不发达，缺少电力，农村缺少科学文化知识，这在全国很多地方都有。怎么能从根本上解决，不是都要靠你们将来的努力吗？"刘老师说道。

学生在社会实践中发现了问题，老师让他们去思考解决问题的办法，这正是少儿班老师引导学生把视野从校园生活投向更广阔天地的一贯做法。

回校后，同学们就这次活动的感受和遇到的问题进行了热烈的讨论。

王亦佳在作文里写道："我现在才知道什么叫苍凉，如果我身在这个地方，我可能会像这里的80多岁的老奶奶一样，一辈子走不出去，连县城都没去过，所以我觉得自己很幸福，应该珍惜。"

"没想到西部地区的环境这么恶劣，我们应该想办法改变这种现状。"

如我们看到的那样，一次有意义的社会实践比学生在书本上学到的东西要多得多。社会实践是塑造学生良好个性品质的有效途径，适当的社会实践不但能磨炼学生的意志，帮助学生形成不畏困难的精神，还能增加学生的阅历，让他在亲身经历中去了解社会，认识社会，立志有一天能够改变社会。

少儿班历届毕业的学生，关注贫困地区教育的不在少数，小飞毕业后经常在春节期间到贫困县去做志愿者，还有的毕业生工作后捐建了希望小学……

（二）近距离去了解沙漠

暑期，少儿班要组织学生到内蒙古恩格贝沙漠参加活动。活动为期三天。如何让这三天过得有意义有价值，让老师们绞尽了脑汁。

围绕着活动，各学科老师都设计出相关的作业。活动中安排了内蒙古大学的刘教授为师生们介绍内蒙古的地形地貌和风土人情，还带学生和当地的学生一起到沙漠种草。

学生们不明白，"为什么要在沙漠种草呢？"

"是呀，为什么不种树呢？"

"树不是更能改善环境吗？"

教授给出了答案，"植被破坏有一个顺序，森林被破坏后，只要有水就会生成灌木，灌木被破坏，只要有水就会生成草。在有水的情况下，草会长得很好，一旦没有水，灌木和草很容易死掉，沙化开始出现，所以沙漠种草起不到长期固沙的作用，最好的办法是种树，但树长起来很困难，大风一刮，吹走了沙子，树苗的根会露出来，很快就死了，所以要先想办法固沙，只要有水种草还是很有用的。"

回到驻地，学生们在争论着固沙的办法，听到学生的争论，生物程老师给他们讲起了沙漠治理的办法。

"治理沙漠要根据当地的具体情况采用不同的办法，比如我们去的地方，其实以前沙子下面是原来的河床，沙下面土层是有水的，树苗栽下后只要大风不把根吹得裸露出来，让树苗有时间长起来，把根扎到含水层里，树苗就能活，植树就成功了。如果老刮风就需要想办法先固沙。所以，治理沙漠还要靠点运气，还要看老天的脸色，沙漠的治理在全世界都是难题。比方说，你们种草，把种子撒下去了，就要看近期下不下雨了，如果下雨，草长出来，根扎下去比较深，就成功了。如果草还没发芽一刮大风，草籽就不知吹到什么地方去了，还有草吗？"

"以前有一年种了树，结果第二年我来这一看，种的树全死光了，你们猜是什么原因？"程老师故意卖了个关子。

"没下雨？"

"不是，种树后不久就下雨了"

"那树怎么死的？"

"正好那年气候异常，下了一场大雨，水把沙子冲走，树苗的根露在外面，太阳一晒全死了"

"真可惜，那不白种了吗？多浪费啊！""这么大沙漠每年要投入多少钱啊！"

"所以沙漠的治理也必须要顺应自然，不能硬和自然界顶着来，要逐步摸索出符合当地的办法来。"

接下来程老师又说道："治理沙漠在全世界都是一件很困难的事，光靠政府投入也不行，要能使治沙持续下去，就要发展沙产业，让沙漠也能有产出，这样有的企业就会来做，长期下去就会有成效了。但是要告诉你们的是，并不是所有沙漠都可以治理的，有沙漠的存在也是整个地球整体生态系统的必要部分，重要的是要怎样利用沙漠的气候条件来为人类创造价值。"

"什么叫沙产业？"

"就是在有条件的沙漠种植一些耐干旱的作物，比如胡杨，沙柳，沙棘，沙枣等等。沙棘和沙枣的果实可制成食品出售，再依托这些规模种植的沙生植物发展沙漠旅游业，挣来的钱再投入到治沙中去，不就形成良性循环了吗！"

"沙漠治理这么复杂啊！""我原来以为治理沙漠只是种种树和草的简单劳动，听您这么说这里面还真有很多科学道理呢！"

"当然！很多国家都设有专门研究沙漠治理的科研机构。还告诉你们一个好消息，我国的科学家筛选出一种能在沙漠中生长的蓝藻，这种蓝藻可在沙漠地表生成一层牢固的薄层，覆盖住沙子，起到固沙作用。它还不怕旱，太干了顶多不长了，只要有一点水就又复苏过来开始生长。"

"老师，蓝藻怎么栽种啊？跟种草一样吗？"

"不一样，先在基地里培养好蓝藻，在适当的时机移栽过来。蓝藻还两个优点，一是它的生长需水量比草少，所以容易成活，二是它的繁殖是靠孢子，孢子很小，一刮风就会散落到别处去，所以只要移栽成功了，假以时日，覆盖的面积就会越来越大，用蓝藻来固沙比种草的成本要低很多。"

"真想不到藻类还能在干旱的沙漠中生长，对治沙还能到这么大作用！"

学生们在实践中产生了问题，从寻求答案中学到了知识，从已知知识中又发现新问题，从新问题的解答中又到更新的知识。乍一看，这一连串的问答只是学生们好奇心的表现，但谁也不能否认的是这不就是人类探索客观世界历程的一个缩影吗。

参观当地的小学是此次行程之一。少儿班带了一些衣服、书等生活和学习用品捐给当地的小学。他们看到，在学校食堂最显眼的位置写着"节约粮食，不能浪费一粒米"。他们看到，学生宿舍很小，每一个孩子睡觉的地方只有一尺多宽。他们看到，学生们在教室上晚自习，灯光很昏暗……

少儿班学生深受触动，"相比较来说，我们的学习生活条件要比农村的小学好得多得多。"

"真没想到农村学校是这样的。"

活动期间，师生们被分到各个牧民家里住。现代的牧民和从前的牧民不一样了，虽然都是牧民，但现在的牧民已经不是游牧民了，而是建了房子定居下来。每一户牧民家里边都有牛圈、羊圈，学生们一边看一边在本子上记着，学生们喝着新挤的牛奶，好几个学生喝完一杯，又倒了一杯，味道实在是太好了。他们有幸看到了母羊生小羊的过程。他们还按照政治老师的要求采访牧民的生活和生产状况。

晚上的篝火晚会上，小学的师生和少儿班的学生们联合演出，气氛特别热烈。

临走的那天，师生们参观了县里的历史博物馆，他们对于辽、金那个历史年代有了更多的了解。

三天的时间很短，但知识量和信息量很大，学生们从情感上有收获，从知识上有收获，从历史知识上有收获，在国情上有收获，这是一次成功的综合性的教育活动。

（三）去拜访孔夫子

少儿班的社会实践活中有一项是每届学生都要去的，那就是泰山和孔府、孔庙和孔林的三孔之行。主要目的是感受中华的传统文化。

每次社会实践，行前老师都要让学生收集相关资料，去泰山、孔府、孔林、孔庙时的资料收集更为重要，这几处的文化底蕴实在太丰富了。同学们收集到的资料中天文地理历史人文等都有涉及，有的还做成了PPT在班上为同学们讲解。讲的同学认真准备，听的同学跟听老师讲相比，自然又有不同的感受。有了这样前期的铺垫，再在实践中有着亲身的体会，出行的收获才能最大化。

有一年在去泰山，第一天晚住在泰山脚下宾馆，晚上听过老师讲第二天登山的注意事项后学生们各自回房间准备和休息。

赵老师推门进来。"都准备好了吗？"

"准备好了。"

"我考考你们，泰山为什么叫泰山？另一个问题是泰山有别名吗？"

"我知道"一个学生抢先说道"泰的意思是大，泰山就是大山，因为在这片地区的山泰山是最高的。"

"泰山有别名是岱山和岱岳，岱和泰意思一样，都是大。古代山也可以叫岳，问我们这个干吗？太简单了，一查就知道了。"

"那我问一个难点的，古代帝王为什么要来泰山封禅？封禅二字是什么意思？"

我知道，"皇帝来泰山封禅要举行仪式，诏告天下，是因为他要证明他当皇帝是上天封的，是君权神授。"

"不对！你的意思是上天封皇帝，不是这么回事。我查过了，封的意思是祭天，禅的意思是祭地。皇帝是通过来泰山祭天祭地，表示皇帝受命于天，向上天报告自己显赫的政绩，答谢天地的佑护。"另一学生纠正道。

"你们还真棒啊！这些事都知道。"赵老师微笑着说道。

"那当然，来之前我们都上网查过了。"

第二天是登泰山，从红门进去，山道平坦，但越到后来山路越陡，拾阶而上，步步登高。开始大家还在边走边说，边走边聊周边景色，甚至互相打闹，逐渐觉得背的包越来越重，随着汗水不断从体内渗出，汗珠不断从脸上滴落，衣服后背汗渍的水印越来越大，学生相互间说话越来越少，停下喝水也越来越频繁。

"向后传！前面就是中天门，到中天门休息！"前面传来喊话声。本来已经很累的同学听到后像是忘却了疲劳，加快了脚步。

休息时杜老师对学生们讲了几句鼓励的话后，强调说："后面是登泰山最陡的一段路，俗称十八盘，特别是升仙坊到南天门中间是一段很陡的台阶，要特别注意安全。现在大家整理一下行装，特别要看看鞋带系好了没有。"

周围游客好奇地打量着他们，"你们是从山下一直爬上来的？快上中学了吧。"

"我们就是中学生！"有人因游客小看了他们而不满。

游客不解地说道，"这么小，骗我呢！"

15分钟后，开始了最艰苦的一段旅程。似乎体力已经恢复，这一段路程同学们走得更快了。

到了升仙坊，向上望去，红色的南天门高耸在无数级巨大的台阶之上，傲视着下面向上攀登的游人。

"哎！这么陡！"一个同学不禁喊道。

学生们分成几个小组，每组由一位老师负责安全，开始向南天门攀登。

登泰山是少儿班每届学生的必修课，为的是锻炼和考验学生克服困难，百折不回的毅力和勇气。少儿班学生们肯定能有能力登上泰山，老师们的信心来源于平时自然体育对孩子们的磨炼，来源于对他们的充分了解。

登泰山，确实很辛苦，但所见所闻也会使学生们感到有趣和学到知识。在登山途中的摩崖刻石中发现一处刻有"虫二"两个字。学生们一头雾水不解其意。老师介绍这是清朝光绪年间济南名士刘廷桂题镌的，是繁体字"風"和"月"的字芯。即繁体字的"风"字，去掉里边的一撇和外面的边儿，就剩个"虫"字；"月"字去掉四周的边儿就剩下个"二"字。寓意为"风月无边"，所表现出的真正内涵，是说泰山风光的幽静秀美和雄浑深远，这样的书法构思可谓精深独特，别出心裁。寓意中的"风月"，是清风明月之意，指景色清雅秀丽，"无边"是指眼前的一切景物都在云盘雾绕之中，引申得非常远。

在南天门，学生们边欣赏层峦叠嶂、云遮雾绕的壮丽景色，边拿出食品充填着辘辘饥肠。老师们都有登泰山的经验，知道学生一会就会尝到山顶冷风的滋味，于是赵老师和语文徐老师招呼几个学生一起去租棉大衣给学生御寒。

"50块钱一件"租衣的商户说道。

"老板，太贵了！便宜点吧。"

"不行！都这个价。"

"我是给学生租的，学生没带多少钱呀。"

"那也不行，"商户强硬地回答。

"我们需要三十几件呐，你要不行我们就去别处，你可别后悔。"

商户犹豫，见状徐老师展开攻势，"这么大笔生意你不做，不是犯傻吗？散客来租也就一两件，我们租这么多你就赚了一大笔，平时碰不着吧！不赚白不赚的生意多合算哪！"

"我看你挺面善，心眼一定很好，总不能看着学生们冻着吧！行了，就这样吧，就当你帮我这当老师的一个忙，谢谢你了。"徐老师继续劝说道。

"好吧，就便宜点，你能给多少"商户终于吐了口。

一番讨价还价之后，以5元钱一件成交，学生们都穿上了棉大衣。一个游人过来问，你们是多少钱租的？5块钱啊！啊呀，我们租贵了，讲了半天价才30块一件租给我们。

"徐老师您是怎么砍的价啊？"一学生问道。

没等徐老师开口，跟去的学生就把经过说了一遍。最后还佩服地说了一句，"他们哪斗得过徐老师的嘴啊！"

徐老师向学生们说道，"不是斗嘴！要说服别人，首先要尊重别人，再看当时客观情况有没有可能，还要揣度他的心理，晓之以理，动之以情才能成功。"

这是一件小事，但通过这件事也使学生们学到了一些社会经验。

下山时，赵老师因膝关节不好显得分外吃力，几个学生见状不离左右。

"赵老师我扶着您吧！"

"赵老师您把我当拐棍吧！"

"谢谢，我能行。再说我这么重，真倒了还不把你们砸趴下了啊！"赵老师虽然谢绝了学生们的帮助，但心里真是感动。

"上山容易下山难，我这回可是真正体会到了。你们可一定看着脚下，千万别马虎摔着了。"

上山下山，共同面对同样的困难，互相关心，互相帮助，不知不觉间学生们心理发生了变化，不再觉得自己是被大人们管理、被照顾的对象，自然而然地有了一种照顾帮助别人的愿望，他们正在向成为生活的主人迈进。

学生们可真是体力充沛，回到住地在晚饭前休息的一段时间里，女生们聚在树荫下议论着爬山中的见闻，一些男生又在空地上踢起了一个不知那弄来的破足球……

第三天去曲阜参观三孔——孔府、孔庙、孔林。曲阜的"三孔"，是中国历代纪念孔子，推崇儒学的表征。以丰厚的文化积淀、悠久的历史、宏大的规模、丰富文物珍藏，以及科学艺术价值而著称。因其在中国历史和世界东方文化中的显著地位，被世人尊崇为世界三大圣城之一。

参观三孔，使学生们对古代伟大的思想家、政治家、教育家、儒学创始人孔子有了更多的了解。感受到以孔子为代表的儒家文化在中国文化和思想发展史上的重要地位和深刻影响；听到了孔子杏坛讲学、子贡守墓、"文革"中红卫兵冲击孔庙破坏文物等故事；看到了规模宏大、气势雄伟的古代建筑群；欣赏了历代碑碣的真草隶篆等书法杰作；知道了学习和继承中国优秀传统文化的重要意义。

短短几天，学生们对祖国河山的壮美，中国优秀传统文化、古代建筑文化、尊师重道的传统美德，师生的深厚情谊等有了真切的领会。俗话说，"读万卷书，行万里路。""读万卷书"是指应该全面吸收书本知识，使自己具有渊博、扎实的文化素养；"行万里路"是指不能单纯地沉迷于书本，还必须广泛了解、认识和接触社会。我们的学生不应只在校园内闭门读书，还应走出校园接触社会、行路眼观耳识，才能成长为心智健全、视野宽阔、知识渊博、德能兼备的有用之才。

（四）我们骑车去旅行

我们要骑自行车去山海关了！这个消息迅速在同学们中传开了。

"老师，是真的吗？"

"老师，什么时候去呀？"

"咱们班全都去吗？"

学生们的好奇和兴奋溢于言表。

"还没最后定,一要看你们的家长同不同意,二要看条件是否具备,比如是不是都会骑车,你们的身体能不能顶得下来等等,所有条件都具备了才能成行"老师们基本上都是这么回答。

其实,出行的方案早就制定了。计划把少儿班的期末考试提前,在考完试后带学生骑车去北戴河,全程750公里,往返用4天,在北戴河休整2天。目的是让学生去经历一次同龄孩子没有经历过的艰苦旅程,去完成看似不可能完成的任务,在实践中培养学生不畏艰苦、勇敢坚强的性格和勇气,在集体活动中培养合作互助、团结一致去达成共同目标的团队精神。

有学生不会骑车怎么办?用自然体育课时间教会他们。

大队人马外出公路骑行,学生们不适应怎么办?先组织学生在市内市郊公路骑行,进行公路骑行适应性训练。

长途骑行对自行车质量要求很高,学生家里的车达不到要求怎么办?联系到自行车厂家—中华自行车公司,以活动命名为"爱我中华自行车旅行"为条件,获厂方以市价的三分之一提供优质自行车,及派员工开面包车携零件随行,保障沿途的车辆检修。

出行计划提交给学校领导,龚校长十分赞同,但有两个条件,一是必须是学生自愿参加并得到家长同意;二是必须做好周密的准备工作,保证学生安全,不出事故。至于上级教委由学校去申请批准。

基本条件已备,可以召开家长委员会会议了。会议开得十分热烈,听完老师介绍活动的目的、计划及准备情况后,得到家长们的一致赞成。家委会还提出有时间有条件的家长愿意协助此次活动,希望得到学校的同意,这当然是求之不得的事情。家长们商量结果是一个家长驾私家车随行,另一当医生的家长随队做医务保障,还有一家长开自己的小卡车随行,以备不时之需。这让老师们既高兴又感动,高兴的是出行的各方面保障如此齐备,堪称豪华,感动的是家长竟如此理解和支持,远远超出预期。

有一个学生年龄比其他人小一岁,身体也较瘦小,本不建议参加此次活动,但在学生自己坚决要求和家长几次来校"通融"的情况下只得让他参加。

原来预计如此艰苦的活动可能会有不愿参加的,没想到学生们如此踊跃,家长们如此支持,真是超乎想象。

老师们叹道,我们的学生真好!我们到家长们真好!

7月5日一早,龚校长亲自来送行,全体师生穿着统一的服装,骑着清一色的阿米尼牌自行车依次成一列纵队骑车出了校门。在天安门广场展开"爱我中华"的队旗拍照留影后,在路人惊讶的目光下迎着朝阳向东骑去……

这次社会实践活动是杜老师首先倡议的，倡议一提出即得到老师们一致的赞同。原因是这完全符合少儿班的教育理念。不怕挤占各科的教学课时吗？以体育为基础，德育为核心，培养创新精神为重点的教育理念老师们早就烂熟于心。课时嘛，好解决！精心备课提高课堂效率就是了。不担心安全吗？只要精心准备，周密计划，做好预案，全力以赴，安全完全可以保障。

学校其他老师说："你们少儿班可真够大胆的！"

在旁观者看来，这样的出行的确是太大胆了，不可思议！在校上课安安稳稳，按部就班，轻车熟路多好，这样大规模地带学生骑行这么远的路途，日晒雨淋艰苦劳累不说，一路上学生的安全一旦出了问题，老师们的责任可怎么负担得起！这是多大的风险！

但少儿班的老师们心里有底，首倡者杜老师心中更有底。

这条路线杜老师骑车走过不止一次，路况非常熟悉。带学生骑车旅行，也不止壹次两次，沿途怎么组织学生骑行，怎么吃饭休息，怎么住宿也都了然于心。

杜老师是个把体育教育工作当事业对待，并勤于思索的人。在常年的教学工作中他看到了学校教育的不足，繁重的学习，超量的作业占据了绝大部分时间，导致学生运动量不足，使在校生普遍出现肺活量下降，超重及肥胖明显增多；学生们肌肉软，关节硬，动作笨，近视率居高不下；长时间待在狭隘的教室，激烈的考试竞争带来的压力使学生心理素质恶化；单调的校园生活，使学生远离大自然，脱离现实社会，造成了学生不了解大自然，缺乏社会常识，缺乏人际交往能力等缺陷。这些使他深感不安，决意尝试闯出一条新路。杜老师又是一个善于学习的人。通过学习有关资料，参阅报章杂志的报道，他了解到在自然环境中进行体育锻炼时可以降低人患迷走神经疾病的可能性，对人们精神和身体健康大有裨益，特别是对年轻人和存在一定精神疾患的病人作用特别明显；了解到美国、苏联、日本等许多国家都把徒步旅行、登山野营等户外运动作为了解、接触自然，开阔眼界，陶冶情操，放松身心的课程和体育教学手段，并列入体育教学大纲。杜老师还是一个勇于行动的人。结合自己的经验和现实条件他认为学校体育应包括两类，一是校内常规体育课，二是走出校园到大自然中、到社会中的自然体育课。于是他开始行动了，私下里找了一些热爱体育的学生利用假期带领他们外出了。他曾带学生由北京骑自行车去过山海关直到到兴城；也曾带学生骑车到涞源、灵丘、五台山、应县木塔、悬空寺、大同云岗……去的学生兴高采烈，情绪高涨，跟在校内相比完全是另一种精神状态。

王克是八中一位老师的孩子，正读高中二年级，但学习提不起精神来，听说杜老师组织学生远行，主动申请加入。王克的妈妈很信任杜老师，放心地把孩子交给

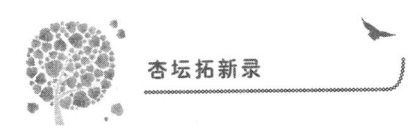

了他。

临行前，校长知道了，跟杜老师说，你带王克去啊？

"是"

"带他去谁负责？"

"我负责，我的活动对所有的学生敞开大门，只要身体合格，家长同意，来者不拒。"

远行之后，王克整个人焕然一新。他对杜老师说，"如果没有遇见您，我不会有这辈子的快乐。"

杜老师具有先进的体育教育理念和丰富的组织学生进行户外运动经验，这点龚校长心里清楚得很，所以他放心地把少儿班的体育课交给了他。

1985年，杜老师承担了这项工作后，在少儿班开始了体育课程改革。

教学目标是：通过体育运动使学生身心得到健康发展，培养学生运动兴趣爱好和习惯，为终身体育奠定基础。

体育课程设置是：除国家规定的校内正规体育课外，在每周学生法定上课时间内拿出半天（3课时）增设自然体育课程，带学生走出校门到大自然中去开展远足、登山、划船、游泳、跳水、滑冰等适合学生进行的各类体育活动，同时结合班级的社会实践活动，每学期组织一到两次长途旅行。

自然体育内容要求是：科学性、运动性、教育性、娱乐性、实用性。

自然体育课程的设置，使体育课由每周2节增加到5节，无疑挤占了其他学科的时间，但各科老师们认为是值得的，宁可减少自己学科的课时数，也要保证学生的体育活动时间。

1994年国家教委，体委和团中央召开了"阳光、操场、大自然"的新闻发布会，要求学生积极参加体育运动，开展行军，野营爬山等活动。

1995年我国颁布了《全民健身计划纲要》专门对学校提出《一二一工程》要求每天保证锻炼一小时，每年一次学生体检，学生每年参加两次远足、野营活动。

杜老师的体育教育改革，比官方的号召和要求提前了整整十年！他是首创者和先行者。杜老师体育教育改革虽然只在少儿班实行，但八中敢于这么做，无愧是第一所全面教育改革试点校。

有了第一次就有第二次、第三次……骑车旅行项目几乎成了每届少儿班学生的必搞的社会实践项目。每届都有自行车旅行，但每届过程各异，发生的事各不相同，学生们的体会也各有千秋。

出行前，就有路程上让学生们累一累，苦一苦，饿一饿，渴一渴的打算。不曾想载着早餐和水的小卡车因家长司机的迷路而没有在约定时间来会合，正好提供了一次机会。

"杜老师，我饿了，什么时候吃早饭呀。"出行第一天为避开市区交通早高峰，5点就出发了，学生们还没吃早饭呢。

"再骑一会儿，就有吃的了。"话虽这么说，杜老师心里也奇怪，都过八点了，小卡车怎么没跟上来呢？

"杜老师，我又渴又饿，怎么还不吃饭啊？"

"我也饿了！"

"我也饿、我也饿！"稍事休息时几个学生围过来说道。

一个女生走过来，"你们呀，真没出息！原先不说过了吗？这次出来要让我们饿一饿，渴一渴，体验一下感觉，这么一会就受不了吗？"旁边几个女生得意地笑着。

"噢！杜老师您是故意安排的！我说怎么所有老师都在笑呢！"叫嚷得厉害的男生恍然大悟地说。

再也没人叫饿叫渴了。

正要下令起身时，小卡车来了，老师们迎上去放下车梆准备发饭时，发现学生一个个都在原地没有围上来。"怎么啦！按组快来领哪！"同学们这才按组井然有序地去领早餐。

王老师一边发着早餐一边问："不是都饿极了吗？怎么吃饭都不积极了？"

学生答道："我们不能像饿狼似的，不是在考验我们吗？"

"同学们，你们觉得今天早饭怎么样？"杜老师问。

"香，好吃！"学生们边吃着从学校食堂领的早点，边几乎异口同声地回答。

"这就对了，同样的东西，感觉不一样了吧？有的同学平时总觉得学校的饭不好吃，甚至家里的饭也不好吃。为什么？就是因为从小到大从来没挨过饿，生活条件太好了，吃东西挑三拣四还不满意。所以你们应该感谢你们的父母，感谢食堂的师傅和一切为你们服务的人，为你们创造了这么优裕的生活。"杜老师大声说道。

在家长和学校的呵护下，学生们真的几乎没挨过饿，他们对食物的要求越来越高，在享受一切的时候从来不会想到别人的付出，从来不会感恩。相信经过这次能社会实践，饿上几次，领会到在饥渴难耐中对食物盼望的感觉后，再读起红军爬雪山过草地的故事，再端起父母准备的饭菜时心中会有新的感受了。

骑到京东三合县城时到了午饭时间，同学们正纳闷午饭怎么吃呢？老师宣布，"今天的午饭在当地以小组为单位自主解决，标准是每人十五块钱。午饭吃什么，到哪家店买，由小组成员自己商量决定，虽然每小组都有一个老师加入，但老师不发表意见，你们吃什么老师就吃什么，只是给你们把把食品卫生的关。有几个要求，1 小组成员间要懂得协商，要互相包容谅解，不要因为想吃的东西不一样而产生矛盾。2、挑选食品的种类要合理搭配，注意营养尽可能均衡些，别忘了要有汤或水。3、合理安排，不要因买了爱吃的贵的东西而吃不饱，要在各商户间进行比较，可以讨价还价，要发挥手中钱的最大价值。4、这是最重要一条，一定要保证所买食品的卫生，如果不好判断可问随组的老师。

学生们既感新鲜又特别高兴，他们很少甚至没有机会有这么大的自主权安排自己的午饭。以前都是大人安排一切，偶尔自己买一些东西也是人家要多少钱就给多少，从不会砍价。都 13 岁了，接触社会太少了！这样安排就是在可控制的范围内让他们近距离接触社会，了解市井生活，增加一点社会阅历。

老师们都尽量离小组同学们远一点，不去妨碍他们的决断。开始还有同学问老师，这个行吗？那个行吗？但老师们回答都差不多，你们自己商量，只要保证卫生，买什么都行。学生们几人一组分散在各商户，他们商量着，比较着……仿佛一群小鸟分散在丛林中，跳跃着，叽喳着，给这条平凡街道增添了几分有趣的景象。

结果令老师们十分满意，各小组的钱基本花完，都能吃饱，买的饮食基本合理卫生，商量买什么时都能照顾彼此，没有发生矛盾。集合时小组间还在相互介绍砍价的经历。

吃饭这样的小事，安排得当能使学生们增加点社会阅历，有助于学生的社会化进程。下面在活动中学生们的亲身经历使他们认识到纪律的重要性和必要性。

集体外出社会实践，最重要一条就是要保证学生安全，别出意外。所以每次带学生骑自行车外出时，事先都要宣布一条纪律，要求同学们严格遵守，那就是要排成单行纵队，沿马路的最右侧骑行，两辆车之间要保持大约 5 米间距，禁止超车，严禁双车并行互相聊天。而老师们则在队伍前有一人领骑控制行进速度，队尾有二人压队兼收容，好随时帮助掉队的学生，其余四五名老师就分散在队伍左侧伴行以防学生靠近路中央发生意外，每个老师还配备了步话机随时互相联络。尽管采取了如此严密的措施，尽管反复强调纪律要求，但由于骑行时间长，途中又不能交谈，感到单调，就偶然有个别学生违反纪律。一次骑行中有两个同学趁老师离得远，并行在一起边骑边聊，后面的老师还没来得及追上制止，两车就碰到一起摔倒在地了。队伍只得停下来，老师近前一看，两人的腿都磕破出血了，幸亏没什么大碍。

经随队医生处理后，赵老师把学生召集在一起说道："大家都看到了，这两个同学受伤了，为什么会受伤？是违反了不准并行聊天的纪律！纪律不是无缘无故制定的，纪律是为了保证我们出行顺利，根据经验教训和可能会有的危险因素，为保证每个人的安全而制定的。这次事故就说明了违反纪律就会影响到集体，同时自己也会付出代价，大家都要汲取他们的教训。不多说了，准备一下，上路。"

有同学经过这两人面前时说："记住了吧，血的教训哪！"

这两个同学涨红了脸，低着头，没有说话。看来，他们知道自己错了。

学生们年龄小，阅历浅，不喜欢受约束。纪律在有的学生看来就是孙悟空头上的紧箍咒，限制了自由觉得很不舒服。他们不理解纪律是怎么制定的，为什么在集体中一定要遵守纪律。在社会实践的亲身体验中，他们体会到纪律不仅是集体生活井然有序的保障，也的的确确地关系到自己的切身利益和安全。

在以后行进过程中，同学们的纪律性越来越自觉，集合、出发，只要哨声一响，不用再提醒，学生们能在很短的时间就排好队，行进时两车相距五米、单列前进，招来路人赞许和惊讶的目光。

由于耽误了时间，到住宿地之前天已擦黑，一辆辆汽车在身边驶过，在车灯的照耀下，自行车尾部的反光片闪着红光。在后面望过去，公路边间距相等的一长串红点向前急驰而去，煞是好看。

到住宿地放好车后，几个学生来到老师跟前，"赵老师，您看到了吧，咱们队伍排成一长串红色的灯光真好看！真壮观"

"平时可看不到这么壮观的景象，没想到我们排成一行向前骑的队伍会这么壮观"

"看到了，要是咱们乱七八糟没秩序的骑就不会这么好看，这就是有秩序的美。"

通常情况下校园生活总是平静的，很少有特别的事情发生。艰苦的自行车长途旅行就不同了，总是会碰到一些意外事情。有一个班在去山海关途中就碰到了这样的事情。

当天天气闷热，经过第一天一百多公里十几小时的行程，每个人都很疲劳，但依然艰难地蹬车快速前行。他们知道今天再骑完和头一天差不多的路程就到山海关了，以后有两天时间在山海关北戴河休整，那时可就能痛快地玩了。

天上乌云低垂，空气中没有一丝凉风，不知何时天空落下了点点雨滴。啊！可凉快点了！雨下得逐渐大了起来，快骑！到前面找躲雨的地方！前方隐约出现了房屋，同学们全都加速向前骑去。快到那排房子的时候，伴随着一阵狂风雨滴骤然加大，夹杂着冰雹乒乒乓乓地砸着地面。

"快骑，到房子里避雨！"杜老师在前面大声喊着。

那是一排还未竣工的房子，门窗没有装上，房前空地坑坑洼洼还积着雨水。同学们放下车拿起包就冲进屋子，有的车倒了，有的甚至连包也没拿。

　　葛向天到得晚一些，他把自行车停好，抱起背包跑进屋里。只见他放下背包，转身又冲进雨里去拿丢在外面别人的背包。屋里同学全都愕然，稍倾，有几个同学心领神会地也冲进雨里去拿别人的背包。

　　"哎呀，我的衣服都湿了。"

　　"你看你真成落汤鸡了。"

　　"你是泥瓦匠吧？"一个两脚沾泥的同学被别人揶揄。

　　同学们在互相打趣。

　　"大家听我说，要不是葛向天带头帮你们把包抢救进来，这些背包就要被雨水淋成落汤包了！"杜老师也打趣地说。

　　同学们互相看看，不好意思地吐吐舌头。

　　老师们打心里称赞葛向天，是他用实际行动给同学们上了一次生动的课。不用表扬，也不用批评，事实是最好的老师。葛向天的行动对什么是团结友爱，什么是帮助别人，什么是责任感，做了最好的诠释。

　　这空档，同学们已经完全忘记了骑车时的疲惫，竟然玩起了游戏。

　　听着屋外哗哗的雨声，看着眼前正在玩的学生，杜老师若有所思，一会儿他翻动书包拿出了本和笔。

　　几个学生围过来，"杜老师，您在记什么？"

　　"不记什么，你们去玩"

　　过一会，杜老师跟几个老师说："你们看，我写得怎么样？"

　　老师们看见本上写着一首小诗：

　　陵陵相连路漫漫，村落稀疏少炊烟，车轮飞奔逐日月，雏鹰盘旋五山川。

　　悍师铁马向天明，夜宿路边不避天。旅途别有情和曲，师生共创佳绩篇。

　　"杜老师，您可真厉害，写得真棒！这么累，您还能作诗。"

　　"不然怎么办，难道要愁眉苦脸吗？"

　　"您这是苦中作乐呀。"

　　"是呀，人这一生哪能都遇到快乐的事，遇到愁苦的事也要乐观一些，更何况远行也并不是什么愁苦的事。"

　　"您真棒！"学生们不由得打心里佩服杜老师的才情和乐观。

　　在去山海关途中，李可摔倒了腿上擦破了一片皮，上药后老师让她到随行的保障汽车上去，她坚决不肯，一定要坚持骑车。回北京的途中小新肚子疼，老师不放心，让她坐保障车，她回答，"还有最后一段路了，我一定要坚持到底，不然，我不是白来了吗！成功不就在最后的坚持和努力吗！"

傍晚，大家来到一家招待所。

在招待所门口，一位当地的干部打量这帮淋得湿答答的孩子，好奇地盯着他们放好自行车，询问"你们是怎么来的？"

学生指了指自行车说："我们是从北京骑车过来的。"

"从哪？从北京？"那人不相信似地问。

"是啊。"

"骑了多长时间？"又是不相信似的口气。

"两天。"

"你们是北京八中的学生？"那人看到了学生衣服上的印字，再次质疑。

"是啊，这是我们的老师。"

"你们真了不起，将来可不是一般的人。"

另一个女同志说"到底是北京，我们这的学校那敢搞这样的活动啊！要是有这样的活动，我一准让孩子参加。"

招待所的领导听说孩子们是骑车从北京来的，二话不说，在住宿价格上给予了优惠。少儿班几乎每到一地都会因为他们的"特立独行"得到接待单位的照顾和优惠。

这一路骑啊骑，从开始的一鼓作气，到后来的疲惫之极，再到达终点，孩子们的心情在不断变化着。

晚饭后，老师们在总结了当天的情况和表扬了好人好事后宣布了明天的行程。

"明天我们就去天下第一关了，还要去老龙头和孟江女庙，孟江女庙有一副对联，到时候看谁能读得通。"

"离开山海关后，我们去北戴河，可以到海边游泳，玩一玩放松放松。你们每人都带了50元钱，可以在市场买点东西。平时父母为你们操心，这次出来最担心的还是你们父母，记着别忘了给父母买点礼物，回去对他们表示感谢。"

晚上熄灯前老师和随队医生挨个房间检查血压、脉搏，监测学生的身体状况，这是远行中每天不可缺少的环节。

在市场里，有的同学不但给父母买了纪念品，还给爷爷奶奶买了；有的同学没有给自己买，只给父母买了。老师们是要他们记住，将来他们不管走到哪儿，都要惦记着父母，惦记家人，要有一颗感恩的心。

这一路上，同学们收获颇丰，他们体验了滑沙，在海边捡贝壳，参观了老龙头、孟江女庙……

远行归来，程然和小学同学聚会，大家聊起假期干了什么，他张口就说："骑车去山海关了。"

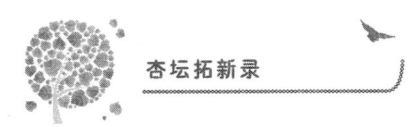

这把同学吓一跳,"吹牛吧。"

在向小学同学讲述了去骑车去山海关的艰苦过程和所见所闻后,程然说:"我还真不是吹牛,以前简直想都不敢想我能骑着自行车去山海关,连我爸妈开始都不相信我能骑下来,可是我真的完成了。"

"我们学校要有这样的事就好了。"别人羡慕地说。

"你们真棒!"

"我们的老师特棒!只能说我不敢做的事,老师帮我想着做了,我没有走过的路,老师领我完成了。"

学生王某,在考入清华大学后写的自己在少儿班成长经历中谈道:

> 我印象最深刻的是第三年暑假的山海关之行。在那个炎热的夏天,我们带着少年的轻狂和一股激情,踏上我们的坐骑——自行车,开始了为期一周的自行车远足。
>
> 记得出发的第一天,早晨5:00出发,就是中午吃饭休息了半个小时,从运动时间和运动量上来说,就让不少同学产生抵触情绪,后悔不该参加这次活动,有的同学念叨我们上当了,我们这是被老师骗出来的啊!甚至有个别同学吵着要退出、要回家。到第二、三天只要老师们说休息,学生倒地便睡,感觉比家中的席梦思床舒服百倍。当听到出发的号声感觉像是奏哀乐。但是,我们还是控制了自己情绪,克服了种种困难,始终咬牙坚持跟上大部队,胜利了完成了全程。
>
> 我们把汗水毫无保留地挥洒在北京到山海关的路上。这一路有欢歌、有笑语,但更多的是汗水、泪水和难以言表的艰苦。我们共同度过一道道难关,在到达目的地时,我突然明白了什么叫坚持。这次活动不仅是对我们体能的锻炼、对我们意志的锻炼,更是对少儿七班集体精神的铸就。经历了这次活动后,我仿佛对人生有新的认识,我不再害怕挑战和坎坷,而是勇敢地去面对它们。

在往返山海关骑行过程中,天气热、睡眠不足、连续活动,这些对只有十三岁的小孩来说有很大的难度。他们要克服身体疲劳,忍受日晒雨淋,当肚子饿得咕咕叫时还要努力向前,当体力快达到极限时仍然咬牙坚持,他们经受了从未经受过的艰难困苦。忍耐、克制、顽强、锲而不舍这些在平时优裕生活中几乎不需要,几乎无法体现的宝贵品质在他们身上展现了出来。

二、社会实践的收获

（一）一次活动有多种收获

人是社会性动物。不能很好地与人沟通，就很难地跟他人很好地合作，就很难在社会上立足，更有可能影响一个人的幸福指数。学会与他人沟通是一个人必不可少的一种素质。当前，随着互联网的兴起，孩子们也喜欢埋头于电脑手机，忽略了面对面与人沟通的机会，缺乏人际交往的能力。少儿班早就注意到这个问题，为了培养学生们与人沟通的能力和素质，开展了各类活动，这一次他们组织学生来到北京郊区延庆下营村进行社会实践。

这对老师们来说也是一个硬任务，为了保证活动的顺利进行，两名老师提前踩点，了解村庄的环境，与村委会进行沟通，取得他们的支持，并做好活动计划和人员安排。活动安排五天的时间，师生们需吃住在老乡家，要让学生体验一下北京郊区农村的生活。

各科老师也都对学生们布置了任务，语文和政治老师让学生们对农村经济状况进行调查，要求入户调查，还要写调查报告。老师事先跟村长商量好，请村民配合一下，不要拒绝孩子的调查，孩子们只是提一些简单的问题，让孩子进行锻炼。另外，生物老师让学生们采集一些生物标本，用于以后的研究；西城区科技馆的老师给学生们留的作业是调查当地的水质、土质的情况，要求学生们取回官厅水库的水样和土样供回来后进行检测分析……

学生们两三个人一组，具体到哪家调查老师是不管的，由学生们自己随机选择。还没开始调查呢，有的学生心里就直打鼓，"人家不接受采访怎么办？""怎么挣钱，每年能挣多少钱，人家不想说怎么办？"

赵老师说，"你得说服人家，看你的口才和你的亲和力，人家实在不愿意接受采访，你就换一家。"

这锻炼的不就是社会调查的一种能力吗？同时学生们在胆量上也能得到锻炼，他们跟陌生人打交道，不知道对方会有什么反应，也会担心，怕被拒绝，但是几次下来，他们发现跟陌生人说话没有想象中的那么困难。

刚进村时，师生们就看到村头很多垃圾，村里挺干净的。学生们围着村子走了一圈，发现村庄几乎被垃圾包围。垃圾是怎么来的？怎么堆在村子周围了？堆了多长时间了？以后怎么处理？同学们提出一个又一个问题。

赵老师跟他们讲，"以前在传统农业条件下，农村几乎没什么垃圾，因为这些垃圾以厨余等有机废弃物为主，可以跟人畜的粪便一起经堆放发酵分解后当作肥料施到地里，还是宝贝呢！过去农村大多用柴草烧火做饭，草木灰可以做肥料，倒在地里也可作肥料，那时煤灰等无机物很少。但是现在种地都用化肥，有机肥基本不用，同时小作坊、小工厂应运而生，还有塑料袋等大量使用，导致农村生活垃圾和白色污染不断增加，自家院里院外不能放，又缺乏环保意识就都倒在村边，导致了这种现象。村庄周边堆满垃圾，这在中国的很多村庄是很普遍的，严重影响到生态环境和村民生活，如果你们当中有将来立志做环保工作的，可以考虑研究农村垃圾处理的问题。"

有同学提出，"垃圾应该分类，你们看村子周围堆的垃圾，有很多是可回收的垃圾，可以回收再利用。"

"应该提高人的素质。""村委会应该管呀！"

赵老师说："你们说得对极了，垃圾一定要分类回收。我之前看新闻报道，数据显示北京市生活垃圾产量为几百万吨，每年以8%的速度递增。但北京市的垃圾处理能力有限，大部分生活垃圾采用了落后的填埋方式。虽然近年来投入建了不少垃圾焚烧厂，但是在没有对垃圾进行严格分类的基础上进行焚烧，也会对环境造成了隐患。我们再来看看国外，据媒体报道，在日本，垃圾分类的理念从小就被灌输并实践了，譬如喝完牛奶，必须把牛奶盒的纸盒剪开，洗干净叠好，再将盒子、瓶盖、吸管分别丢入不同的回收箱。在日本，垃圾分类非常详细，各个地方政府制定的垃圾分类标准也有所不同，地区政府会在政府网站上公布详细的垃圾分类方法、丢弃方法以及政府收集各种垃圾的时间表。每个月还把这些资料发放到每一个住户的信箱。日本许多公寓共用垃圾箱，这些垃圾箱分放不可燃垃圾、塑料饮料制品、玻璃瓶和铁罐、塑料制品垃圾，以及专门放厨余垃圾，分类得非常细致。如果你不按规定扔垃圾，就会遭到周围邻居的白眼，邻里的相互监督形成了非常好的机制。据说在日本，扔垃圾不但要分种类，还要分时间去放，一本垃圾分类的说明细则长达20多页，所以日本的环保工作做得比较好。"

"我们中国在垃圾处理方面太落后了，人家的做法就是好。我们也应这样做"有同学说。

"老师举这个例子不是让大家讨论谁好谁坏，而是要看到自己的短处，消灭这些短处。改革开放以后，中国在很多方面已经达到世界先进水平了，只是中国起步较晚，在一些方面还不完善，要想完善得需要时间呀。日本也是因为东京发生了两个居民区因垃圾处理不当发生矛盾，导致民众上街抗议引发混乱，新闻报道称为垃圾战争的事件后才逐渐重视垃圾处理问题的，现在中国已经开始重视垃圾问题了，相信未来这些都会改善的。"

有的学生问,"老师,北京有多少这样的农村啊,有多少垃圾啊?"

"这个我还真不知道,但垃圾处理是和我们每个人生活质量息息相关的,你们有兴趣就去调查看看,以后解决这些问题你们也是有责任的。但是你们应该知道,世界上没有垃圾,垃圾是什么呢?垃圾是放错地方的资源,要进行有效的回收利用,把它们用在合适的地方。"

农村的垃圾处理问题在原计划中是没有的,进村时同学们看到了村庄周围垃圾堆积的现状,提出了问题,就要适时引导他们去思考,去想办法解决。面对实际进行现场教育要比在课堂上的说教会令学生们印象更加深刻。让他们想办法并不是奢望学生们真能想出切实可行的办法,而是以此来增强他们的环保意识和社会责任感。

在活动当中每次都会有一些意外的发现,在官厅水库边作水质调查和采集植物标本时,林居同学发现不止一处有人在水库边挖沙,出现了一个个大坑,有用挖掘机,也有人工在挖,旁边还有等着拉沙子的大车、卡车,水库边被挖得伤痕累累。林居对这一发现很重视,他随即询问挖沙的人相关情况,开始挖沙的人不太愿意说,但看他是个孩子就道出了实情,虽然政府禁止挖沙,但挖沙成本低,能赚钱,他们就这么挖了。村民们对此有什么看法?林居又采访了周围的村民。回到学校后写了题为《挖沙对官厅水库的影响》的小论文。虽然他的论文数据相对单薄,但说明了他对周围事物非常关心,观察力非常强,尤其是关注社会现象的社会责任心。现在很多学生只顾读书,只想考高分,对社会上发生的事漠不关心,没有主人翁意识,缺乏责任意识,缺乏对个人理想与社会发展关系的认识。梁启超说,少年强则国强。教育者身负教育和引导下一代的重任,应该十分注意培育青少年的社会责任意识,使他们将来能够成为视野开阔、关心国家和社会发展的优秀公民。

学生们参加社会实践,还会有很多意想不到的收获。用半天时间去参观了张山营乡的石窟。这些神秘的石窟都开凿在山谷里的石壁上,依山取势,上下分层,左右分室,有的一个单元上下左右室室相通,室中尚有石炕、灶台、灯台、置物台等遗迹,很像现代的复式单元房。石炕下还有回环的烟道,顺着石壁通向室外。所有这些都说明这里曾是人类居住过的遗址。整个石窟群还分住所、仓库、马厩等几类功能区。

听工作人员讲解,这是我国古代北方一支少数民族——奚的聚居岩寨。奚族是东胡的一支,除奚王的保护卫队外,人民皆散居山谷,游牧为主兼种植庄稼……学生虽然不懂考古,对奚族原来更是一无所知,但他们明白了,中国古代文明实在是太悠久了,对中华民族的起源、发展、融合的历史不知道的事情实在太多了。

活动结束那天上午,少儿班师生按计划去了延庆附近的河北怀来,这里是董存瑞的家乡。董存瑞是解放战争时期著名战斗英雄。1948 年 5 月 25 日在解放隆化县城战斗中英勇献身。为纪念董存瑞烈士，南山堡一座旧庙在1951年被改建为董存瑞烈士祠堂，后又建成董存瑞烈士纪念馆。参观时同学们听着讲解，都被董存瑞为了赢得胜利舍身炸碉堡的英勇事迹感动，受到了革命英雄主义教育。

下午在回校的路上，杜老师提议顺路参观中国保存最完好的古代驿站—鸡鸣驿。下车一看，一座小小城池；进城一看，庭院错落，墙壁斑驳，各家院内的鸡圈猪栏、成堆的玉米棒子，俨然是一个村庄；往深处走，残砖断瓦、危楼险墙，残破的戏楼、寺庙和官衙赫然在目。这里是什么地方？城不城村不村的？同学们好奇心被逗起了。

"大爷，这里叫什么！"

"鸡鸣驿！"

"人怎么这么少呀？"

"这儿是国家保护的古迹，旧房不让拆，新房不能盖，年轻人成家都到别处盖房，城里就剩下我们不多的几户了。"

"老师，这名特奇怪，什么意思？"

"这里古代是一个驿站，驿站就是朝廷向各地传达政令，各地向朝廷报告地方情势时传令兵休息换马的地方。你们看小说和古装电影里面不是有紧要军情用六百里加急传递吗？那种时候，在驿站人和马都换成新的，信件就会一刻不停地向目的地传递。详细情况老师也不太清楚，你们回去查一查吧。"

回校后第二天就有同学拿来了打印好的资料在班里传阅。

驿站在中国历史上曾起着重要作用，可以说是一个国家的生命线，古代时传递消息和发放官文都用快马，后因马的体力和奔跑的距离都很有限，要完成数百上千里的传递不得不中途换马，所以就在沿途建立许多马站，后来这种马站又演变成接待过往官员、商人的临时驿站，同时完成传递信息和邮件，也起着军事城堡的功能。可以说驿站在古代起着现代邮局和军事基地的作用。

鸡鸣驿，因背靠鸡鸣山得名。鸡鸣山，《水经注》里说，赵襄子杀代王于夏屋而并其土，襄子迎其姊于代。其姊代之夫人，至此日，代已亡矣，吾将归乎，遂磨笄（jī）于山而自杀。代人怜之，为立祠焉，因名其地为磨笄山。笄，簪也，古代盘头发或别住帽子用的簪子。

贞观十九年，唐太宗征辽，曾"驻跸其下，闻雉啼而命曰鸡鸣"。

鸡鸣驿始建于元代。公元1219年，成吉思汗率兵西征，在通往西域的大道上开辟驿路，设置"站赤"（即驿站）。至明朝永乐十八年（公元1420

年），鸡鸣驿扩建为宣化府进京师的第一大站，城内设有驿丞署、驿仓、把总署、公馆院、马号等建筑，还有戏楼和寺庙，是中国古代邮驿功能最全的驿站，具有非常重要的军事、交通与邮驿地位。

明英宗至治三年，对驿站（时称急递铺）的规定很详细："……凡铺卒皆腰革带，持枪、携雨衣，赍文书以行。夜则持炬火，道狭则车马者，负荷者，闻铃避诸旁，夜亦以惊虎狼也。响及所之铺，则铺人出以俟其至。囊板以护文书不破碎，不襞积，折小漆绢以御雨雪，不使濡湿之。及各铺得之，则又辗转递去。"如此规范如此严格，令人叹为观止。

意大利旅行家马可波罗这样形容元代驿站："各省之要道上，每隔二十五迈耳，三十迈耳，必有一驿……合全国驿站计之备马有三十万匹，专门使用。驿站大房屋又一万余所，皆设备妍丽，其华糜情形使人难以笔述也。"

中国古代的邮传制度之完善，规模之庞大，实为世界之首。

鸡鸣驿还深藏着一段故事：八国联军攻入北京，慈禧太后仓皇出逃，到鸡鸣驿落脚，在一个姓贺的人家住了一夜。《清史》记载："……己未，德、奥、美、法、英、意、日、俄八国联军联兵陷京师。庚申，上奉皇太后如太原……乙丑，次鸡鸣驿"。原来慈禧太后逃跑避难时还曾落脚于此，那段耻辱的历史据今不过百余年，呜呼哀哉！

另有一篇较短。

在我国古代，把骑马送信称为邮驿。据甲骨文记载，商朝时就已经有了驿，周朝时进一步得到了完善。那时的邮驿，每隔34里设一个驿站，驿站备有马匹，在送信过程中可以在站里换人换马，使官府的公文、信件能够一站接一站，不停地传递下去。我国邮驿制度经历了各个朝代的发展，一直到清朝中叶才逐渐衰落，被现代邮政取代。

古代其他国家也存在过这种骑马送信的邮驿制度。14世纪时，中亚地区曾出现过一个强大而又短暂的帖木儿帝国，是由蒙古人的后裔建立的，控制着包括现在的印度、阿富汗、伊朗等地的广大地区。帖木儿帝国制订了严格的邮驿制度，规定驿使每天必须走500里路程，而且还赐予驿使一项特权，行路中需要换马时，不论是皇亲国戚，还是寻常百姓，只要驿使提出换马的要求，都要用自己的马和驿使交换，如果拒绝就有杀头之罪。

邮驿是官府的通信组织，只许传送官府的文件，不允许传送私人信件。

由于生产的发展和生活的需要，出外经商的、做工的以及战乱年代被迫出征的战士和远离家乡逃荒避难的人，都需要和家人亲友通信；各地商人，为了交流商情、商谈贸易、寄递账单等也都需要通信，于是民间传递信件的业务就应运而生了。唐朝在长安、洛阳之间就有了专门为商人通信服务的"驿驴"。明朝永乐年间，民间出现了专业民邮机构——民信局，既能传递信件、包裹，也能汇兑银钱，甚至还能托运一些大件物品。民信局在清咸丰到同治年间发展到了鼎盛时期，全国大小民信局多达数千家。在广东、福建的沿海地区还出现了专门为海外侨胞服务的民信局——侨批局，开通了国际邮递服务。具有现代意义的邮政局——大清邮政则是在1896年正式成立的。

鲜为人知的是明朝亡于一个驿卒之手。李自成早年是驿站的一个驿卒，负责照看马匹。明崇祯元年（1628年），因驿站太多，耗费银两，且向民间征收驿银，横征暴敛，另是驿差借特权敲诈勒索，营私舞弊，于是全国驿站被裁撤三分之一。李自成被裁失业回家后因欠债杀死债主，又杀了红杏出墙的妻子，被迫逃亡到甘肃投军。后来又因欠饷问题杀死参将和县令，发动兵变参加了农民起义军。再后来李自成率军攻入北京，崇祯帝吊死，明朝灭亡。

看！在鸡鸣驿一小时的停留，带来了意想不到的效果，竟使学生们自主地学到了这么多课本上没有的历史知识，而且不用老师去教！这样的学习是何等的主动，何等的有效！

学生们都生活在城市中，来到了延庆乡村，他们才知道乡村和北京市里的差距很大，学生们和老乡同吃同住同劳动感触很深。城里的孩子哪里见过用柴草做饭，他们和村民拉家常，包饺子，了解了农民的真实生活状况。村子里不少人家屋檐上都有燕子窝，学生们对此很感兴趣，仔细观察了解燕子怎么垒窝，什么时候喂小燕子，询问村民燕子什么时候飞来，什么时候南飞。

只要学生们出去活动，他们都会了解到很多新东西，在城市当中，看到的是汽车马路楼房，天天是背书包上学，放学回家一成不变，周六、日还要去上这个班那个班，很多孩子连蟋蟀都不认识，眼前看到的昆虫只有苍蝇蚊子，对自然界不了解，对社会不了解。学生们的活动范围太小了，视野太窄了，如果只懂读书，不懂外面的世界，学到的书本知识也不能学以致用，怎么能成为一个幸福的有情趣会生活的人呢？怎么能立足复杂的社会呢？怎么能产生社会责任感呢？更不用说成为一个有作为对国家能做出贡献的人了。

（二）爬！你必须爬！

天降大任于斯人也，必先苦其心志，劳其筋骨，饿其体肤，空乏其身，行指乱其所为，所以动心忍性，曾益其所不能。

——《孟子》

王老师带着学生爬过三次泰山，第三次是她 55 岁那年，本来安排她爬到中天门后坐缆车上去，但后来被学生周大川逼着爬上了泰山。

周大川是高高胖胖的男孩，从小娇生惯养，由姥姥姥爷带大，他妈爸心疼起孩子来更是不管不顾，老师们都没见过这样的家长。开家长会时，他爸爸站起来提出，"这么大一点儿小孩儿哪能爬到泰山上去，我都爬不上。"

来到泰山脚下住下的那一晚，周大川说他拉肚子，他妈也打电话来证明他拉肚子，可王老师看他的状态根本不像拉肚子。之所以对他产生怀疑，是因为他有"前科"，有一次去慕田峪长城，半道上他走不动了，躺在地上耍赖叫唤，从那以后，周大川遇到困难就逃避。

第二天，王老师拉着他跟着大部队出发。走在半道上，周大川说他要拉稀。王老师才不相信呢！她嘱咐其他老师带着大部队继续前进，她留下来负责盯着周大川。周大川一直说肚子疼，但从他的表情来看，说谎的成分比较高。于是劝他："你要是真肚子疼，不爬山也行，但你肚子不疼啊，你是想逃避爬泰山，你怕累怕辛苦。你还是不是个男子汉呀。"

王老师一直督促着他，"周大川你得爬，必须得爬。"周大川一看爬泰山这一关蒙不过去，嘟囔了一句"姜还是老的辣，我都蒙了两个老师了，怎么没把您蒙过去啊。"

要追赶前面的学生，师生两人加紧往山上爬，到了中天门，王老师犹豫了，原计划到中天门后她可以坐缆车到山顶，可要是她坐缆车，周大川也得跟着坐，这样就失去了一次锻炼他，帮助他增强克服困难的勇气和信心的机会。不能错过这个绝好的时机！王老师只得咬紧牙关继续爬，还不断鼓励他"爬爬爬，咱们能爬上去。"王老师找到一根棍，拄着棍督促着他。此时，周大川心里明白，蒙混过关是没希望了，只能一鼓作气往上爬。王老师身体可撑不住了，她说："周大川，你不能只顾自己爬，你得把我拉上去，我这么大岁数，我爬得可没你快，你无论如何得把我拉上去。""好，王老师，加油。"

此时的周大川不但帮王老师背背包，还用棍子拽着王老师，说："老师，加油！我拉您！"这话，让王老师心里暖暖的。

两人相携着爬到了山顶。望着远处连绵不断的群山，看着脚下正在奋力向上攀登的人群，周大川兴奋地大声喊道："我爬上泰山了！"

王老师也感慨地说："这次爬泰山，没有我，周大川爬不上去，没有周大川，我也爬不上去。"

现在不少孩子不能吃苦耐劳，缺乏克服困难的勇气和信心，这是家长对孩子过度保护过分宠爱造成的。王老师近似逼迫的严格要求，使周大川从不自觉到自觉，从逃避到坚持，终于和其他同学一样登上了泰山。这对他认识自己的能力，增强克服困难的勇气和信心有极大的好处。

在艰苦的活动中像周大川这样是一种类型，其他同学又会有怎样的收获呢？让我们一起来看体形较胖的晓瀚同学的周记。

江西之行

2006年6月26日，那是一个令我难忘的日子，因为在这一天，我们全体少儿班学生在紧张的期末考试后踏上了赴江西的征程。

这次活动的目的并不仅仅是为了使紧张了整整一学期的我们得到放松，更是为了使我们通过这次活动磨砺意志、学习新知识、培养团队合作精神与遵守纪律的好作风。所以，我认为这是一次极好的得到锻炼的活动，也是一次十分有意义的旅程。

这次行程共七天，我们不仅去了红色革命旅游胜地——井冈山，还游览了江南三大名楼之一——滕王阁，最后还饱览了庐山的自然风光，真可谓不虚此行。其中，滕王阁上"秋水共长天一色"的景色，雄伟壮丽的龙潭瀑布群，都给我留下了深刻的印象，但给我印象最深的是庐山的三叠瀑布。

那是这次江西之行的最后一天，火辣辣的太阳持续地把自己的热量"无私"的奉献给大地，仿佛地面还不够热。我们于酒店到达了三叠瀑布的景区。根据要求我们要先坐一段缆车。当我们到达缆车站时，那缆车站里早已人头攒动，被挤了个水泄不通。所以，我们只有服从指挥，遵守纪律，才能使队伍不断，顺利地乘上缆车。这就是三叠泉瀑布景区考验我们的方面一。

我们顺利地通过了第一个考验。几分钟后，我们来到了三叠瀑布的正式入口，而在这入口之后等待我们的则是……1430级台阶！这也是我们面临的第二个考验——体力的考验。1430级台阶，噢！没办法，为了欣赏三叠泉壮丽的景象，我只好吃点苦头了。我费了好大劲，终于走到了谷底，累得我腿都软了。一会儿还要上去，我的天呀！不过嘛，既来之，则安之。反正已经到了，与其满口怨言，倒不如好好欣赏美丽的景色。

在青山翠树的映衬下，一条银色的宽带子从高耸的山峰间泻出，在岩石的阻拦下冲下三级很高的"台阶"，最后被尖锐的岩石撕成两半：一半似透亮的白玉，从峭壁上滚滚而下，最终冲进瀑布下的一湖碧水；另一半则早已化为无数颗珍珠，在碧湖上方就消失得不见踪影，我想，它一定成了笼罩在瀑布四周的白雾吧！细观这壮丽的景色，我又想：看到这样壮观的景象，难怪李白曾有"飞流直下三千尺，疑是银河落九天"的名句。

45分钟后，我们开始"回撤"。望着一级级台阶，看着这陡峭的山路，我心想：这或许就是第三道考验——毅力的考验吧！随着我自己被自己一点点抬高，我的体力也开始面临消耗殆尽的问题；同时，由于太阳公公的"好意"，我的汗也止不住地冒。好想停下来歇歇呀！后来，我想，如果坚持下去，身体不仅得到了锻炼，同时磨砺了意志。还有哦，呵呵，说不定还能减肥呢！想到这里，我就大喘着气，一步步艰难地向上爬。一路上，还有好多陌生的叔叔阿姨鼓励我呢！看来真是没白坚持。

我终于通过了这三道考验。随后，我们又坐缆车，返回了起点。唉！累死了！不过这段行程却使我得到了锻炼，有意义！

这只是我们这次活动的一个缩影。其实这是一次充满考验的活动，因此在这次活动中我学到了很多东西，不仅是知识，更是在做人做事的方法，生活自理的能力方面有了很大的提高，这是在精神方面；在体质方面，由于这次的体力活儿主要是爬山，所以我体力中最薄弱的耐力增加了，整体体质增加了；同时，看得见的方面，呵呵，我的质量减小了。

在这次活动中，我的收获还真不小呀！这次江西之行真是一次有意义的活动。我喜欢这次活动！

周大川的变化和晓瀚同学的感受说明了社会实践的教育胜过口头的说教，坚毅的品格来源于艰苦的锻炼，自信心的建立需在克服困难中完成。老师的责任不仅是使学生完成学业取得优良成绩，更重要的是要创造条件使学生克服自身弱点成长为具有优秀品格的合格公民。

（三）守时是一种美德，更是一种习惯

学生不守时，反映了一种错误的心态，"反正你们得等着我"。这种轻视纪律不

考虑他人和集体利益的想法是错误的。有这样想法的学生往往会发生在集体活动时迟到的事。

有一个班去山东社会实践时，因连续几天的活动非常紧凑，游览济南大明湖的时间只有两个小时。为培养学生的社会适应性和独立处理事情的能力，老师安排学生分组自由游览，宣布了文明有礼、爱护文物、注意安全等几条纪律。并明确了集合的时间和地点，反复强调集体活动一定要守时，要按时到公园大门内集合，以免影响接下来的行程。可是在大明湖门口清点人数时，有两个男生没按时回来。

老师们商量决定，先让其他同学去参观下个旅游景点趵突泉，留下两个老师等这两个不守时的学生。虽然最终还会带他俩去趵突泉，但一定要他俩记取教训，承担迟到带来的后果。不能让全班等着，不能因此耽误大部队的行程。于是大部队走出大明湖公园去停车场乘车。

赵老师和潘老师留在大明湖门口等待迟到的两个男生。两位老师藏在大树后面，一是想要看看两个男生发现大部队离开后怎么办，二是保证这两个男生安全，并带他们到趵突泉公园。

两个男生气喘吁吁地跑到大明湖门口了，不见一个同学，着急了，东张西望了一会儿，问门口的工作人员，刚才有没有一支戴小红帽的学生队伍？工作人员说看到了，他们都出去了，估计是到停车场了。两个男生一听赶紧往停车场跑。两位老师就跟在他们后面。

远远地，他们看到车已经缓缓往前开了。两个男生边跑边喊"等一等，等一等。"

车停下了。两个男生上了车，小脸急得通红。

"你们跑得可真快。"两位老师追得也很辛苦。

"啊，您们怎么也迟到了？"

"什么呀，老师是怕你们走丢了，专门在等你们呢。你们可真行，不守时。"其他同学说道。

"哎呀，真对不起大家，我们走远了，没及时赶回来，真对不起。"

"你们手上戴着表，也知道集合时间，怎么没预留出返回的时间呢？以后不能只顾着玩，一定要有时间观念。守时不仅是守纪律，也是兑现自己的承诺，守时更是一种美德。这要是在战争时期，耽误一分钟就会贻误战机。"潘老师见他们已经认错，就没再批评。

游览完趵突泉公园，到了集合时间，没有一个学生迟到。

有时，杜老师带学生活动。到公园后只告诉他们集合时间及集合地点的特征或名称，并要求各组集合后向全班讲一讲本组一路上看到的风景和事物。至于路线怎么走，让每组学生自己想办法。于是，同学们学会了看路标、问路、选择最佳路线，注意观察沿途的标志性地形、建筑等。到了规定时间，学生们基本上都能到达集合地点，并能对沿途见闻说出个眉目。这样的活动，对学生来说总是具有新鲜感，挑战性，他们必须在冒险到别人没去过的地方和按时集合二者间做出平衡。当然，学生们可能去的地方杜老师早已勘察过了，完全了然于心。在可控范围内让学生们冒些险，独立去作出判断，决定自己的行动，对学生的成长有很大的好处。

一次，有一组同学问路时，别人指错了路，他们绕来绕去发现路错了，找到正确路线时已快到集合时间了，如果他们再去游玩，就会耽误集合时间。为了按时，他们组只能一路小跑赶来集合。

见到杜老师，他们问："杜老师，是不是您故意考验我们，安排人给我们指了条错误的路。"

"你们说呢？"杜老师哈哈大笑。"记住，以后问路有可能的话要多问几个人，因为你问的人也有可能误解了你的意思，也有可能他也不是很清楚，只给你指了个他估计是对的方向。多问几个人后你们再自己综合判断做出选择。总之，凡事要多听听，再独立思考后做出判断，不能听风就是雨。"对于学生问的是否安排人故意指错路的问题却没有回答。有时，保持点神秘感更能让学生印象深刻。

在少儿班，类似这样的事不胜枚举。老师们为的是培养孩子的生活能力，让他们在实践中锻炼独立解决问题的能力，这比单纯游玩的意境可高多了。

守时，是所有少儿班老师都要强调的。徐老师担任班主任时特别强调"要做事先做人"，做人就要守时、诚实守信、尊重他人、具有团队合作意识、关爱他人等优秀品质。

学生真的迟到了怎么办？对一年级新生，第一次可以进行教育，告诉他遵守时间的重要性，如果迟到时间较长，徐老师是不会等的。有次一年级的自然体育课，小睿妈妈主动提出要作为志愿者参加，少儿班是欢迎的，一是可让家长们亲身体验自然体育课是怎么上的，二是也可协助老师管理，多一分保险系数。约定好一点钟出发，可是小睿在和其他年级同学玩，把时间忘了。

集合的时间快到了，不见小睿踪影，他妈妈在校门口翘首以盼，左等右等，小睿还没来。一点了，还不见小睿。徐老师当即决定，带着全班学生准时出发，让他妈妈留在校门等候。徐老师嘱咐小睿妈妈，见到他之后不要多批评，要告诉他遵守时间的重要性，不要因为他一个人迟到而耽误大家的时间。

小睿的妈妈很配合，等小睿来了后，她边催促他往玉渊潭赶，边教育他。追赶上

大部队时小睿向大家连连道歉,从此集体活动小睿再没迟到过。

学生不守时,看起来事情不大,却折射出一种不良的习惯,所以必须结合实例,抓住机会给予教育。这样做的目的是要培养学生们的时间观念,引起他们警惕,不守时就要面对不守时的后果。

守时是一种美德,更是一种习惯,要从小培养。一次切身的体验,胜过百次空洞的说教。

(四)友谊在艰苦中铸造

小萌是个男生,学习成绩在班里数一数二,但体质较弱,这次骑车旅行他可吃够了苦头。远途骑行老师总会把体力弱的学生安排在队伍前面,为的是防止队伍拉得太长,体弱的跟不上会被甩得太远。开始还好,小萌在队里跟大家一起骑行,但渐渐地体力不支,越骑越觉得吃力,感觉自行车好像越来越重,速度逐渐慢了下来。小萌,加油啊!后面的同学一个一个地超越了他。虽然他不甘心落后,虽然他拼命用力地蹬着自行车的脚踏,但车速始终上不去,渐渐他由前面落到了队尾,再后来离队伍越来越远,直至看不到前面的骑车的同学。

"小萌!坚持!"刘老师陪伴着,鼓励着他。

"老师,我的车有问题吧!怎么骑起来这么费劲。"

"是吗?"李老师答应道,和他一起停下来检查自行车。

李老师边查看车子边对满头汗的小萌说,你先歇一会,喝点水。检查结果,车子没任何问题。是你累了,别着急,咱们休息会儿再走。李老师安慰着他。正在这时,只见小立骑着车从前面返回。

"大队都在前面休息,我来看看小萌怎么了?"

"没什么,就是累了,等会就追上去了"李老师回答。

小萌在坐在地上喝着水,已累得实在不想说话。

"老师,咱们班已经在前面很远了,我陪着小萌骑吧!您去照顾其他同学。"说话间他已经把小萌的背包捆在自己车后架上了。师生三人上车向前骑去。在后面的旅途中,除小立外还有其他同学轮流陪伴着小萌,前后左右地照顾着他。而小萌,虽然感觉非常疲劳甚至是痛苦,但他还是坚持着骑车完成了全部旅程。

这次远行,让小萌感触很大。他学习成绩优秀,很少经历被别人帮助的感受。这次远行,他因体质较弱,总落在队伍后面。看他吃不消,有的同学陪着他鼓励他往前骑,还有的同学主动帮他驮行李,到了驻地很多同学都主动照顾他让他多休息。这让他内心很受震动,他在总结里写道,这次远行对所有同学都是体力和意志的考验,路途上每个人都累得几乎达到了极限。老师和同学们不顾自己的疲劳那么尽力地关心帮助我,我真正感受到了同学之间的友爱和团结,感到班集体的温暖。回到学校后,他一改在班里独善其身的状态,对集体的事非常关心,总是尽量为班里多做事。当有同学向他请教学习上的问题时,他都会耐心仔细地解答,即使在高考前时间那么紧张的情况下,他对同学的要求也都是有求必应,不遗余力地帮助同学们。

团结友爱,互相帮助,是所有老师对学生教育的口头禅。俗话说"患难之中见真情",朋友之可贵,贵在雪中送炭。在平静的校园里学生们很少体会到友谊的珍贵,在外出社会实践的活动中,会遇到各种困难,经受各种考验,同学们在相互扶持,相互帮助过程中的真情实感会使他们铭记于心,终身受益。

(五)社会实践是必不可少的教育

有人评价现在的学生"不缺知识,缺常识。考试高分,实践低能"

一语中的!不缺知识,考试高分,说明了我们教育的长处;缺常识,实践低能,又说明了我们教育的短板。

怎样能保持长处的同时弥补短板?除在校内教育中加强创新精神和能力的培养外,带领学生进行社会实践活动是学校教育中必不可少的一环。

社会实践活动时间可长可短,行程可远可近,关键是目的明确,做好计划,结合实际,周密安排。

少儿班经常带领学生参加社会实践活动。学生们每次出去少则半天,多则十余天。

有人看到少儿班外出活动,往往开玩笑说:"你们又玩去了"。看似玩的社会实践,老师们可在"玩"上下了大功夫,要提前探路,考查环境,联系有关部门,安排吃住行,查阅有关资料,征求家长意见,并且将教育意义融入活动中。

近途:

他们曾到大街小巷清理小广告、铲除城市牛皮癣—维护首都形象,曾到旅游风景区去捡拾垃圾、清理白色污染—增强环保意识,也曾到郊区去植树造林、领养林木—为首都绿化做出贡献,还曾参观中国历史博物馆、抗日战争纪念馆、航空博物馆—充实历史知识,体会中华民族的奋斗精神……

远途:

他们到敦煌莫高窟、到山西五台山、悬空寺、到云冈石窟、到孔庙孔府孔林……去了解祖国五千年的文明史,感受中国优秀的传统文化。

他们去黄山、登卢山、爬泰山、上长白山、下婺源、游杭州、到壶口瀑布……置

杏坛拓新录

身自然美景，欣赏祖国壮丽河山。

他们去黄土高原、去沙漠、去黄河故道……了解当地环境，体会生态保护的重要性。

他们参观井冈山、南昌八一纪念馆、董存瑞家乡、刘胡兰家乡……了解中国民族解放和革命斗争史，接受革命英雄主义教育。

他们到江西洪都飞机制造厂参观总装车间、到酒泉卫星发射中心感受航空航天人的艰苦斗精神，到汽车制造厂目睹流水线生产、到煤矿参观现代化采煤过程……了解科学技术对国家现代化的重要意义。

……

不一定每个班的社会实践都会包括以上所有的项目，但社会上无数多的资源却尽可根据需要和可能来选择。

有人说，中国学生的学习负担已经很重了，组织这么多社会实践活动有必要吗？

教育家陶行知说：先生不应该专教书，他的责任是教人做人；学生不应该专读书，他的责任是学习人生之道。

实际上孩子们到了一定年龄，他们对精神层面的追求大于对物质的追求，对人生之道的学习兴趣不亚于对知识的学习。无论在体能上还是在处理各种事务方面，他们都渴望能展现自己的能力。

马斯洛把人的多种多样的需要归纳为五大类，并按照它们发生的先后次序分为五个等级：

1. 生理需要

这是人类最原始的也是最基本的需要，包括饥、渴、性和其他生理机能的需要，它是推动人们行为的最强大的动力。只有在生理需要基本满足之后，高一层次需要才会相继产生。

2. 安全需要

当一个人生理需要得到满足后，满足安全的需要就会产生。个人寻求生命、财产等个人生活方面免于威胁、孤独、侵犯并得到保障的心理就是安全的需要。

3. 归属与爱的需要

这是一种社会需要，包括同人往来，进行社会交际，获得伙伴之间、朋友之间的关系融洽或保持友谊和忠诚，人人都希望获得别人的爱，给予别人爱；并希望为团体与社会所接纳，成为其中的一员，得到相互支持与关照。

4. 尊重的需要

尊重的需要包括受人尊重与自我尊重两方面：前者是希求别人的重视，获得名誉、地位；后者希求个人有价值，希望个人的能力、成就得到社会的承认。

5. 自我实现的需要

自我实现的需要是指实现个人理想、抱负，最大限度地发挥个人的能力的需要，即获得精神层面的臻于真、善、美至高人生境界的需要。……简而言之，自我实现的需要是指最大限度地发挥一个人的潜能的需要。

青少年正在身心快速成长期，身体的健康发育需要有足够的运动，这是学生生理的需要。校园内的体育活动起到一定作用，但有局限性。经验表明校园内的各项体育运动对那些有体育长项和爱好的学生有较好的效果，但对一些校园体育项目能力较弱的学生作用就不明显，他们往往是被动参与或成为旁观者而不能真正投身其中。中学的社会实践实际上是融社会考察和自然体育于一体的综合性教育活动，其中的外出考察参访过程中的登山、徒步远行、骑车旅行等并不需专项体育技能，人人皆可投身其中，而其集体性、生活化又能使每个学生都平等参与，即使是不热衷校内体育的学生也能有出色表现，因而每个人都能各展其长获得很强的成就感和归属感。而其具有的新鲜感、趣味性和挑战性也令学生乐此不疲。

在正常社会中孩子年龄很小时安全感需要外部环境提供，但随年龄的增长，真正的安全感主要来源于内心的自信和对于自己能力的认同。一个没有自信的人永远不会有真正的安全感。

在社会上外界的尊重来源于自己的处世之道和在具体事物上的出色表现，内心的自我尊重来源于对自己人格和能力的高度认同。其中自我尊重是根本性的，一个失去了人格，自己都瞧不起自己的人很难获得外界的尊重。

自我实现是多方面的，在校园内基本是以学习成绩为衡量标准，学生除学习外基本上看不到其他自我实现的渠道，这对一些在班级中学习成绩相对弱的学生非常不利。事实上一个人的成功不一定取决于学习时期的成绩，在社会上成功之路数不清，条条大路通罗马。

一些学习成绩较好的学生在家长和老师眼中又往往是一好遮百丑，忽略了对其个性品质和人格方面的培养，使其中一部分产生各种各样的问题。

目前的学校教育对人的五项需求过多地强调了外部条件的给予，忽略了创造条件使学生在社会情景的亲力亲为中完成自身心灵的铸造。而相当一部分家长对学生的过度保护、过度满足、过度教育的态度又使学生丧失了在实践中进行自我锻炼、自我验证的机会。

社会实践活动恰能使学生走出校园，既能使他们开阔视野，了解国情，把目光和所思所想从单一的校园生活投向社会和大自然的广阔天地；又能在艰苦复杂的实际经历中磨炼意志，增强克服困难的勇气和信心，建立起独立、自尊、自信自强的健全人格；还能在集体活动中，在各自不同方面展现自我，实现自我价值，培养团结友爱，珍视荣誉，为共同目标去克服困难的集体主义精神。

教育家马卡连柯说：不应当捏塑一个人，而应当锻炼，锻炼出一个人，这就是说，先要好好烧红，然后再用锤去锤……

社会实践活动实际就是让学生到社会上到大自然中，在艰苦的条件下，在新鲜而又复杂的经历中，在完成困难任务的过程中，增加阅历、增长才干，点燃他们内心的自信自尊，锤炼出他们百折不挠的坚毅品质和完善独立的人格。

在一次次远行中，少儿班的学生不仅看到了一路自然风光，观察了沿途社会百态，更是切实体验到了艰难、坚持、勇敢、乐观、自我约束、同甘共苦、团结互助……

也正是一次次远行，给了学生们在以后的人生道路有着一往无前的闯劲，即使遇到困难，也都会对自己说"天上飘着五个字，那都不是事。"

30年来少儿班丰富多彩的社会实践活动对学生成长的良好影响，充分地证明了组织学生社会实践活动的必要性和可行性。

尾声

本书中没有介绍八中少儿班的老师们献身教育事业上下求索的开拓创新精神，因为这是他们从事超常教育的必备素质；也没有介绍他们甘耐寂寞呕心沥血的辛勤耕耘，因为这是教师的职责和本能。他们最看重的是学生的健康成长及家长和社会对超常教育的认同。

在北京八中创办超常教育30周年之际，学生的家长们写了很多感怀的文章，在此节录一些，来体会家长们对少儿班的评价与心声。

"……就这样到了五年级，因为功课太简单，上课纪律严，……女儿突然厌学了，几次和我说不想去上学。焦急无奈中，我想到了少儿班。……回家后她给我们描述少儿班的快乐生活时，我和她爸爸认为孩子上少儿班能够快乐不厌学，就已经是一种胜利。"

"……孩子回来谈起最开心的事都会两眼发光地说：'老师上课很好玩，作业也少，我每天都有时间大量阅读了，学校每年还带我们去国内外旅游。'不仅如此，我们也得以从孩子的学业"枷锁"中解脱，因为少儿班没有小考、中考的焦虑，不允许家长报任何课外班也为我们每年节省了数万元,用于全家外出旅游。少儿班的生活与学习如此轻松快乐,这是我们始料未及的,而且学校特别注重体能锻炼,完全符合我们的培养理念。"

"……少儿班的"超常教育"最引人关注的是'速成',14岁的孩子在知识和能力上与18岁的孩子相比毫不逊色。但"速成"的只有学习吗?当了四年少儿班家长之后,我意识到他们的教育目标是培养一个人格健全的孩子,不仅是知识的传授速度和独特的教学方法,而且是真正全面的"素质教育",使他们日后能正常地融入社会。…孩子刚上大学时,我曾担心她会否因为年少而不够成熟或是与身边环境格格不入,但她刚上大学就当了班长,后来还做了校文化部的副部长,与同学相处得非常融洽。我忧心的一切都没发生,这其中家庭的培养很重要,也得益于少儿班的教学环境。"

"这种对学生的培养着眼于长远、着眼于未来的办学思想,开阔了我们的眼界,超出了我们的对女儿上少儿班的期望值。引导学生把人生的目标定位在对社会的价值上,定位在对科学知识的探求上,把孩子交给少儿班我们心里踏实了。"

"四年的学习,无数次的历练,学生们都能勇敢地对现实中的自我作出正确的评判。这种能力的培养远远超出了学业的范畴。人生规划很重要的一个前提就是要给自己一个正确的定位,它涉及人生规划中的专业选择、职业选择甚至生活中的方方面面。"

"每一个孩子都会在这个集体里拥有独到的优势,同时每一个孩子都不可能在任何方面处处领先。置身于这样一个优秀的群体,你可以在任何方向都轻松地找到自己的榜样;流连于如此得天独厚的交流平台,你可以尽情欣赏同伴,让自己每天都拥有新奇愉快的好心情。"

"人生如海,每个人都在潮起潮落间演绎着各自的成长故事。2009年8月,九岁的儿子研研带着一脸稚嫩,跨入了北京八中少儿班的大门,潮起中开始了对新生活满满的期待,蜕变中开始品读成长的含义。四年的时光转瞬即逝,1000多个日日夜夜,昔日肉肉的小胖孩儿,如今已长成身体壮硕的小伙子。告别八中熟悉的红墙和青色的校服,踏上人生新的起点;流连于未名湖畔,伴读于博雅塔下,我看到了孩子日渐成熟的身影。回首四年少儿班的生活,孩子在磕磕碰碰中体验着长大的滋味,在跌倒爬起中历练着坚韧的力量,在挫折失败中感悟着友情的温暖,在挑战考验中诠释着用微笑迎接风雨。少儿班用细致严谨的用心态度、永不言败的坚韧性格、乐观大度的阳光心智、风雨同舟的温暖集体,塑造和积淀着孩子四年的成长轨迹。手中的笔

几起几落,真想记录下每一个闪光的点滴,一分充实的收获、为回忆,也为纪念,这难忘的四年。"

家长们肯定与赞赏是对八中少儿班工作最高的奖赏,在此对家长们的理解和支持表示衷心的感谢!

伴随着中国的大国崛起步伐,北京八中的超常教育已迈入而立之年,尽管从开办之初至今,各方面质疑之声不断,但少儿班的教育在学生成长过程中体现出的实实在在效果和毕业生们在大学、在走入社会后的杰出表现,使他们坚信北京八中的这条教育改革之路是正确的。

北京八中将继续在教育改革的道路上探索前行,为培养一代新人,为中国的教育事业做出贡献!